Peter Fiedler

Stalking

Peter Fiedler

Stalking

Opfer, Täter, Prävention, Behandlung

Anschrift des Autors:
Prof. Dr. Peter Fiedler
Psychologisches Institut
Universität Heidelberg
Hauptstraße 47–51
D-69117 Heidelberg

© Beltz Verlag, Weinheim, Basel 2006
Programm PVU, Psychologie Verlags Union
http://www.beltz.de

Lektorat: Barbara Imgrund, Monika Radecki
Herstellung: Uta Euler
Umschlaggestaltung: Federico Luci, Odenthal
Umschlagbild: Mauritius Images, Mittenwald
Satz: WMTP, Birkenau
Druck und Bindung: Druckhaus „Thomas Müntzer", Bad Langensalza

Printed in Germany

ISBN 3-621-27588-6
EAN 978-362127588-0

Inhalt

Einführung: Uralte Phänomene in neuem Gewand

Unter Stalking (engl. *to stalk*: pirschen, verfolgen) versteht man ganz allgemein eine vom Opfer nicht intendierte exzessive Verfolgung eines Menschen mit andauernder oder wiederholter Belästigung, Bedrohung oder gar Ausübung von Gewalt. Sie kann sexueller Triebhaftigkeit entspringen, die Folge von Eifersucht oder einer kränkenden Verschmähung sein oder noch ganz andere Motive haben – etwa die Jagd nach Erfolgsstorys durch Journalisten (sog. Paparazzi), einem Stalking-Phänomen, dem auch Prinzessin Diana bei einer Verfolgungsjagd im Jahr 1997 zum Opfer fiel.

Obwohl die allgemeine Definition einleuchtend und plausibel erscheint, wird nach wie vor darüber diskutiert, welche Verhaltensweisen, Personen oder Situationen denn nun wirklich eindeutig dem Phänomen Stalking zuzuordnen sind. Andererseits scheinen die damit zusammenhängenden Probleme auf den ersten Blick gut nachvollziehbar, weil vor allem beängstigend, so dass die Bezeichnung in der Öffentlichkeit in nur wenigen Jahren weltweit aufgegriffen und diskutiert wurde – bis hinein in die Politik. Von „Begegnungen der unheimlichen Art" (Psychologie heute) und „Auflauern im Flur bis tief in die Nacht" (Bild-Zeitung) war und ist zu lesen. Wie so oft vermarkten die Medien gern einzelne Fälle, insbesondere dann, wenn sie Auflagen steigernde Schlagzeilen zum Gruseln oder für das Spiel mit der Fantasie versprechen.

1.1 In nur zwei Jahrzehnten: Die Geburt eines neuen Delikts

Von den USA ausgehend wurden inzwischen in den meisten Ländern der westlichen Hemisphäre Gesetze erlassen, die das Stalking unter Strafandrohung stellen. In vielen weiteren Parlamenten und Ministerien wird zurzeit diskutiert, ob man diesem Beispiel folgen soll. Dabei waren es – wie erwähnt – zunächst nur einzelne Fälle, die mit Medienunterstützung den Zorn in der Öffentlichkeit schürten und die Politiker zum Handeln veranlassten.

1.1.1 Prominente Opfer

Viele, die nach den Ursprüngen der aktuellen Stalking-Diskussion geforscht haben, sind sich inzwischen einig. Am Anfang stehen offensichtlich einige Vorfälle von Prominenten-Stalking, die weltweit Aufmerksamkeit auf sich zogen. So beispielsweise der Tod eines der prominentesten Verfolgungsopfer: John Lennon von den Beatles, der am 8. Dezember 1980 in New York von einem paranoiden Täter erschossen wurde. Nur kurze Zeit später, am 30. März 1981, erfolgte ein durch Stalking motivierter Mordanschlag auf den damaligen US-Präsidenten.

Fallbeispiel

Präsident Ronald Reagan selbst war in diesem Fall gar nicht das unmittelbare Opfer der Verfolgung, sondern der Hollywood-Star Jodie Foster. Mit dieser Tat wollte Stalker John Hinckley der Schauspielerin die Ernsthaftigkeit seiner Zuneigung beweisen. Zuvor hatte Hinckley die von ihm Angebetete bereits mit zahllosen Telefonaten und Briefen bedrängt. Beispielsweise mit Sätzen wie: „Wie du jetzt weißt, liebe ich dich über alle Maßen. In den jetzt zurück liegenden Monaten habe ich dir Dutzende Gedichte, Briefe und Liebesschwüre geschickt, immer von der Hoffnung angetrieben, dass du doch irgendwann ein tieferes Interesse an mir haben könntest." Schließlich hatte er ihr, nur wenige Stunden vor der Tat, auch den Anschlag auf Reagan angekündigt: „Du wirst sehr stolz auf mich sein, Jodie. Millionen von Amerikanern werden mich, werden uns lieben."

Beachtenswert ist: Das Stalking wurde im Wechseldiskurs von Medien und Politikern als „Psychoterror" bereits zu einer Zeit „kriminalisiert", als noch keine hinreichenden wissenschaftlichen Erkenntnisse über die Hintergründe, Ursachen und tatsächlichen Ausmaße seines Vorkommens in der Gesellschaft vorhanden waren. Grobe Hochrechnungen aus lokalen Erhebungen ließen lediglich den Schluss zu, dass es sich bei der zwanghaften Verfolgung anderer Personen möglicherweise um ein weit verbreitetes Problem handeln könne. In den USA jedenfalls kann die schikanöse und bedrohliche Verfolgung anderer Personen – ausgehend von einem Stalking-Gesetz in Kalifornien aus dem Jahr 1990, dem die anderen nordamerikanischen Staaten rasch folgten – inzwischen polizeilich geahndet werden. Und in Hollywood mit seinen vielen Prominenten gibt es seither bei der Polizei eine eigene Einsatzgruppe.

Innerhalb nur weniger Jahre verwandelte sich – wie schon oft in der Geschichte der legislativen Schaffung neuer Straftatbestände – das medial aufgegriffene soziale Stalking-Problem ohne große Umschweife in ein Rechtsproblem. In Europa folgten zunächst nur wenige Länder den Vorbildern aus den USA. Fast zeitgleich waren dies Belgien, die Niederlande und England. Insbesondere in den deutschsprachigen Ländern wurde indes erst einmal die Frage aufgeworfen, ob denn die Schaffung eines neuen strafrechtlichen Tatbestands überhaupt erforderlich sei bzw. ob die bestehenden Gesetze nicht hinreichen könnten, dieser Art Belästigung und Bedrohung Einhalt zu gebieten. Im angloamerikanischen Raum sind kritische Diskurse dieser Art übrigens kaum zu finden.

1.1.2 Stalking in Partnerschaften

Historisch gesehen gibt es noch eine zweite Quelle, welche die Diskussionen um das Stalking von Anfang an mit beflügelte. Insbesondere in der Phase von Trennungen scheiternder Partnerschaften geht Stalking mit einem Bündel von Bedrohungen und Gefährdungen einher, welche gelegentlich und im äußersten Fall tödlich enden können. Oft ist es eine nachvollziehbare Reaktion, dass der oder die Verlassene versucht, die Partnerschaft zu retten. Dies kann per Brief, per Telefon oder durch persönlichen Kontakt erfolgen. Zum ethisch problematischen Verhalten und damit zum Stalking wird es erst dann, wenn trotz eindeutiger Sinnlosigkeit eines derartigen Strebens dieses übernachhaltig wird und über Wochen, Monate oder gar Jahre andauert.

Fallbeispiel

Trevor und Fiona stritten seit dem ersten Tag, an dem sie sich kennen gelernt hatten. Sechs Monate währte ihre Beziehung, als ihre Konflikte einen Höhepunkt erreichten – nachdem sie gerade gemeinsam ein Appartement bezogen hatten. In alkoholisiertem Zustand stieß Trevor Fiona wütend gegen ein Bücherregal, wobei sie sich am Rücken verletzte. Sie floh daraufhin in die Wohnung einer Freundin und kehrte nicht mehr zurück. Allein zurückgeblieben, durchlebte Trevor ein Wechselbad aus Wut und Verzweiflung. Später gab er zu Protokoll, dass sie nicht ganz richtig im Kopf gewesen sei, da er doch das Beste sei, was ihr im Leben hätte passieren können. Er wartete einige Tage ungeduldig in der Hoffnung, dass sie „kniefällig" zurückkehren werde. Danach begann er seinerseits, die Beziehung wieder in Ordnung zu bringen. Er versuchte wiederholte Male, sie telefonisch im Hause ihrer Eltern zu erreichen. Dann dehnte er die Telefonate auf Fionas Freundinnen und Freunde aus. Eines Abends ging er in angetrunkenem Zustand zum Haus jener Freundin, die Fiona als Erste Unterschlupf gewährt hatte. Als er nicht eingelassen wurde, hämmerte er mit aller Gewalt und laut schreiend gegen die Tür, so dass Nachbarn die Polizei alarmierten.

Briefe und Nachrichten, die Trevor Fiona postalisch oder durch Freunde überbringen ließ, waren meistens von der Bitte und Hoffnung getragen, dass Fiona doch zurückkehren möge („Wenn du zurückkommst, werde ich dir vergeben"). Ausnahmen bildeten Beschwörungen, die er offenkundig unter Alkoholeinfluss verfasst hatte („Hast du mich verlassen, du Dirne, dann wird dein Leben zu Ende sein!"). Zugleich nahmen Bedrohungen gegen die Freundin und Eltern zu, da sie ihr Unterkunft böten und sie einer „Gehirnwäsche" unterzogen hätten. Daraufhin wurde Anzeige erstattet. Die Belästigungen gingen weiter. Er besprühte Fionas Auto sowie das Haus der Eltern mit Farbe, brach die Scheibenwischer am Wagen ab und verfolgte Fiona mit dem Auto, wobei

▶

er sie gefährlich bedrängte. Die Belästigungen nahmen erst 15 Monate später ein Ende, nachdem Trevor wegen Stalkings zu zwei Monaten Gefängnis verurteilt worden war. Das Urteil war recht milde ausgefallen, weil er zugestimmt hatte, sich anschließend einer psychotherapeutischen Behandlung zu unterziehen (zitiert nach Pathé, 2002).

Insbesondere Gewaltakte gegen Frauen und häusliche Gewalt – oder besser: Gewalt in intimen Beziehungen – standen bereits seit den 1970er Jahren im Mittelpunkt gesellschaftlicher Diskussionen. Sie führten Anfang der 1990er Jahre zu einer gemeinsamen Deklaration der Vereinten Nationen und der Weltgesundheitsorganisation (Declaration on the Elimination of Violence Against Women, United Nations, 1993), in deren Folge in vielen Ländern eine deutlichen Verschärfung gesetzlicher Rahmensetzungen vorgenommen wurde. Darin wurde häusliche Gewalt ausdrücklicher als zuvor unter Strafandrohung gestellt. Stalking wurde – und zwar unmittelbar, nachdem der Begriff weltweite Verbreitung fand – in diese Diskussion mit einbezogen. Er brandmarkte nun eine von nicht endendem Psychoterror überschattete vormals intime Beziehung, obwohl diese, zumeist wegen vorbestehender häuslicher Gewalt, vom unterlegenen Partner beendet worden war. Wiederum waren es – was dieses Post-Stalking als eigenständiges Problem betrifft – zunächst vor allem die spektakulären Fälle, also jene mit tödlichem Ausgang, die einsetzende Anstrengungen in Richtung einer eigenständigen gesetzlichen Regulierung weiter vorantrieben.

1.1.3 Stalking im Beruf

In der legislativ geführten Diskussion um die Einführung von Anti-Stalking-Gesetzen wird überdies eine Möglichkeit gesehen, für die juristische Behandlung einer anderen Form der persönlichen Verfolgung und Belästigung eine bessere rechtliche Handhabe zu schaffen: für das sog. Mobbing bzw. Bullying (als angelsächsische Bezeichnung, denn im englischsprachigen Raum ist der Begriff „Mobbing" so gut wie unbekannt). Beides bezeichnet Dauerschikanen von Mitarbeitern in Betrieben durch Arbeitskollegen oder entsprechende Schikanen unter Mitschülern oder Mitstudenten (Scheithauer et al., 2003). Einzubeziehen in dieses Phänomen ist auch das dem Mobbing entsprechende sog. Bossing als „Mobbing von oben" durch Vorgesetzte. In beruflichen Kontexten sowie unter Schülern und Studenten lassen sich immer wieder kontinuierliche Schikanen und Bedrohungen einzelner Personen beobachten: Telefonterror oder Telefonüberwachung, vielfältige Formen über Nachrede durch Verbreitung herabmindernder Gerüchte oder das Stehlen bzw. Vernichten wichtiger Arbeitsunterlagen bis hin zu Gewaltandrohung und Gewaltausübung (Leymann, 2002).

Paul wurde von seinem früheren Arbeitskollegen Jimmy gestalkt; er war Jimmys Vorgesetzter in einer Kindertagesstätte gewesen. Jimmy wurde am Ende der Laufzeit seines Arbeitsvertrages gekündigt. Danach entwickelten sich bei ihm Rachegefühle, weil er sich zu Unrecht entlassen glaubte und Paul für die Kündigung verantwortlich wähnte. Jimmy erschien mehrfach an der Arbeitsstelle und verbreitete unter seinen ehemaligen Kollegen das Gerücht, dass Paul pädophil sei und eine Gefahr für die Kinder darstelle. Als Beweis verteilte er Kopien mit vermeintlich von Paul an Kinder geschriebenen Notizen anzüglichen Inhalts. Eines Abends arbeitete Paul zu Hause an seinem PC und fand eine Mail vor, die ihn warnend auf eine Webseite hinwies, weil diese das Ansehen von Paul schädigen könne. Die von Jimmy ins Netz gestellte Seite enthielt ein Nacktfoto von Paul und eine Aufforderung an Kinder, doch einmal bei Paul zu Hause vorbeizukommen. Bei dem Foto handelte es sich um eine sehr gute Fälschung, bei der einem nackten Mann das Gesicht von Paul hinzukopiert worden war.

Paul versetzt die Webseite in Angst und Schrecken; er befürchtet, seinen Job zu verlieren. Zunächst weiß er nicht, was er tun soll. Er grübelt stundenlang darüber, was als Nächstes von Jimmy zu erwarten sein könnte. Seine Arbeit bleibt liegen. Als er abends nach Hause kommt und seinen Computer checkt, findet er 32 E-Mails vor. Sie alle nehmen Bezug auf die besagte Webseite, und die Namenslisten in den Verteilern enthalten jeweils zahlreiche Adressen von mehr oder weniger bekannten Personen: Vorgesetzte und Mitarbeiter sowie Eltern der Kinder, die Paul in der Kindertagestätte betreut. Erst nach vielfältigen weiteren Verleumdungskampagnen und nachdem ihn seine Vorgesetzten zu einem persönlichen Gespräch vorgeladen hatten, fasst Paul endlich den Mut, die Polizei einzuschalten. Inzwischen ist er psychisch in eine derart depressiv-hilflose Verfassung geraten, dass er psychotherapeutische Hilfe in Anspruch nehmen muss (zitiert nach Collins & Wilkas, 2001).

Zwischen Mobbing/Bullying und Stalking gibt es vielfältige Überlappungen, und in den bisherigen epidemiologischen Studien zum Stalking dürften (mangels eindeutiger Trennung von privaten und beruflichen Dauerbelästigungen) viele Fälle des fortgesetzten Psychoterrors unter Arbeitskollegen oder durch Vorgesetzte in die generierten Fallzahlen ohne weitere Differenzierung einbezogen worden sein – jedoch zumeist dokumentiert unter der Überschrift „Stalking durch Bekannte" in Abgrenzung zu „Stalking durch (ehemalige) Intimpartner" einerseits und zu „Stalking durch fremde/unbekannte Personen" andererseits.

1.1.4 Betroffene melden sich zu Wort

Angesichts der neuen Offenheit, mit der die Thematik diskutiert werden konnte, begannen sich die Opfer eines Post-Stalking nach gescheiterten Partnerbeziehungen (zumeist Frauen) zu organisieren und nun ihrerseits an die Öffentlichkeit zu treten. Die zahlenmäßig rasch zunehmenden Vereinigungen verlegten sich unmittelbar darauf, die Probleme des Stalking und seine Folgen für die Opfer in ihrer ganzen Breite und Vielfalt zu dokumentieren: Telefonterror zu den unmöglichsten Zeiten im Büro oder privat, bedrohliche Nachrichten auf dem Anrufbeantworter, Verleumdungen, Beleidigungen, ständige Präsenz des Verfolgers in der Nähe der Wohnung, Auflauern in Hausfluren, permanente Geschenke oder Liebesbriefe – und, falls Letztere nicht beantwortet werden, zunehmende Drohungen, zahlreiche E-Mails und Mailbomben (wofür es inzwischen den Begriff „Cyberstalking" gibt), Sachbeschädigungen wie durchstochene Autoreifen und Einbrüche. Die Palette der Aktionen verlassener Ehepartner und verschmähter Liebhaber scheint unerschöpflich.

Auch von Seiten der sich inzwischen international vernetzenden Opferverbände wird zunehmend Druck auf jene Gesetzgeber ausgeübt, die sich bisher mit Verweis auf bestehende Strafrechtsbestimmungen nicht zu einem eigenen Anti-Stalking-Gesetz haben durchringen können. Der Ruf nach einer rechtlichen Handhabe, die diese Formen der Belästigungen ausdrücklich beim Namen nennt, wird von der Vorstellung oder Hoffnung getragen, durch rechtzeitige Vorkehrungen und einen staatlichen Eingriff das Schlimmste verhindern zu können. Zudem werden von den Betroffenen Klagen vorgetragen, dass psychologische und psychotherapeutische Beratungs- und Behandlungseinrichtungen nicht hinreichend vorbereitet seien, die zum Teil gravierenden seelischen und psychischen Folgen der Opfer angemessen aufzufangen.

1.2 Paradigmenwechsel in der Rechtsprechung

In der Tat erfüllen zahlreiche Handlungen des Stalkings bis heute nicht überall und in jedem Fall einen Straftatbestand. Die Voraussetzung, dass Polizei und Staatsanwaltschaft aktiv werden können, ist bisher nur, dass die Beschuldigten dringend verdächtig sind, wiederholt oder fortgesetzt eine die Rechtsordnung *schwerwiegend* beeinträchtigende Straftat bereits begangen zu haben. Die beispielsweise in Deutschland in § 112a der Strafprozessordnung abschließend festgelegten Straftatbestände, welche die Polizei zum Eingreifen zwingen könnten, werden aber in der Regel von Stalkern nicht unmittelbar erfüllt.

Was der Legislative zudem bei der Formulierung von Gesetzen Kopfzerbrechen bereitet, sind die spezifischen Anliegen der Opfer. Den meisten geht es vorrangig nicht um eine strafrechtliche Verfolgung und Sanktionierung. Sie wollen schlicht, dass der Psychoterror aufhört. Gesetzliche Grundlagen sollten daher – insbesondere mit Blick auf mögliche Fälle mit schwerwiegendem oder gar tödlichem Ausgang – im Sinne einer frühen Eskalationsprävention wirken.

Die bisherige Praxis von Strafverfahren ist täterorientiert und sanktioniert materielle und körperliche bzw. psychische Schädigungen. Beim Stalking hingegen geht es um psychische Phänomene einer latenten oder offenen Bedrohung und um deren soziale Folgen, z.B. die Einschränkung von Freiheitsgraden wie Beeinträchtigungen der Erlebnis- und Lebenswelt der Opfer. Die geforderten Stalking-Gesetze sollen es den Betroffenen ermöglichen, einen Rechtsanspruch an die menschliche Kommunikation geltend zu machen, so dass ein Opfer durch einen Verweis auf diesen gesetzlichen Anspruch gesellschaftlichen Rückhalt in Bezug auf den Erhalt der Freiheit der Privat- oder „Lebenssphäre" (wie es im niederländischen Stalking-Gesetz heißt) erfährt.

Die Diskussionen um die explizite oder implizite Definition der durch eine Anti-Stalking-Gesetzgebung zu schützenden Rechtsgüter sind vielfältig, und sie sind in Bewegung gekommen. Sie bieten der Legislative einen Anlass zu Aufbruch und Neuorientierung (Pelikan, 2003). Diese Neuorientierung kreist einerseits um das psychische Wohlbefinden und die psychische Gesundheit und andererseits um einen umfassenden Schutz von Privatheit, von Selbstbestimmung in der Lebensgestaltung sowie von einem sehr weit gefassten Verständnis von persönlicher Integrität als zu schützendem Rechtsgut.

1.2.1 Legislative Definitionen von Stalking

Angesichts dieser Diskussionen ist es nicht verwunderlich, dass die Definitionen von Stalking und dessen rechtlichen Konsequenzen in den bis heute verabschiedeten Gesetzen erheblich variieren (vgl. Pelikan, 2002). Manche stellen das „willentliche, maliziöse und fortgesetzte Verfolgen und Schikanieren anderer Personen" unmittelbar unter Strafandrohung. Andere Gesetzgeber fügten Aktivitäten an, wie z.B. „heimliches Auflauern", „kontinuierliches Beobachten", „nicht erwünschtes Ansprechen", „Telefonschikanen" oder „Vandalismus". Manche Gesetze sehen gewisse Einschränkungen vor, etwa wie häufig es bereits zu einem Stalking gekommen sein muss, bevor polizeiliche Maßnahmen ergriffen werden dürfen: So ist in einigen Gesetzen festgelegt, dass bereits zwei oder drei Stalking-Handlungen die Grundlage für eine polizeiliche Intervention darstellen, während es andere bei der vagen Formulierung von „wiederholt" oder „fortgesetzt" belassen.

Unterschiede ergeben sich weiter dadurch, dass einige Gesetze ausdrücklich auf die Folgen für Opfer abheben, andere nicht. Dabei geht es um Aspekte subjektiver Bedrohung, Einschüchterung oder Ängstigung – aber auch hier wiederum in einer großen Spannweite von Möglichkeiten und Ausdrucksformen. Die meisten Anti-Stalking-Gesetze fordern, dass Aktionen eines Täters erst dann als „Stalking" einzuordnen sind, wenn es zu einer „direkten Androhung von Gewalt" gekommen ist; andere schließen auch Gewaltandrohung gegenüber Dritten mit ein, wie z.B. gegenüber anderen Familienmitgliedern, den Kindern etwas anzutun oder Familiengeheimnisse zu lüften. Wieder andere gehen so weit, dass polizeiliche Eingriffe bereits dann erfolgen können, wenn aus dem Verhalten des Stalkers lediglich (implizit) auf die Möglichkeit einer Bedrohung, Einschüchterung und Ängstigung der Opfer rückgeschlossen werden kann (so gefordert beispielsweise vom US-amerikanischen National Institute of Justice, 1996). Wie aber kann ein Opfer geschützt werden, wenn beispielsweise angedroht wird, Finanzbehörden das Mitwissen über Steuerhinterziehung anzuzeigen?

1.2.2 Strafbewehrung statt direkte Strafandrohung?

In Deutschland haben entsprechende Diskussion dazu geführt, von einer spezifischen Strafgesetzgebung zunächst Abstand zu nehmen. Möglich bleibt – wie bisher auch – die Anwendung spezifischer Straftatbestände in „schwerwiegenden" Fällen, wie z.B. Beleidigung/Belästigung, gefährliche bzw. schwere Körperverletzung, versuchter Totschlag bzw. Mord. In den übrigen Fällen von Stalking ist man übereingekommen, explizite Bestimmungen im Rahmen des neuen Gewaltschutzgesetzes zu verankern und sie mit einer sog. Strafbewehrung zu versehen. Auf diese Weise kann ein zivilrechtliches Verfahren angestrebt werden, um ein Unterlassungsurteil gegen den Stalker zu erwirken. Mit einem solchen Urteil als Ausgangspunkt kann dann die Hilfe der Polizei zur Durchsetzung des Urteils in Anspruch genommen werden. Außerdem kann der Verurteilte bei Verstoß gegen die gerichtliche Auflage auch strafrechtlich zur Verantwortung gezogen werden. Hält sich der Täter nicht an die Verbote, so sieht das Gesetz die Androhung einer Freiheitsstrafe bis zu einem Jahr vor. Inzwischen ist jedoch hierzulande die Forderung nach einem eigenen Anti-Stalking-Gesetz erneut in Gang gekommen.

1.3 Mit leichter Verspätung: Thema auch in der Wissenschaft

Es war nur eine Frage der Zeit, bis die facettenreiche und brisante öffentliche Diskussion um das Verabschieden entsprechender Gesetze auch in den Wissenschaften vom Menschen aufgegriffen wurde. Nach vereinzelten Fachpublikationen zum Stalking-Thema Ende der 1980er und Anfang der 1990er Jahre nahm die Zahl der Veröffentlichungen in den folgenden Jahren explosionsartig zu – bis heute mit unvermindert steigender Tendenz. Das ist verständlich, wurden doch nicht nur Politiker, sondern auch Soziologen, Psychologen, Psychiater und Wissenschaftler anderer Fachdisziplinen von der medialen Öffentlichkeit regelrecht unter Druck gesetzt, endlich substanzielle Beiträge zur Erklärung und Verhinderung der inakzeptablen Dauerbelästigung und Bedrohung unbescholtener Menschen zu liefern.

Methodisch akzeptable Forschungsarbeiten hingegen gibt es erst seit wenigen Jahren. Und wie bei einem neuen Forschungsthema zu erwarten, sind sich auch die Forscher nach wie vor uneins, welche Phänomene unter „Stalking" zu subsumieren sind. Dennoch zeichnen sich gegenwärtig deutliche Fortschritte auf dem Weg zu einem einheitlicheren Verständnis, zu allgemein akzeptierbaren Erhebungsinstrumenten und zu klaren Forschungsfragen ab. Hierin liegt auch ein Ziel dieses Buches: Es soll die vorliegenden, teils divergierenden Erkenntnisse der Stalking-Forschung zusammenfassen und integrative Perspektiven für die Zukunft aufzeigen.

Es ist nicht verwunderlich, dass die ersten Studien lediglich einer (epidemiologischen) Bestandsaufnahme gewidmet waren: Wie häufig lässt sich Stalking in der Bevölkerung beobachten? Wer verfolgt mit zwanghaften Motiven wen? Wie häufig kommt es zu offen artikulierten Bedrohungen der Opfer? Wie oft wird bei der Polizei konkret Anzeige erstattet? Welche Ausmaße nehmen die psychologischen und sozialen Folgen des Stalkings tatsächlich an?

1.3.1 Stalking als Symptom psychischer Störungen

Von klinisch-psychologisch interessierten Forschern wurde gleich zu Beginn der Stalking-Diskussion darauf verwiesen, dass es sich bei vielen Stalkern um Personen handele, die unter umschriebenen psychischen Störungen litten, wie z.B. an einer sog. Erotomanie (Liebeswahn). Der Begriff findet sich bereits in der antiken griechischen und römischen Literatur; doch erst im 18. Jahrhundert erkannten die ersten Psychiater, dass die Erotomanie eine wahnhafte, also krankhafte Verliebtheit sein kann.

Fallbeispiel

Eine Frau bewarb sich in der Kanzlei eines verheirateten Anwalts erfolgreich um die Stelle einer Sekretärin. Bei der Frau stellte sich binnen kurzer Zeit die wahnhafte Vorstellung ein, dass sich der Anwalt in sie verliebt habe. Bereits einen Tag, nachdem sich diese Überzeugung bei ihr verfestigt hatte, ging sie ins Büro ihres Vorgesetzten und verwickelte ihn in ein Gespräch, in dem sie sich dafür bedankte, dass er ihr heimliche Liebesbezeigungen habe zukommen lassen. Am gleichen Abend versuchte sie ihn telefonisch zu Hause zu erreichen, wodurch dem Anwalt der Ernst seiner Lage bewusst wurde. Er kündigte ihr fristlos, wurde von ihr jedoch noch mehrere Monate mit Telefonaten und Briefen belästigt. Die Nachstellungen endeten erst, als sich die Frau auf Anraten ihrer Angehörigen, die der Anwalt um Mithilfe gebeten hatte, in psychiatrische Behandlung begab.

Die Bezeichnung „Erotomanie" (oder auch Clérambault-Syndrom, benannt nach einen französischen Psychiater, der sich 1927 ausführlich mit dem Phänomen beschäftigte) war ursprünglich auf Frauen gemünzt, die die feste Überzeugung hegten, dass ein bestimmter Mann abgrundtief in sie verliebt sei. Dieser gehörte in typischer Weise einer höheren sozialen Schicht an und/oder genoss hohes soziales Ansehen. Inzwischen ist klar, dass vom Liebeswahn auch Männer ergriffen werden können.

Nicht jedes sexuell motivierte Verfolgen ist erotoman. Eindeutig erotomane Störungen mit Stalking-Attitüden treffen nur auf eine kleine Untergruppe von Patienten zu. In den weltweit gültigen psychiatrischen Diagnosesystemen gibt es vielfache psychische Störungen, zu deren Erscheinungsbild unterschiedlich motivierte Stalking-Phänomene zählen können. So nennen das DSM-IV-TR (APA, 2000) und die ICD-10 (WHO, 1991) z.B. die Wahnhaften Störungen, deren Wahninhalte die gesamte Bandbreite menschlicher Themen und damit auch vielfältige Motive für Nachstellungen und Verfolgungen – nicht nur sexueller Natur – umfassen können. Weiter muss an paranoide Zustände im Rahmen körperlich begründbarer und endogener Psychosen mit Beziehungs- und Bedeutungserleben gedacht werden, die bei ausreichend sthenischer Gestimmtheit durchaus auch einmal zum aktiven Verfolgen der verehrten Person führen können. Als beglückend erlebte Beziehungen mit Verfolgung der betreffenden Bezugspersonen oder permanentem Aufsuchen positiv empfundener Konstellationen finden sich im Kontext manischer Verstimmungen beliebiger Ätiologie. Schließlich kann Stalking auch als sthenisch-expansive Auffälligkeit bei paranoiden, narzisstisch-labilen oder Borderline-Persönlichkeitsstörungen beobachtet werden (Meloy, 1998).

Die Hypothese, dass Stalking wesentlich auf eine psychische Störung der Täter zurückgeführt werden könne, dominierte in den klinisch-psychologischen Fachpublikationen der 1980er Jahre. Literaturrecherchen über Veröffentlichungen aus dieser Zeit hinterlassen aus heutiger Sicht den Eindruck, als sei im Maße der Expansion der öffentlichen Stalking-Diskussion ein dramatischer Anstieg in der Prävalenz der Erotomanie zu verzeichnen gewesen. „Erotomanie" avancierte bei einigen – häufig nichtklinischen – Autoren (fälschlicherweise) zum Oberbegriff für alle Arten sexuell motivierter Nachstellungen.

Beachtenswert ist weiter, dass es sich bei den meisten klinischen Publikationen um Einzelfalldarstellungen und Kasuistiken handelte, was viele ihrer Autoren jedoch nicht davon abhielt, weit reichende Schlussfolgerungen über pathopsychologisch relevante Hintergründe und Ursachen des Stalkings zu ziehen (kritisch: O'Connor & Rosenfeld, 2004). Diese Einseitigkeit in der klinisch-psychologischen und -psychiatrischen Betrachtung gab sich erst wieder, als in epidemiologischen Studien und der öffentlichen Diskussion der Zusammenhang zwischen Stalking und Gewalt in privaten zwischenmenschlichen Beziehungen deutlicher herausgearbeitet wurde.

1.3.2 Stalking in der Folge von Trennung und Scheidung

Eigentlich kann erst seit Mitte der 1990er Jahre durch methodisch akzeptierbare Studien empirisch als gesichert gelten, dass sich in ca. 70 Prozent der Stalking-Fälle die Opfer und Täter bereits vorher persönlich kannten oder dass viele sogar nach wie vor in ehelicher Verbindung zueinander stehen. Die expandierende Literatur über Gewalt in Intimbeziehungen ließ keinen Zweifel mehr an den potenziell gefährlichen bis tödlichen Folgen, die es haben kann, wenn ein Partner versucht, einer bereits vorher gewalttätigen Beziehung endgültig ein Ende zu setzen. **Häusliche Gewalt.** Zunächst jedoch hatten die Forscher deutliche Schwierigkeiten damit, Fälle mit schikanösem Beziehungsverhalten während oder nach erfolgter Trennung eindeutig als „Stalking" zu klassifizieren – gab es doch dazu die bereits etablierte Forschungsdomäne zur „Gewalt in Partnerschaften". Erst in jüngster Zeit ist man allmählich dazu übergegangen, das Fortbestehen von Bedrohung und Gewalt nach Aufkündigung von Intimbeziehungen dem Stalking-Phänomen zuzuordnen (Weiß & Winterer, 2005).

Nach wie vor bestehen die beiden Forschungsbereiche „Gewalt in Intimbeziehungen" und „Stalking in Partnerschaften" relativ unverbunden nebeneinander. Dabei könnte die Stalking-Forschung erheblich davon profitieren, ihre Forschungsansätze nachdrücklicher als bisher auf Erkenntnisse über die Ursachen und Hintergründe von Gewalt in Intimbeziehungen zu beziehen. Letzteres erscheint mit Blick auf die Notwendigkeit, angemessene Konzepte für Prävention und Behandlung bei Stalking zu entwickeln, mehr als sinnvoll. **Trennung und Scheidung.** Ähnliches gilt es für eine weitere, bereits fest etablierte Forschungstradition zu bedenken, in der seit mehr als zwanzig Jahren auch für die Aufhellung des Stalking-Problems wichtige Erkenntnisse zusammengetragen wurden. Gemeint sind Untersuchungen zu den Ursachen einer Trennung und zu den Folgen, die eine Scheidung für die Betroffenen, deren Kinder und andere Angehörige haben kann. Beispielsweise könnten die in diesem Forschungsbereich zentralen Fragen, wie es überhaupt zu Trennung und Scheidung in bestehenden Partnerschaften kommen kann, wichtige Prädiktoren liefern, mit denen sich frühzeitig ein späteres gefahrvolles Stalking voraussagen und – im günstigen Fall – eskalationspräventiv verhindern ließe. Im Unterschied zu den bisherigen Arbeiten über Stalking in Intimbeziehungen haben nämlich Trennungs-/Scheidungsforscher auch Untersuchungen an (zum Teil repräsentativen) nicht-klinischen Stichproben durchgeführt, um Prädiktoren für Bestand oder Beendigung von Partnerschaften im Allgemeinen zu finden.

1.3.3 Mobbing/Bullying und Stalking

Obwohl Mobbing bzw. (engl.) Bullying am Arbeitsplatz ebenfalls seit Jahren im Mittelpunkt öffentlicher und wissenschaftlicher Aufmerksamkeit steht, finden sich in der wissenschaftlichen Bearbeitung des Stalking-Phänomens nur selten Verweise auf Forschungsarbeiten, die der Belästigung und Ausgrenzung von Kollegen und Kolleginnen am Arbeitsplatz gewidmet sind.

Mobbing, Bullying und Bossing. Während in den legislativen Diskussionen durchaus eine Möglichkeit gesehen wird, mittels Anti-Stalking-Gesetzen auch für das Mobbing bzw. Bossing am Arbeitsplatz eine rechtliche Handhabe gegen die Täter zu schaffen, sind andere, vor allem an der wissenschaftlichen Aufklärung des Stalkings interessierte Forscher der Ansicht, dass die bisher wenig differenzierten, jedoch unterschiedlich motivierten Stalking-Formen eindeutiger getrennt werden müssten: Viele, vor allem auch klinisch orientierte Wissenschaftler möchten den Stalking-Begriff auf private Belästigungen mit vor allem libidinösen Motiven beschränken (z.B. Royakkers, 2000). Anders geartete Formen des Psychoterrors sollten – wegen zum Teil klar unterscheidbarer Motivkonstellationen und weil jeweils bereits eigene Forschungstraditionen bestehen – (weiterhin) als unabhängige Teilaspekte entweder der „Belästigung oder (häuslichen) Gewalt in bestehenden oder beendeten Intimbeziehungen" oder als „Belästigung bis hin zum fortgesetzten Psychoterror am Arbeitsplatz" untersucht und aufgeklärt werden.

Für eine solche Differenzierung spräche, dass es möglicherweise bei allen drei motivational unterscheidbaren Phänomenen gilt, entsprechend verschiedene Formen der Prävention, Krisenintervention und Behandlung mit Blick auf die Täter wie Opfer zu entwickeln und zu implementieren. Eine solche an Motiven orientierte Differenzierung mag für die Analyse, Erklärung und Prävention des Stalkings sinnvoll sein. Ob daraus auch eine unterschiedliche rechtliche Handhabung abgeleitet werden sollte, ist wiederum eine andere Frage.

1.3.4 „The most out-of-control crime of our time"

Angesichts der angedeuteten Vielfalt, mit der Phänomene von Verfolgung, Belästigung oder Bedrohung anderer Menschen heute in der Rechtsprechung wie in der Wissenschaft dem Begriff Stalking zugeordnet werden, ist es nicht verwunderlich, wenn einige Autoren provokant davon sprechen, dass das Stalking-Problem in dem Maße außer Kontrolle geraten sei, wie weltweit Anti-Stalking-Gesetze zu seiner Verhinderung und Eindämmung verabschiedet wurden ("the most out-of-control crime of our time"; Royakkers, 2000). Nach wie vor ist es jedenfalls mehr als eine sinnvolle wie zugleich herausfordernde Aufgabe, sich dem Heterogenitätsproblem des Stalkings zunächst einmal mit einer sorgsamen Bestandsaufnahme anzunähern.

Bestandsaufnahme. Eine Bestandsaufnahme zum vorhandenen Wissen über Stalking erfolgt in den folgenden Kapiteln in mehrfacher Hinsicht. In → Kapitel 2 wird die in Europa laufende Diskussion über die konkrete Ausgestaltung von Anti-Stalking-Gesetzen vertieft. Die Legislative stützt sich dabei zumeist auf repräsentative Erhebungen: Wie häufig kommt Stalking vor? Wer sind die Opfer, wer die Täter? Wie sehen die unterschiedlichen Aktionen aus, mit denen Stalker ihre Opfer verfolgen? Die Ergebnisse weltweit durchgeführter Befragungen werden in → Kapitel 3 vorgestellt. Auf die Frage, welche materiellen, physischen und psychischen Folgen Stalking für die Opfer hat, versucht → Kapitel 4 erste Antworten zu liefern.

Inzwischen sind Forscher in Psychologie, Psychiatrie und Soziologie dazu übergegangen, die Stalking-Phänomene zu ordnen. Eine Klassifikation von Motiven der Täter und Mustern der Opfer-Täter-Beziehung ist Grundlage für eine Prävention und Frühintervention bei Stalking-Vorfällen. Welche Ordnungsmöglichkeiten sich dabei andeuten, behandelt → Kapitel 5. Da die potenzielle Gefährlichkeit von Verfolgungsaktionen die Gesetzgebungswelle stimuliert und vorangetrieben hat, ist dem Gewaltrisiko von Stalking ein eigenes Kapitel (→ 6) gewidmet.

Dimensionale Taxonomie von Stalking. Bei den Versuchen, das Stalking-Phänomen mit wissenschaftlichen Methoden aufzuklären, wird eines immer deutlicher: Bei den penetranten Belästigungen handelt es sich nicht nur um Probleme *entweder* der Täter *oder* der Opfer, sondern um ein zwischenmenschliches Problem. Dies wurde in vielen Stalking-Publikationen nicht hinreichend berücksichtigt. Deshalb zählen die → Kapitel 7 und 8 zu den wichtigsten eigenen Beiträgen, mit denen dieses Buch in die laufenden Diskussionen einzugreifen versucht.

→ Kapitel 7 enthält eine dimensionale Taxonomie, mit der sich Stalking-Vorfälle psychologisch beurteilen und einordnen lassen: hinsichtlich der persönlichen Eigenarten und Kompetenzen der Täter, ihrer Motive für das Stalking und schließlich zur Einschätzung des Gefahrenrisikos. Die Taxonomie bietet wichtige Anknüpfungsmöglichkeiten für persönliche Maßnahmen einer Stalking-Prophylaxe bzw. für das Krisenmanagement noch laufender Stalking-Vorfälle.

Interpersonelle Analyse und Erklärung. Stalking ist eine persönlich motivierte und kulturell beeinflusste Obsession einer andauernden Beziehungseinforderung trotz Beziehungsverweigerung – mit der Folge, dass das Grundrecht auf Privatheit und Privatsphäre des Opfers auf ungebührliche Art durch eine oder mehrere andere Personen verletzt wird. Anti-Stalking-Gesetze versuchen, dem Einhalt zu gebieten, konstruieren in diesem Zusammenhang jedoch neue Formen der Viktimisierung und Kriminalisierung interpersoneller Handlungen, wie sie in dieser Form bisher nicht vorhanden waren. Die hochgradig privaten Voraussetzungen und öffentlichen Wirkungen einer legislativen Regulierung zwischenmenschlicher Beziehungen stehen im Mittelpunkt der psychologischen Analyse und Erklärung von Stalking in → Kapitel 8.

Behandlung für Opfer und Täter. In dieser Hinsicht ist es nur konsequent, wenn auch der Schlussteil über Behandlungskonzepte den Opfern *und* den Tätern gewidmet ist. Auch hier geht dieses Buch über bisher vorliegende Publikationen hinaus. Die meisten Autoren beschränken sich auf die Darstellung des Krisenmanagements von laufenden Stalking-Vorfällen (→ Kapitel 9 über Prävention und Frühintervention). Nur selten finden sich Therapieprogramme zur Behandlung der psychischen Probleme und Störungen von Stalking-Opfern (→ Kapitel 10 mit Vorschlägen zur Selbstbehandlung, Prävention depressiver Entwicklungen und Behandlung einer Stalking-Traumatisierung). Noch völlig in den Anfängen steckt die Entwicklung psychologischer Behandlungsansätze für Stalking-Täter. Im abschließenden → Kapitel 11 werden wichtige Ziele und Behandlungsbausteine insbesondere zur Rückfallprävention dargestellt und kommentiert.

Anmerkung und Dank

Eine kleine Anmerkung noch: In diesem Buch ist in der überwiegenden Zahl der Fälle von Lesern, Autoren, Patienten und Therapeuten in der männlichen Variante die Rede. Dies schließt – wo dies nicht anders vermerkt wurde – immer zugleich ein, dass ebenso auch Frauen gemeint sind. Es erhöht meines Erachtens die Lesbarkeit, wenn nicht durchgängig von AutorInnen, PatientInnen oder – weil richtiger – von Diagnostiker/inne/n gesprochen wird. Außerdem konnte nur so deutlicher herausgearbeitet werden, dass viele Begriffsetzungen und Diagnosen mit einem unschönen Geschlechtsbias behaftet sind: Beim Stalking sind sowohl Männer als auch Frauen Opfer *und* Täter, auch wenn das in einigen Publikationen, die in diesem Buch aus ebendiesem Grund keine Erwähnung finden, zu einseitig dargestellt wird.

Zum Schluss dieser Einführung möchte ich gern jene namentlich nennen, die das Buch kritisch durchgesehen haben: Es sind dies Jeannette Mätzold, Eckard Umann und Barbara Imgrund. Alle drei haben sich der Mühe unterzogen, das gesamte Manuskript Satz für Satz zu begutachten. Durch ihre Mitwirkung hat der Text deutlich an Klarheit gewonnen – wenn er nicht gar ein neues Gesicht bekommen hat, wofür ich ihnen sehr zu Dank verpflichtet bin.

2 Problemwahrnehmung und juristische Definitionsversuche

Stalking bezeichnet per se keine neue Art Delinquenz, sondern ist vielmehr ein neu eingeführter Begriff, mit dem eine bestimmte Art unterschiedlicher und nur zum Teil als unmittelbar delinquent geltender Handlungen zusammengefasst wird. Ganz allgemein lässt sich Stalking definieren als ein Muster schikanöser und als bedrohlich erlebter Verhaltensweisen, die sich grob in zwei unterschiedliche Kategorien einbinden lassen:

► Stalking als zwanghaftes Belästigen und Bedrohen von bekannten Personen, zu denen nur kurze Zeit oder auch bereits länger freundschaftliche oder intime Beziehungen bestanden oder bestehen, zumeist beobachtbar in der Folge des Versuchs eines der Beteiligten, die bestehende Beziehung aufzulösen bzw. zu beenden.

► Stalking als zwanghaftes Verfolgen, Belästigen und Bedrohen von Personen, von Prominenten und „entfernten Liebesobjekten", zu denen bisher keine persönlichen Beziehungen bestanden.

Diese beiden Phänomene konkurrieren miteinander, haben aber – wie in der Einführung dargelegt – die Entwicklung von sog. Anti-Stalking-Gesetzen motiviert und beschleunigt. Stalking kann sehr viele unterschiedliche Verhaltensweisen umfassen. Bei der Ausarbeitung von Gesetzen wird häufig zwischen „leichtem Stalking oder Belästigen" und „schwerem und gewalttätigem Stalking" unterschieden, was auch Niederschlag in der Definition von Straftatbeständen gefunden hat.

Leichtes Stalking oder Belästigen
► Ständige unerwünschte Kommunikation durch Briefe
► andauernde anonyme wie nicht anonyme Telefonanrufe
► dauerndes Beobachten und Verfolgen des Opfers
► demonstratives Warten und Belagerung des Hauses oder des Arbeitsplatzes
► Ausfragen und Belästigen der Freunde des Opfers
► Stehlen und Lesen der Post des Opfers
► Zusenden von Gegenständen mit obszönem oder bedrohlichem Charakter
► Zusenden von Geschenken, die implizite Drohungen enthalten.

Schweres und gewalttätiges Stalking
► Explizite verbale Beschimpfungen und Gewaltandrohungen gegen das Opfer oder gegen dessen Angehörige

- tatsächliche körperliche oder sexuelle Übergriffe
- Diebstahl von persönlichem Material oder Eigentum
- Verletzen oder Töten eines Haustieres
- Zerstören, Beschädigen und Beschmutzen von Gegenständen aus dem Besitz des Opfers, wie z.B. das Übergießen des Autos mit Farbe oder Öl, das Zerstechen der Autoreifen, das Vernichten wichtiger Unterlagen und Akten usw.

Uneinigkeit besteht nach wie vor darüber, welche konkreten Handlungen den leichten Formen persönlicher Belästigung hinzugerechnet werden sollten und ab wann sie als solche rechtlich relevante Ausmaße annehmen (Pelikan, 2002). Das Stalking beschränkt sich üblicherweise nicht auf eine spezifische Art der genannten Handlungen und Verhaltensweisen. Vielmehr handelt es sich um eine Sukzession unterschiedlicher Aktionen. So gehen die meisten bisher vorliegenden Definitionen erst dann von einer rechtlich zu ahndenden Verfolgung aus, wenn in etwa folgende Voraussetzungen erfüllt sind: Stalking besteht aus einer bestimmten oder sich wandelnden Konstellation unterschiedlicher Handlungen,

- die wiederholt gegen eine spezifische Person (als Opfer) ausgerichtet waren,
- die vom Opfer als unerwünscht zudringlich und störend erlebt wurden und
- die beim Opfer ernsthafte subjektive Befürchtungen bis Ängste ausgelöst haben.

Bevor in → Kapitel 3 Angaben zu Vorkommen und Häufigkeit von Stalking gemacht werden, ist es sinnvoll, sich mit den Definitionen auseinander zu setzen, die den einschlägigen Prävalenz-Untersuchungen zugrunde gelegt werden. Dabei handelt es sich zumeist um Definitionen der Legislative, in denen per Gesetz festgelegt ist, wann Stalking ethische und rechtliche Rahmensetzungen der jeweiligen Gesellschaften und Kulturen verletzt.

2.1 Schutz vor Bedrohung und Gefahr

Noch bis in die Gegenwart hinein wird immer wieder bedauert, dass sich die inzwischen in vielen Ländern verabschiedeten Anti-Stalking-Gesetze in der jeweiligen Stalking-Definition nicht nur deutlich unterscheiden, sondern sich zum Teil auch recht disparat ausnehmen. Erste Gesetze wurden Anfang der 1990er Jahre verabschiedet, obwohl keine verlässlichen Zahlen über das Ausmaß des Phänomens existierten, ebenso wenig darüber, welche Personen als Stalker und welche als Opfer von Stalking anzusehen seien (Sheridan et al., 2001).

Erste juristische Definitionen waren vorrangig auf Stalking-Fälle zugeschnitten, in denen Täter Personen verfolgten, zu denen bisher keine persönlichen und privaten Beziehungen bestanden (meist Prominente, wie z.B. Schauspieler oder Politiker). So war es nach den in → Kapitel 1 erwähnten Prominenten-Verfolgungen auch der Mord an der „My Sister Sam"-Schauspielerin Rebecca Schaeffer 1989, der das Fass zum Überlaufen brachte und gerade auch die Forderung aus Hollywood nach einem Stalking-Schutz für Prominente deutlich lauter werden ließ.

Fallbeispiel

Rebecca Schaeffers Stalker, Richard Bardo, hatte der Schauspielerin wiederholt unerwünschte Briefe geschickt, die jedoch keinerlei Androhung von Gewalt enthielten. Ironischerweise kam er erst auf die Idee, die Schauspielerin persönlich zu kontaktieren, nachdem er einen Zeitungsbericht über den Tötungsversuch eines anderen Stalkers an der Schauspielerin Theresa Saldana gelesen hatte, der bereits Jahre zurücklag. Bardo beauftragte daraufhin einen Detektiv, die Privatadresse von Schaeffer ausfindig zu machen, und erschoss die Schauspielerin sofort, nachdem sie die Haustür geöffnet hatte. Das Besondere an diesem Fall: In den Briefen vorab gab es keinerlei Ankündigung des Besuchs.

Rechtsauffassung in den USA. Als Anfang 1990 innerhalb eines Zeitraums von sechs Wochen vier weitere Frauen, von denen drei zuvor um polizeilichen Schutz gebeten hatten, von ihren ehemaligen Partnern umgebracht wurden, verabschiedete Kalifornien ungemein schnell das weltweit erste Anti-Stalking-Gesetz, dem binnen kürzester Zeit ähnliche Gesetze in 47 weiteren US-Staaten folgten (vgl. Dunn, 2002). Das 1990 in Kalifornien eingeführte Gesetz definiert „verbrecherisches Stalking" kurz und knapp als ein Verhaltensmuster, mit dem eine andere Person belästigt und bedroht wird, und zwar in der Absicht, sie in Angst um ihre Sicherheit oder um ihre Familie zu versetzen.

Vor allem wegen der medienöffentlichen Diskussion über tätliche Angriffe durch Stalker machten die ersten Stalking-Gesetze immer die Merkmale Gewaltandrohung und persönliche Gefährdung der Opfer zur Voraussetzung einer Strafverfolgung. Meloy hat die Kernannahme der meisten US-Strafrechtsbestimmungen folgendermaßen zusammengefasst: „Beim Stalking handelt es sich um den kriminellen Akt der zeitlich andauernden Verfolgung einer Person, die für diese bedrohlich oder potenziell gefährlich ist" (Meloy, 1998, S. 2). Diese Definition jedoch wurde schon bald als deutlich zu eng kritisiert, weil aus ihr – wie beispielsweise im Fall Rebecca Schaeffer – keinerlei prophylaktische Handhabe gegen „nur" potenziell gefährliche Täter besteht oder weil die Art der Verfolgung keine Rückschlüsse auf eine latent vorhandene Gefährdung erlaubt.

2.2 Schutz der Privatsphäre und der persönlichen Freiheit

Erst nachdem bereits in allen anderen US-Staaten sowie in zahlreichen weiteren Ländern entsprechende Gesetze verabschiedet worden waren, wurden im Zuge einer zunehmenden wissenschaftlichen Durchleuchtung und Begleitung weiterer

Gesetzesinitiativen deutlich weiter gefasste Definitionen vorgelegt. Diese Definitionsversuche gehen ausdrücklich über den Bedrohlichkeitsaspekt hinaus und schließen den Schutz der Privatsphäre und persönlichen Freiheit der Verfolgungsopfer mit ein.

Belgien und Niederlande. Beispiele dafür sind die in Belgien (1998) und Holland (2000) verabschiedeten Gesetze. Beide Gesetzestexte beziehen sich in ihren Erläuterungen auf die Grund- und Verfassungsrechte des Einzelnen in der Gesetzgebung beider Länder und in diesem Zusammenhang auch auf Artikel 8 der Europäischen Menschenrechtskonvention. Darin geht es um den Schutz der Privatheit und insbesondere um die Freiheit der Gestaltung zwischenmenschlicher Beziehungen: die sog. „relationale Freiheit" als spezifischen Aspekt des Grundrechtsschutzes (Pelikan, 2003).

Entsprechend definiert das niederländische Gesetz Stalking als Eindringen in die persönliche Lebenssphäre eines anderen, schränkt jedoch ein, dass eine schuldhafte Absicht des Beschuldigten vorliegen muss (Artikel 285b des niederländischen Strafgesetzbuches): „Strafbar macht sich, wer vorsätzlich, widerrechtlich und systematisch den persönlichen (privaten) Lebensbereich einer anderen Person verletzt mit der Absicht, sie zu zwingen, etwas zu tun oder nicht zu tun oder etwas zu dulden, oder um sie in Furcht zu versetzen." Ein Stalking-Vergehen dieser Art kann in Holland mit Freiheitsentzug von bis zu drei Jahren bestraft werden.

Das belgische Gesetz stellt bereits ein Stalking-Verhalten (*belaging*) unter Strafandrohung, das geeignet ist, den Frieden (*rust/tranquillité*) einer anderen Person ernsthaft zu stören. Dieses Verhalten muss bewusst eingesetzt werden bzw. der Beschuldigte muss annehmen, dass es diese Wirkung haben wird. Bemerkenswert ist auch hier der ausdrückliche Hinweis auf Artikel 78 der belgischen Verfassung, der den Schutz der Privatsphäre enthält. Die angedrohte Strafe beträgt 15 Tage bis zwei Jahre und kann zusätzlich mit einer Geldstrafe verbunden sein.

2.3 Strafbewehrung durch Auflagen

Deutschland. Wie bereits in der Einführung angedeutet, hat man in Deutschland bisher von einer spezifischen Gesetzgebung abgesehen, die Stalking unmittelbar unter Strafe stellt. Möglich bleibt – wie bisher auch – die Anwendung spezifischer Straftatbestände in „schwerwiegenden" Fällen, wie z.B. Beleidigung/Belästigung (§ 185 StGB) oder gefährliche bzw. schwere Körperverletzung (§§ 223 und 224 StGB). Im Extremfall kann es zu einer Anklage wegen versuchten Totschlags (§§ 212 oder 213 StGB) oder sogar versuchten Mordes (§ 211 StGB) kommen. Nach einem Grundsatzurteil des Bundesgerichtshofes kann inzwischen auch Telefonterror als Körperverletzung verfolgt werden.

In vielen anderen minderschweren Fällen einer Dauerbelästigung ist nur ein zivilrechtliches Vorgehen möglich – was als unzureichend kritisiert wird (Pechstaedt, 2004; 2005; Voßkuhle, 2005). Von einem zivilrechtlichen Verfahren erwartet man bislang größere Flexibilität und Fallangemessenheit, um eine bessere Anpassung an Situation und Bedürfnisse eines Stalking-Opfers zu ermöglichen. Möglich ist eine strafrechtliche Verfolgung erst nach dem Bruch der Anordnung, dass der Täter zukünftig Kontakte zum Opfer zu unterlassen habe. Hält sich der Täter nicht an diese Verbote, so sieht das Gesetz die Androhung einer Freiheitsstrafe bis zu einem Jahr vor.

Unterlassungsauflage

Konkret legt das neue Gewaltschutzgesetz von Anfang 2002 im Hinblick auf Stalking-Tatbestände unter § 1 Abs.2 Nr. 2 fest:

„Wenn eine Person widerrechtlich und vorsätzlich eine andere Person dadurch unzumutbar belästigt, dass sie ihr gegen den ausdrücklich erklärten Willen wiederholt nachstellt oder sie unter Verwendung von Telekommunikationsmitteln verfolgt, … hat das Gericht auf Antrag der verletzten Person die zur Abwendung weiterer Verletzungen erforderlichen Maßnahmen zu treffen … Das Gericht kann insbesondere anordnen, dass der Täter es unterlässt,

1. die Wohnung der verletzten Person zu betreten,
2. sich in einem bestimmten Umkreis der verletzten Person aufzuhalten,
3. zu bestimmende andere Ort aufzusuchen, an denen sich die verletzte Person regelmäßig aufhalten muss,
4. Verbindung zu der verletzten Person, auch unter Verwendung von Fernkommunikationsmitteln, aufzunehmen,
5. Zusammentreffen mit der verletzten Person herbeizuführen, soweit dies nicht zur Wahrung berechtigter Interessen erforderlich ist.“

Weiterhin: Handlungsbedarf. Im allgemeinen Teil der Begründung findet sich dazu jedoch auch eine kritische Einlassung, die den Gesetzgeber zur weiteren Beschäftigung mit dem Stalking-Phänomen auffordert: „Auch bei unzumutbaren Belästigungen durch ständiges Verfolgen und Nachstellen als erhebliche Eingriffe in die Privatsphäre, denen sich Bürgerinnen und Bürger in zunehmendem Maße ausgesetzt sehen, besteht gesetzgeberischer Handlungsbedarf. Hier macht sich das Fehlen klarer zivilrechtlicher Rechtsgrundlagen sowie eine Strafbarkeitslücke zum Nachteil der Betroffenen bemerkbar“ (Bundestagsdrucksache 14/5429, S. 16).

Auch in dieser Begründung ist vor allem die Auffassung von Stalking als „erhebliche Eingriffe in die Privatsphäre“ bemerkenswert. Und so ist denn gegenwärtig auch hierzulande – den Beispielen Hollands und Belgiens folgend – erneut eine Diskussion um die Schaffung eines eigenständigen Anti-Stalking-Gesetzes über die zivilrechtlichen Regelungen hinaus in Gang gekommen (vgl. Fünfsinn, 2005; Winterer, 2005; kritisch: Royen, 2005) .

3 Prävalenz: Häufigkeit und Ausmaß von Stalking

In den 1990er Jahren wurde wiederholt beklagt, dass in wissenschaftlichen Zeitschriften ein Mangel an qualitativ akzeptablen Forschungsarbeiten zum Stalking vorherrsche. In vielen psychiatrischen Publikationen stand dabei das Phänomen der Erotomanie im Vordergrund. Mit der weltweiten Einführung von Anti-Stalking-Gesetzen aber wurde in psychologischen und soziologischen Ausarbeitungen zeitweilig alles Mögliche zusammengetragen, was auch nur entfernt unter „Verfolgung anderer Personen – egal aus welchen Motiven" zusammengefasst werden konnte. Es wuchs die Tendenz, unter Stalking alles zu subsumieren, was eine Person dazu veranlasst, sich beharrlich immer wieder einer anderen Person anzunähern und ihr trotz Ablehnung so ihren Willen aufzuzwingen. „Stalking" verkam zeitweilig zu einem Container-Begriff, vermutlich aus dem Bedürfnis heraus, endlich alle Formen psychischer Gewaltandrohung und physischer Gewalt und überhaupt all das, was ungreifbar und unbegreifbar erscheint, unter einer griffigen Bezeichnung zusammenzufassen (Pelikan, 2002).

Heterogene Täterkreise. Eingedenk der kurzen Zeitspanne, die seither blieb, um sich eingehender mit dem Stalking zu befassen, hatte es zunächst zu nicht mehr gereicht, als mit einer gründlichen Bestandsaufnahme und Systematisierung der damit einhergehenden Phänomene zu beginnen. Fallsammlungen reichten nicht aus. Denn Stalker kamen aus allen Gesellschaftsschichten, und es handelte sich dabei um Personen mit unterschiedlichsten intellektuellen Fähigkeiten. Viele waren in ihrem Leben niemals zuvor etwa durch Moralverstöße oder Rechtsverletzungen auffällig geworden; bei anderen ließen sich eindeutig psychische Störungen diagnostizieren. Für einige weitere war es typisch, dass sie kaum über sozial angepasste Verhaltensmuster verfügten, bei wiederum anderen handelte es sich bis zum Beginn ihres Stalkings um unbescholtene, von Freunden und Nachbarn geschätzte Mitbürger.

3.1 Repräsentative Erhebungen

Inzwischen gibt es eine Reihe von Repräsentativerhebungen, in denen nach Häufigkeit und Ausmaß des Stalkings geforscht wurde. Solche Erhebungen wurden beispielsweise in den USA (Tjaden & Thoennes, 1998), in Großbritannien (Budd & Mattinson, 2000; Walby & Allen, 2004), in Australien (Purcell et al., 2000a und b; Ogilvie, 2000) und in Deutschland (Dreßing et al., 2005) durchgeführt. Die ermittelten Prävalenzen sind abhängig von den zugrunde liegenden Definitionen.

Zumeist kommen die in → Kapitel 2 dargestellten legislativen Definitionen in Anwendung. Gesucht und befragt wurden Opfer mit Stalking-Erfahrungen nur im vergangenen Jahr, aber auch im bisherigen Leben.

3.1.1 Weit und eng gefasste Definitionen

In den Untersuchungen lassen sich grob enge und weite Definitionen unterscheiden. Unter einer weiten Definition werden alle möglichen Formen der nachstellenden Belästigung und Freiheitsbeschränkung von Personen zusammengefasst. Einige Forscher beziehen bereits zwei und mehr unerwünschte Kontaktaufnahmen in ihre Dokumentation ein, was natürlich die Prävalenzraten erhöht.

Enge Definitionen setzen eine deutliche Bedrohung und Einschüchterung des Opfers voraus; die Häufigkeitsangaben beziehen sich hier darauf, ob die verfolgte Person eindeutig Gefühle der Angst bis Panik erlebt hat. Wird in Studien dann noch eine Mindestzeitdauer des Stalkings (in Wochen oder Monaten) vorausgesetzt, fallen Prävalenzangaben noch niedriger aus.

Weit gefasste Definitionen. Als bindend für eher weit gefasste Stalking-Kriterien können wiederholte Versuche des Stalkers angesehen werden, auf unterschiedlichste Art Kontakt mit dem Opfer aufzunehmen, obwohl das Opfer solche Kontakte unter keinen Umständen wünscht – und zwar unabhängig vom Ausmaß

Tabelle 3.1. Prozentangaben zur Prävalenz von Stalking in fünf repräsentativen Bevölkerungsstichproben als (a) Lebenszeitprävalenz sowie (b) Angaben zum aktuellen Vorkommen (gegenwärtig noch fortdauernd bzw. in den letzten zwölf Monaten)

	Lebenszeitprävalenz		Aktuell noch andauernd bzw. letzte zwölf Monate	
	Frauen	Männer	Frauen	Männer
USA 1998	12,0	4,0	6,0	1,5
England 1998	16,1	6,8	4,0	1,7
England 2003	18,9	11,6	4,9	2,7
Australien 1999	17,4	6,4	2,9	2,7
Deutschland 2004	17,3	3,7	1,6	

USA: Tjaden & Thoennes, 1998; Großbritannien: Budd & Mattinson, 2000; Walby & Allen, 2004; Australien: Purcell et al., 2000a und b; Ogilvie, 2000; Deutschland: als Erhebung im Stadtgebiet Mannheim: Dreßing et al., 2005 der Einschüchterung, Bedrohung und Gefährdung. In Tabelle 3.1 sind die Ergebnisse aus den sechs genannten repräsentativen Bevölkerungsstudien zusammengefasst. Die dabei ermittelten Zahlen legen nahe, dass ca. 12 bis 19 Prozent der weiblichen und ca. 4 bis 12 Prozent der männlichen Bevölkerung mindestens einmal in ihrem Leben Opfer von Stalking wurden. Aktuell noch andauernd bzw. in den letzten zwölf Monaten vor dem Erhebungszeitpunkt waren immerhin noch ca. 2 bis 6 Prozent der Befragten von Stalking betroffen.

Eng gefasste Definitionen. In einigen Studien wurden neben dem allgemeinen Vorkommen von Stalking im weit gefassten Sinne zusätzlich engere Kriterien in Anwendung gebracht. Beispielsweise wurde das Auftreten von Angst erhoben, welche vom Opfer angesichts des Stalkings erlebt wurde: Diese Frage wurde immerhin von ungefähr der Hälfte der betroffenen Männer und von bis zu zwei Dritteln der Frauen bejaht (Tjaden & Thoennes, 1998; Budd & Mattinson, 2000).

Nachfolgend sollen einige zentrale Ergebnisse der Repräsentativerhebungen näher beschrieben werden, bevor in den kommenden Kapiteln der Frage nachzugehen ist, welche wissenschaftlichen Definitionsversuche und Fragestellungen sich daraus für die aktuelle Erforschung des Stalkings bereits ergeben haben.

3.1.2 Täter und Opfer

Dauer und Häufigkeit. Die zeitliche Dauer des Stalking-Verhaltens war teilweise beträchtlich und lag in der US-amerikanischen Studie im Mittel bei 1,8 Jahren. In der australischen Studie variieren die Angaben zwischen wenigen Tagen und 40 Jahren mit einem Median bei acht Monaten (Purcell et al., 2000a und b). Die Mannheimer Forscher geben für etwa ein Drittel der Betroffenen eine Stalking-Zeit von weniger als einem Monat an, für mehr als 40 Prozent zwischen einem Monat und einem Jahr, und bei etwa 25 Prozent dauerten die Belästigungen weit über ein Jahr hinaus (Dreßing et al., 2005).

Lebenszeitprävalenz. Die Studien zeigen recht konvergent, dass trotz leicht unterschiedlicher Stalking-Definitionen von einer recht hohen Lebenszeitprävalenz auszugehen ist. Bei Berücksichtigung einer Dunkelziffer reichen die Schätzungen bis zu annähernd 20 Prozent bei Frauen und bis zu annähernd 15 Prozent bei Männern. Bis zu 90 Prozent der Betroffenen wurden im bisherigen Leben nur einmal von einer einzigen Person gestalkt. Neun bis 10 Prozent der Frauen und 7 bis 8 Prozent der Männer wurden von zwei verschiedenen Personen, und 1 bis 2 Prozent von drei verschiedenen Personen zu unterschiedlichen Zeiten belästigt.

Die Opfer. Die meisten Opfer kontinuierlicher Verfolgung sind Frauen (zwischen 70 und 80 Prozent je nach Studie). Die jeweils größte Anzahl der Betroffenen befindet sich zum Zeitpunkt der unerwünschten Belästigungen in der Altersgruppe von 15 bis 30 Jahren mit danach abnehmender Tendenz. Prinzipiell jedoch können vom Stalking alle Altersgruppen betroffen sein. Bis zur Hälfte der Betroffenen lebten während der Stalking-Perioden in festen Partnerschaften, 10 bis 20 Prozent befanden sich im Prozess einer Trennung oder waren geschieden.

Die Täter. Stalking-Täter waren in der überwiegenden Zahl Männer (in über 80 Prozent der Fälle). In mehr als 10 Prozent handelte es sich um Frauen, und in bis zu 5 Prozent der Fälle war den Opfern das Geschlecht der Täter nicht bekannt. Kannten die Opfer die Täter, konnten sie folgende Angaben machen: Etwa ein Viertel war zur Zeit der Belästigungen arbeitslos, etwa die Hälfte lebte als Single, ein Drittel in festen Partnerschaften und bis zu 20 Prozent waren getrennt oder geschieden.

Stalking durch Partner, Bekannte oder Fremde. Das Risiko, von Fremden gestalkt zu werden, wird für Männer deutlich höher als für Frauen angegeben: Nur etwa 20 bis 30 Prozent der Frauen und etwa 30 bis 40 Prozent der Männer wurden von einem Fremden gestalkt. Der überwiegende Teil der Stalking-Opfer (d.h. 60 bis 70 Prozent) kannte die Verfolger also persönlich. Bei bis zu einem Drittel der Fälle handelte es sich um einen ehemaligen Intimpartner, in etwa einem weiteren Drittel um Bekannte, Freunde oder Arbeitskollegen.

Trat das Stalking im Zusammenhang mit einer (vor)bestehenden Intimbeziehung auf, gaben Betroffene (davon bis zu 90 Prozent Frauen) in etwa 20 Prozent der Fälle an, dass das Stalking bereits vor Beendigung der Beziehung begonnen habe. Sie sahen sich zu dieser Zeit zumeist einer zunehmenden Kontrolle oder lästigen Überwachung durch den Partner ausgesetzt, was gelegentlich als Grund für die Trennung angegeben wurde. In bis zur Hälfte der Fälle setzte das Stalking nach Beendigung der Ehe/Partnerschaft ein. Etwa ein Drittel der Frauen gab ein Stalking-Verhalten des vormaligen Intimpartners zu Protokoll, das fortgesetzte Belästigungen sowohl vor als auch nach der Trennung einschloss.

Während Frauen in der überwiegenden Zahl (bis zu über 90 Prozent) ausschließlich von Männern verfolgt werden, wurden betroffene Männer etwa gleich häufig von Frauen und Männern gestalkt. In einigen Studien wird über gleichgeschlechtliches Stalking jedoch bei bis zu einem Viertel der Frauen und Männer berichtet (Purcell et al., 2000a und b). Üblicherweise finden sich Angaben, in denen das gleichgeschlechtliche Stalking bei den Männern im Unterschied zum gleichgeschlechtlichen Stalking bei Frauen deutlich überwiegt (in der australischen Studie beispielsweise 78 vs. 8 Prozent).

Stalking-Motive aus der Sicht der Opfer. Um erste Anhaltspunkte für die möglichen Motive der Täter zu erhalten, wurden in der US-amerikanischen Studie die Opfer befragt, welche Gründe sie hinter den Belästigungen vermuteten (Tjaden & Thoennes, 1998). Da Stalking in den verschiedensten Lebenssituationen und in den unterschiedlichsten Beziehungsformen vorkommt, ist die große Spannweite der Antworten nicht überraschend. Am häufigsten wurde angenommen, dass die Täter die Absicht verfolgten, Kontrolle oder Macht über das Opfer zu bekommen oder auszuüben (21 Prozent) – oder eine (vor)bestehende Beziehung aufrechtzuerhalten bzw. jemanden in eine Beziehung zu zwingen (20 Prozent). 16 Prozent nahmen an, dass sie in Angst und Panik versetzt werden sollten, und

5 Prozent vermuteten, dass die Stalker schlicht Aufmerksamkeit und Beachtung auf sich ziehen wollten.

Psychische Störungen. Schließlich widerlegen die Befragungsergebnisse in gewisser Hinsicht den weit verbreiteten Mythos, dass es sich bei den meisten Stalkern um schizophren oder anderweitig wahnhaft erkrankte Menschen handelt. Nur etwa 7 bis 10 Prozent der Befragten vermuteten, dass ihre Stalker als psychisch gestört oder als alkohol- oder drogenabhängig einzuschätzen seien. Diese Zahl deckt sich in etwa mit Gutachten- und Aktenanalysen, die auf der Grundlage von in den USA gerichtsanhängigen Stalking-Vorfällen vorgenommen wurden. Werden höhere Zahlen mitgeteilt, handelt es sich zumeist um selektierte Stichproben von Stalkern, die sich zum Zeitpunkt der Untersuchungen in forensischer Behandlung befanden, für die das Vorhandensein einer psychischen Störung in den meisten Fällen Voraussetzung für eine Einweisung war.

In einer dieser klinischen Studien fanden Mullen und Mitarbeiter (1999) bei 35 Prozent der Stalker eine Alkohol- und Drogenabhängigkeit, 25 Prozent hatten eine affektive Erkrankung, 15 Prozent eine Anpassungsstörung, 5 Prozent eine Schizophrenie, 10 Prozent eine Wahnhafte Störung, und bei 5 Prozent lagen sexuelle Deviationen (periculäre Paraphilien) vor. Die größte Gruppe der Untersuchten, nämlich 75 Prozent, erfüllten die diagnostischen Kriterien einer Persönlichkeitsstörung (vorrangig dissozial, narzisstisch, Borderline). Wie angedeutet handelt es sich hier jedoch um eine forensische Stichprobe, deren Ergebnisse nicht auf das Gesamt der Stalker generalisiert werden darf.

3.2 Stalking-Methoden

Die Belästigungen sind vielfältig, mit denen Stalker wiederholt versuchen, in eine Kommunikation oder Beziehung mit dem Opfer einzutreten, die von diesem nicht gewünscht ist. Diese Verhaltensweisen werden typischerweise als zudringlich erlebt und lösen beim Opfer Besorgnis und Ängste aus. In der Tat definiert sich das Stalking bisher nicht vorrangig über die Motive des Stalkers, sondern über die persönlichen Reaktionen des oder der Menschen, die vom Stalking betroffen sind. Die häufigsten Stalking-Formen seien hier kurz angesprochen (vgl. Pathé, 2002; Voß, 2004; Dreßing & Gass, 2005).

3.2.1 Telefonanrufe

Dies ist die verbreitetste Form der Belästigung: das Telefon als leicht zugängliches Hilfsmittel, um in das Leben anderer einzudringen. Anrufe können beim Opfer zu Hause und/oder am Arbeitsplatz erfolgen, und mit dem Handy ist man ohnehin fast immer und überall erreichbar. Der Anrufer kann sich in Schweigen hüllen oder auch auflegen, wenn das Opfer verzweifelt versucht, mit ihm zu kommunizieren. Er kann aber auch penetrant auf das Opfer einreden, die Aufnahme oder Wiederaufnahme einer Beziehung erflehen oder Wünsche nach Wiederaussöhnung vortragen. Beschimpfungen oder Obszönitäten sind ebenfalls nicht selten. Legt der Angerufene auf und verweigert ein Gespräch, können Telefonate in Dauerbelästigungen ausarten, wobei viele Stalker sich ungewöhnliche Zeiten aussuchen, etwa spät in der Nacht. Einige sexuell motivierte Stalker lassen bei den Anrufen ihre Fantasien walten und beschreiben, was die Angerufenen ihrer Meinung nach gerade tun, denken oder welche Kleider sie tragen. Opfer können an den unterschiedlichsten Orten ans Telefon gerufen werden, etwa in Restaurants, bei Konferenzen oder im Urlaub, was meist impliziert, dass der Stalker sein Opfer gut unter Beobachtung und Kontrolle hat.

In den zitierten repräsentativen Befragungen berichteten weit über die Hälfte bis hin zu 90 Prozent der Betroffenen, dass sie telefonisch belästigt wurden; in der Hälfte dieser Fälle wiederum wurde ein lästiges Schweigen am anderen Ende der Leitung dokumentiert. Belästigungen mit herabwürdigenden und obszönen Inhalten musste etwa ein Viertel der Verfolgten über sich ergehen lassen. Von den Opfern werden Anrufe daher nicht nur als störend, sondern auch als beängstigend und bedrohlich wahrgenommen, zumal sich der Eindruck vermitteln kann, dem Verfolger überall hilflos ausgeliefert zu sein. Jedes Telefonläuten kann schließlich Gefühle des Erschreckens und der Angst auslösen.

3.2.2 Briefe per Post, Fax oder SMS

Briefe werden durch Postboten, durch Freunde oder Nachbarn an die Opfer nach Hause oder an den Arbeitsplatz geschickt. Sie finden sich aber auch als Botschaften an der Windschutzscheibe des Autos oder vor der Haustür – wobei der Schreiber seine Identität gelegentlich zu verheimlichen sucht. Die Nachrichten können romantischen oder bedrohlichen Inhalts sein oder eine Mischung aus beidem enthalten. Briefe können auch an Unbeteiligte gerichtet sein, um die Opfer bloßzustellen oder um höchst private Informationen, aber auch Unwahrheiten über sie zu verbreiten. Selbst Finanzämtern wird zuweilen von Stalkern angezeigt, dass deren Opfer wissentlich Steuern hinterzogen hätten. Faxe werden meisten an den Arbeitsplatz übermittelt, häufig in der Hoffnung, das Opfer so zu kompromittieren, weil eventuell auch Kollegen etwaige Liebeserklärungen oder aber skandalöse Verleumdungen zu lesen bekommen.

3.2.3 Das Internet (Cyberstalking)

Nachdem sich das Internet als eines der wichtigsten Kommunikationsmittel etabliert hatte, wurde alsbald eine neue Form des Stalkings beobachtet, für die seit einer Publikation von Deirmenjian (1999) der Begriff „Cyberstalking" schnell weltweite Akzeptanz fand. Stalker haben sich rasch dieses neue Tool für ihre Aktivitäten erschlossen. Opfer können beispielsweise mit E-Mails geradezu bombardiert werden, wodurch der normale E-Mail-Verkehr fast zum Erliegen kommen kann. Im elektronischen Datenaustausch ermöglichen es einige Online-Dienste, dass die Absender anonym bleiben, oder von diesen werden öffentlich zugängliche Interneteinrichtungen (z.B. Internet-Cafés) genutzt. In jüngster Zeit lässt sich immer wieder beobachten, dass Menschen unwissentlich und unerwartet nur deshalb zu Opfern von Cyberstalking werden, weil sie persönliche Informationen und Daten auf eigenen Internetseiten publizieren (Lucks, 2001).

Sexuelle Belästigung am Arbeitsplatz. Als ein bevorzugter Ort für Cyberstalking hat sich inzwischen der Arbeitsplatz am Computer erwiesen. Sipior und Ward (1999) haben auf zwei zunehmend beobachtbare Prototypen der sexuell motivierten E-Mail-Belästigung im Betrieb hingewiesen. Der erste Prototyp („quid pro quo") beinhaltet offene Zusagen, etwa den Arbeitsplatz zu behalten oder befördert zu werden oder andersartige Versprechen einer zukünftigen beruflichen Vorteilsgewährung, wenn das Opfer im Gegenzug dafür sexuelle Kontakte verspricht. Im zweiten Prototyp („feindselige Umgebung") kommt der Wunsch nach intimen Kontakten zunächst auf eher unauffällige und indirekte Weise daher, kann sich im Verlauf dann allerdings in ein echtes Bedrohungsszenario für die Opfer ausweiten. Es wird mit Verleumdungen, Veröffentlichung privater Daten oder mit Kündigung gedroht.

3.2.4 Verfolgen, Auflauern, Beobachten

In der Mehrzahl aller Fälle halten sich die Stalker regelmäßig in der Nähe der Opfer auf, tauchen unerwartet auf, verfolgen sie zu Fuß, mit dem Fahrrad oder mit dem Auto. Sie folgen ihnen bei Einkäufen oder in Restaurants, selbst dann, wenn die Betroffenen mit Freunden oder Familienangehörigen unterwegs sind. Einige bleiben auf Distanz, andere pirschen sich – im ursprünglichen Sinn des Wortes „Stalking" – wiederholt heran und versuchen, die Opfer in Gespräche zu verwickeln. Sie beziehen Beobachtungsposten an Orten, an denen sich die Betroffenen häufig aufhalten. Viele sitzen stundenlang im Auto vor der Wohnung des Opfers. Um die Bedrohlichkeit ihres Tuns zu erhöhen, kommt es vor, dass sie penetrant auch dritte Personen verfolgen: Freunde, Angehörige oder zur Familie gehörende Kinder.

3.2.5 Geschenke, Bestellungen, Aufträge

Über (kontinuierliches) Zusenden von Geschenken und andere Zuneigungsbekundungen berichtet bis zu einem Viertel der Opfer. Neben Blumen, Süßigkeiten oder Büchern können die Pakete oder Päckchen, die durch Postboten oder

Dritte überbracht werden, aber auch makabre oder Ekel erregende Dinge enthalten: tote Haustiere oder Exkremente. Immer als beängstigend erlebt wird die Zusendung von zuvor aus der Wohnung der Opfer gestohlenen Gegenständen. Besonders unangenehme Belästigungen stellen auch Warenlieferungen dar, welche die Täter im Namen der Opfer aufgegeben haben. Häufig werden mit vom Täter gefälschter Unterschrift regelrechte Verträge abgeschlossen. Zeitschriftenabonnements oder Reisebuchungen sind bereits sehr lästig, da sie vom Opfer aktiv storniert werden müssen. Beträchtlich gravierender ist es, wenn die Strom-, Gas- oder Wasserversorgung gesperrt wird. Das Rückgängigmachen derartiger „Verträge" ist oft mit erheblichem Aufwand für die Opfer verbunden; werden sie indes ignoriert, können Mahnverfahren und Zahlungsklagen die Folge sein. Erhebliche Peinlichkeiten können eintreten, wenn plötzlich Autos der Feuerwehr oder eines Beerdigungsinstituts oder Krankenwagen vor dem Haus auftauchen.

3.2.6 Kontaktaufnahme über Dritte

Die meisten Stalker handeln allein. Gelegentlich spannen sie jedoch für ihre Stalking-Absichten auch unbeteiligte Personen ein. Für diese Form des Stalkings, bei der sich die Täter zum Zwecke der Verfolgung und Belästigung der Hilfe anderer Personen bedienen, hat sich die Bezeichnung „Stalking by proxy" eingebürgert. Die „stellvertretend" eingesetzten Personen können Bekannte des Opfers oder des Täters sein und wissen zumeist zunächst nicht, dass sie für Stalking-Zwecke missbraucht werden. Ein verschmähter Stalker könnte beispielsweise andere Familienmitglieder bitten, bei seinem Opfer immer wieder einmal ein „gutes Wort" für ihn einzulegen, damit ein Kontakt zustande kommt. Auch können Privatdetektive oder Kollegen eingesetzt werden, um private Dinge über das Opfer auszuspionieren.

3.3 Gefährlichkeit und Gewaltrisiko

Bedrohungen können in unterschiedlichster Weise erfolgen und zum Ergebnis haben, dass Eigentum beschädigt oder entwendet wird, dass das Opfer angegriffen oder getötet wird, aus Rache oder wenn ein gewünschter Kontakt verweigert wurde. Die ausgesprochenen Drohungen können auch Gewalthandlungen gegenüber Dritten, Familienmitgliedern oder Freunden andeuten.

3.3.1 Sachbeschädigungen, Hausfriedensbruch

Sachbeschädigungen in Häusern, an Autos oder anderen Besitztümern der Opfer werden in bis zu einem Viertel der Fälle dokumentiert (Purcell et al., 2000a und b; Dreßing et al., 2005). Das Eigentum des Opfers wird beschädigt, Autos werden zerkratzt, Autoreifen zerstochen, Gartenmöbel zerstört. Um ihre Allgegenwart und Allmacht hervorzuheben, hinterlassen viele Täter Graffitis und Schmiereereien an Autos, Hauswänden oder Türen. Diese können Liebesbezeugungen, Drohungen oder böswillige Unterstellungen beinhalten. Auch das Eindringen in die Wohnung des Opfers ist nicht selten, z.B. mit Schlüsseln, die noch aus einer vorbestehenden Beziehung stammen oder gestohlen wurden. In der Wohnung der Opfer werden Nachrichten hinterlassen oder unterschiedlichste Dinge gestohlen, beispielsweise Adressbücher oder Fotos, die für künftige Stalking-Aktionen benutzt werden können. Einige Täter lauern den Opfern in der Wohnung auf, um sie in unerwünschte Gespräche zu verwickeln. Ist das Eindringen in die Wohnung nicht möglich, kann es zu Belästigungen in Hausfluren oder vor dem Haus kommen – gelegentlich werden auch laute Auseinandersetzungen angezettelt, um die Aufmerksamkeit der Nachbarn zu erregen.

3.3.2 Gewaltrisiko

Stalking geht häufig nicht nur mit der bloßen Androhung von Gewalt einher, sondern stellt auch ein besonderes Risiko dar, dass es tatsächlich zu Gewalthandlungen kommt. Je nach Studie wurden in zwischen 28 und 35 Prozent der Fälle von den Tätern zuvor explizite Drohungen ausgesprochen. In der Mannheimer Studie berichteten 24 Prozent, dass sie vom Stalker gegen ihren Willen mit körperlicher Gewalt festgehalten wurden, 12 Prozent wurden geschlagen, 9 Prozent mit Gegenständen attackiert, 42 Prozent sexuell belästigt und 19 Prozent sexuell genötigt (Kühner et al., 2004). In der australischen Studie wurden zu 18 Prozent Gewaltakte gegen Opfer dokumentiert; in 16 Prozent der Fälle drohten die Stalker den Opfern mit Gewalt gegen Unbeteiligte, z.B. gegen Familienmitglieder oder Freunde (Purcell et al., 2000a und b). In 10 Prozent waren tätliche Übergriffe gegenüber Dritten vorgefallen.

Keine Verharmlosung von Gewaltdrohungen! Bei den in den USA ermordeten Frauen handelt es sich bei ca. 15 Prozent um Opfer von Sexualdelikten, die zuvor von meist Unbekannten aus sexuellen Motiven verfolgt worden waren (Sheridan & Davies, 2001). Weiter fand sich in einer Untersuchung von 141 vom Ex-Partner getöteten Frauen bei 76 Prozent im Vorfeld Stalking durch die Täter (McFarlane et al., 1999). Auch in anderen Untersuchungen ergab sich, dass tatsächlicher Gewaltanwendung von Seiten der Stalker in 80 Prozent der Fälle entsprechende Drohungen vorausgingen (Mullen et al., 1999). Dies bedeutet, dass Drohungen von Stalkern ernst zu nehmen sind und in jedem Fall eine sorgsame Risikoeinschätzung erfolgen sollte. Aus diesem Grund wird der aktuelle Kenntnisstand zu Motiven und Hintergründen für Gewaltandrohungen und Gewalthandlungen in → Kapitel 5, 6 und 7 ausführlicher zu behandeln sein.

3.3.3 Motive, Stalking nicht zur Anzeige zu bringen

Weiterhin ist auffällig, dass etwa die Hälfte der Stalking-Opfer aus unterschiedlichen Gründen ihre Belästigungen nicht zur Anzeige bringen. In der US-amerikanischen Untersuchung waren dies 45 Prozent der Frauen und 52 Prozent der Männer (Tjaden & Thoennes, 1998). Viele verfolgte Frauen gehen häufig erst zur Polizei, wenn die Täter mit Gewalt drohen oder bereits gewalttätig geworden sind. Viele Betroffene unterließen eine Anzeige sogar in jenen Fällen, in denen die Stalker wildfremde Personen waren.

Tjaden und Thoennes (1998) fragten nach den Gründen, warum Stalking-Opfer den Weg zur Polizei scheuen. Über 30 Prozent gaben an, dass für die Belästigungen die Polizei nicht zuständig sei bzw. dass sich die Polizei um andere Dinge zu kümmern habe, oder auch, dass ihnen die Polizei doch keinen Glauben schenken werde. 16 Prozent äußerten sogar die Befürchtung, dass die Belästigungen zunehmen und sich verschlimmern könnten, wenn die Polizei eingeschaltet würde.

Fünf Prozent wollten kein Aufsehen erregen, 4 Prozent hielten die Belästigungen für zu geringfügig, und 6 Prozent betrachteten die Verfolgungen als Privatangelegenheit. Zwölf Prozent der Verfolgten waren der Ansicht, dass sie mit dem Problem allein fertig werden könnten. Viele hatten jedoch anderen (Familienmitgliedern, Bekannten, Kollegen, Vorgesetzten) von den Dauerbelästigungen erzählt. In immerhin bis zu 20 Prozent der Fälle wurden die ins Vertrauen gezogenen Personen als Helfer aktiv und brachten die Vorfälle – mit oder ohne Zustimmung der Betroffenen – bei der Polizei zur Anzeige.

3.3.4 Polizeiliche Hilfen

Die Bereitschaft, sich bei Stalking um Hilfe an die Polizei zu wenden, hat in den letzten Jahren deutlich zugenommen. Andererseits wird von Opfern berichtet, dass es die Beamten in bis zu einem Viertel der Fälle bei einer schlichten Protokollierung der Sachverhalte beließen und keine weiteren Maßnahmen einleiteten. Immer dann jedoch, wenn Schritte gegen die Täter oder zum Schutz der Opfer erfolgten, waren die Betroffenen in mehr als der Hälfte der Fälle mit ihrem Schritt und den Hilfestellungen durch die Polizei zufrieden. Sie hatten den Eindruck, dass die Polizei alles, was an Hilfe und Unterstützung möglich war, auch unternahm, und dass sich die Stalking-Situation nach Einschalten der Polizei deutlich zum Besseren verändert habe (z.B. Tjaden & Thoennes, 1998). Es sind jedoch auch Berichte dokumentiert, wonach die Belästigungen nach Einschaltung der Polizei an Häufigkeit bzw. Bedrohlichkeit zunahmen.

3.3.5 Das Rückfallrisiko der Stalker ist beträchtlich

Auch wenn dieser Aspekt in den repräsentativen Erhebungen zu kurz kommt, lohnt es sich zum Schluss, der Vollständigkeit halber auf die zwar spärlichen, aber dennoch beachtenswerten Erkenntnisse zum Rückfallrisiko der Stalker einzugehen. Zwar liegt zu dieser Frage nur eine methodisch akzeptable Studie vor (Rosenfeld, 2003), die Ergebnisse machen es indes erforderlich, über psychologische Behandlungskonzepte der Stalker nachzudenken. Wie bei anderen schweren Straftaten scheint es auch hier geboten, in der Behandlung der Täter besondere Schwerpunkte vorzusehen, die ausdrücklich auf die Prävention zukünftiger Stalking-Vorfälle ausgerichtet sind (ausführlicher: → 11).

Rosenfeld (2003) hat eine Dokumentation von 146 Tätern vorgelegt, die wegen Stalkings verurteilt worden waren. Die Nachuntersuchung über Zeiträume von 2,5 bis 13 Jahren ergab, dass 49 Prozent nach Bestrafung/Behandlung für ein oder mehrere Stalking-Vergehen erneut auffällig wurden – viele auch durch Belästigungen, die sich nicht nur auf die gleichen Opfer bezogen. Von den Rückfall-Stalkern begannen mehr als 80 Prozent bereits innerhalb Jahresfrist mit erneuten Verfolgungsaktionen.

Rückfallprädiktoren. Als härtesten Rückfall-Prädiktor fand der Autor das Vorhandensein einer Persönlichkeitsstörung, wobei dissoziale, narzisstische und/oder Borderline-Persönlichkeitsstörungen als besonders risikoreich angesehen werden müssen. Das Rückfallrisiko von persönlichkeitsgestörten Stalkern scheint sich in dem Maße weiter zu erhöhen, wie zum Zeitpunkt der Verfolgungen ein Alkoholmissbrauch bzw. eine Alkoholabhängigkeit bestand. Das Vorliegen anderer psychischer Störungen (z.B. schizophrene, affektive oder Wahnhafte Störungen wie die Erotomanie) hingegen scheint das Rückfallrisiko gegenüber dem Durchschnitt eher zu vermindern, was möglicherweise auf eine zwischenzeitlich erfolgte Behandlung zurückgeführt werden könnte.

4 Folgen von Stalking für die Opfer

Als der Stalking-Begriff zu Beginn der 1990er Jahre weltweit ein erstes Mal durch die Presse geisterte, schien es, als würden vorrangig Politiker, Sportler oder Schauspieler von gewalttätigen Stalkern bedroht. Inzwischen hat sich diese Einschätzung jedoch gewandelt. Bei den Opfern handelt es sich um Menschen aus jeder Bevölkerungsschicht, mit unterschiedlichem Ausbildungsniveau und aus jeder Altersklasse. Auch dieser Aspekt wurde in den vergangenen Jahren von Presse und Fernsehen aufgegriffen. Wiederum waren es jedoch fast ausschließlich die spektakulären Fälle, die den Medien Stoff für die Sensationsmache im Namen einer interessierten Öffentlichkeit lieferten. Die Headlines im Blätterwald und die Dreißig-Sekunden-Spots zum Stalking suggerieren eher, als handle es sich beim Opfer um ein nichtsahnendes Wesen, das aus heiterem Himmel von einem Unbekannten verfolgt und aus sexuellen Motiven terrorisiert würde. Filme und Romane stützen diese Auffassung.

Opfer von Stalking könnte jeder werden. Beim Stalking-Bild in der Öffentlichkeit handelt es sich um eine nicht unproblematische Verzerrung der tatsächlichen Gegebenheiten (Spitzberg & Cadiz, 2002). Diese Meinung verschleierte die Tatsache, dass es sich bei Stalking um Prozesse handelt, die tagtäglich nebenan in der Nachbarschaft passieren oder am eigenen Arbeitsplatz ihren Ausgang nehmen. Oder krasser ausgedrückt: Stalking kann jedermann betreffen, häufig beginnend in privaten oder beruflichen zwischenmenschlichen Beziehungen, die sich – von außen betrachtet – bis dahin als unproblematisch bis nicht existent darstellten.

Damit soll hier kein neuerliches Gruselszenario entworfen werden. Dennoch handelt es sich bei den bis zu 20 Prozent der Frauen und bis zu 12 Prozent der Männer, die einmal in ihrem Leben Opfer von Stalking werden, nicht um eine „verschwindende Minderheit" der Bevölkerung. Die pointierte Aussage, dass Stalking in zunächst problemlos anmutenden zwischenmenschlichen Beziehungen seinen Ausgang nehmen kann, ist indes wichtig für die Antwort auf die Frage, wie und warum es überhaupt dazu kommt. Auf die Möglichkeiten, wie sich Stalking-Phänomene psychologisch erklären lassen, wird in → Kapitel 8 eingegangen. Dieses und die nachfolgenden Kapitel sollen den Entwurf einer interpersonellen Theorie des Stalkings vorbereiten helfen.

4.1 Stalking-Erfahrungen und Krisenerleben

Die meisten bisherigen Arbeiten zum Stalking beschäftigen sich mit den Tätern und *deren* Beziehungen zum Opfer; die Perspektive der Opfer findet nur unzureichend Berücksichtigung. Selbst vor Gericht werden sie häufig nur als Zeugen geladen oder im günstigeren Fall (wenn sie sich einen Rechtsbeistand leisten können) als Nebenkläger zugelassen. Gutachten und Gerichtsverfahren sowie die Unterbringung der Täter im Gefängnis oder in der forensischen Psychiatrie verschlingen Unsummen. Für die Behandlung der körperlichen und seelischen Folgen, die Stalking bei den Opfern hinterlässt, gibt es jedoch keinen entsprechenden finanzausgleichenden „Automatismus". Es scheint wohl so, als seien sie hinreichend versorgt und versichert.

Mangel an Opferforschung (Viktimologie). Die selektive Unaufmerksamkeit gegenüber den Opfern lässt sich in den wissenschaftlichen Untersuchungen zum Stalking beobachten. Die meisten Forscher interessieren sich – bisher jedenfalls – vorrangig für die Entwicklung von Täterprofilen, für die Aufklärung von Tatmotiven und für eine Systematisierung von Stalking-Methoden. Werden die Opfer in solche Untersuchungen einbezogen, dienen sie häufig nur als Interviewpartner bzw. Informanten, um Näheres über die Stalking-Prozesse und den Erfindungsreichtum der Stalker in Erfahrung zu bringen. Auch bei Wissenschaftlern scheint die Faszination von der „unheimlichen Begegnung der dritten Art" mit den Tätern zu überwiegen.

Nur wenige Arbeiten sind ausdrücklich den Opfern und den pathopsychologischen Begleiterscheinungen und Folgen von Stalking gewidmet. Unter klinisch interessierten Forschern ist offenbar die Meinung verbreitet, als seien die vorhandenen Ansätze und Konzepte hinreichend, seelische Verletzungen und psychische Störungen von Stalking-Opfern angemessen diagnostisch zu beurteilen und zu behandeln. Eine solche Einschätzung bedarf aber einer Korrektur.

4.1.1 Die Spirale der Verfolgung

Stalking-Episoden unterscheiden sich von anderen kritischen Lebensereignissen und traumatischen Erfahrungen in vielerlei Hinsicht. Grob gesprochen scheint es weder einen eindeutigen Anfang noch ein eindeutiges Ende zu geben. Vielleicht kann man den konkreten Beginn mit Hilfe einer „Diagnosogenik-Theorie" beschreiben. Stalking beginnt mit der „selbstdiagnostischen Feststellung" des Opfers, dass eine vom Täter wiederholt angestrebte Beziehung oder Auseinandersetzung irgendwann in diesem Prozess als unerwünscht oder nicht gewollt definiert wird. Trotz der mehr oder weniger deutlichen Zurückweisung dieses Ansinnens fährt der Täter mit seinen Belästigungen fort und steigert dabei vielleicht auch das Ausmaß der Bedrohlichkeit, um seine Macht und Kontrolle über das Opfer zu unterstreichen. Die Verfolgung wird in dem Maße zum Stalking, wie das Opfer selbst zur Auffassung gelangt, dass der Täter tatsächlich Macht und Einfluss auf das eigene Leben gewinnt und ausweitet (→ 8).

Angstvolles Warten auf Wiederholung. Selbst wenn sich die Aktionen des Stalkers als ungefährlich und gutartig ausnehmen sollten, ist es für das Opfer eher schwierig, harmlose Belästigungen von ernst zu nehmenden Drohungen zu unterscheiden. Der wesentliche Unterschied zu anderen kritischen Ereignissen, Gefahren und kriminellen Aktionen, die einem Menschen im Leben vielleicht einmal oder seltener mehrmals widerfahren können, besteht darin, dass sich Stalking-Aktionen wiederholen. Ansonsten wäre der Begriff Stalking unangemessen eingesetzt. Zugleich sind die Dauerbelästigungen kaum angemessen vorausschaubar. Das Opfer wird gezwungen, zu warten – und dann: das denkbar Beste zu unternehmen, um mit dieser Wartesituation fertig zu werden. Viele Opfer berichten von dem permanenten Bedürfnis, ständig über die Schulter zu schauen, stets in der Erwartung, dass ihr Stalker jederzeit auftauchen könnte.

4.1.2 Im Kreislauf andauernder Krisen

Collins und Wilkas (2001) haben den bei vielen Opfern beobachtbaren, erst allmählich oder schnell einsetzenden Prozess der Entwicklung einer von ihnen so bezeichneten „Stalking-Traumatisierung" (*stalking trauma syndrome*) auf der Grundlage zahlreicher Fallanalysen detailliert beschrieben. Bei vielen Opfern lässt sich ein spiralförmiger Ablauf feststellen, in dem wiederholt drei Phasen durchlaufen werden. Die konkrete Stalking-Aktion (Phase 1) kann das Opfer zunächst in Angst und Schrecken versetzen oder zumindest ein deutliches Stresserleben aktivieren. Diese Phase des gesteigerten Arousal kann allmählich in eine Phase (2) der gewissen Beruhigung oder Erholung einmünden. In Abhängigkeit von den subjektiven Erfahrungen mit vorausgehenden Belästigungen hält die Erholungsphase jedoch nicht lange an. Vielmehr geht sie alsbald in eine Phase (3) der Antizipation neuer Belästigungen über – wiederum verbunden mit erhöhtem Stresserleben. Ob sich diese dritte Phase innerpsychisch günstig oder ungünstig entwickelt, hängt entscheidend davon ab, welche subjektiven und objektiven Bewältigungsmöglichkeiten zur Verfügung stehen (vgl. auch Kühner & Weiß, 2005; Wondrak & Hoffmann, 2005).

Hilflosigkeit und Kontrollverlust
Angesichts der schwer antizipierbaren Folgeaktionen der Täter sehen sich die meisten Opfer kaum in der Lage, sich dem wiederholten Hineingleiten in die stressreiche Erwartung neuer Belästigungen zu entziehen. Mit zunehmendem Hilflosigkeitserleben kommt es bei vielen Opfern dazu, dass sich die beschriebene Phase (2) einer gewissen Erholung nur noch sehr kurz oder gar nicht mehr einstellt. Sie erleben nur noch ein ständiges Hin und Her zwischen krisenhaften Phasen der Belästigung und den häufig nicht minder stressreichen Phasen der Erwartung neuer Aktionen (Dziegielewski & Roberts, 1996). Sie fühlen sich der andauernden Stalking-Bedrohung immer hilfloser ausgeliefert und versinken mangels wirkungsvoller Bewältigungsmöglichkeiten in wachsender Hoffnungslosigkeit. Vielen Opfern erscheint ihr alltägliches Leben absorbiert von andau-

ernder Beunruhigung, Angst und Hypervigilanz, der sie sich kaum entziehen können (Tellefsen & Johnson, 2000).

Fallbeispiel

Wendy lebte allein, als die Belästigungen begannen. Eröffnet wurden sie von einer Serie von Telefonanrufen eines Mannes, der seinen Namen verheimlichte. Den Inhalten der Gespräche konnte Wendy entnehmen, dass der Fremde sie und ihr Verhalten offensichtlich an den unterschiedlichsten Orten genau beobachtet hatte. Er beschrieb das Auto, in dem sie fuhr, kannte ihre Lieblingsgeschäfte in der Stadt und bewunderte die Kleider, die sie trug. Eines Tages verschwand Unterwäsche von der Leine, an der sie sie zum Trocknen aufgehängt hatte. Ein Slip wurde ihr tags darauf mit der Post zugeschickt; jenen Teil, der die Scham bedeckt, hatte der Täter herausgeschnitten. Wendy bekam es mit der Angst zu tun.

Nach den ersten Telefonanrufen hatte sie zwar bereits Anzeige erstattet, aber die Nachforschungen verliefen ohne Erfolg, selbst als sie den Brief als Belastungsmaterial beibrachte. Innere Unruhe und Anspannung nahmen zu. Sie wagte nicht mehr, ihr Appartement zu verlassen. Es kam zu ersten Panikattacken, jetzt verbunden mit persistierenden Angstzuständen. Sie entwickelte Ängste, ohnmächtig zu werden. Da sie während der Angstzustände hyperventilierte, erlebte sie die typischen Symptome von Prickeln und Verkrampfen der Muskeln in den Händen. Sie befürchtete allmählich, nicht nur die Kontrolle über ihr Verhalten, sondern auch noch den Verstand zu verlieren.

Wendy zog zeitweilig zurück ins Haus ihrer Eltern. Dennoch blieben ihre Ängste auf einem hohen Niveau bestehen. Sie vermied es, außer Haus zu gehen oder sich mit anderen zu treffen. Selbst vor dem Zubettgehen fürchtete sie sich, weil ihr bereits mehrfach in Alpträumen der gesichtslose Verfolger erschienen war, der sie mit einer Schere attackierte. Häufig musste sie weinen. Meistens, wenn sie allein war, fühlte sie gar nichts, erlebte sich selbst innerlich als leer und betäubt. Immer wenn das Telefon klingelte, sprang sie wie elektrisiert auf – ein Verhalten, das noch lange Zeit anhielt, nachdem der Täter von der Polizei verhaftet worden war. Auch wenn danach die Bereitschaft, auszugehen und mit anderen etwas zu unternehmen, wieder zunahm, behielt sie dennoch ein grundlegendes Misstrauen allen Männern gegenüber, die sie nicht näher kannte (zitiert nach Pathé, 2002).

4.2 Die psychischen Folgen fortwährender Verfolgung

Die wenigen Studien zu den Auswirkungen von Stalking auf die Opfer beziehen sich zumeist auf Stichproben von Betroffenen, die dem Bereich des eher bedrohlichen und gefahrvollen Stalkings zugerechnet werden können. Andererseits kann jedoch auch einigen, im vorausgehenden → Kapitel 3 dargestellten repräsentativen Erhebungen entnommen werden, dass selbst weniger bedrohlich anmutende Stalking-Vorfälle beträchtliche ungünstige Einflüsse auf das psychologische, soziale und/oder berufliche Leben der Betroffenen haben können (vgl. Kühner & Weiß, 2005).

4.2.1 Psychosoziale Einschränkungen und Folgekosten

In ihrer australischen Erhebung beispielsweise berichten Pathé und Mullen (1997), dass annähernd 90 Prozent der befragten 100 Opfer an ihrem alltäglichen Leben infolge des Stalkings grundlegende Veränderungen hatten vornehmen müssen. Zu diesen Maßnahmen gehörten unter anderem das Meiden von Örtlichkeiten, an denen sich der Stalker aufhalten könnte, unterschiedlichste Sicherheitsmaßnahmen, die Einrichtung neuer und nicht veröffentlichter Telefonnummern, die Einschränkung von Freizeitaktivitäten und Unternehmungen außer Haus.

Viele Opfer hatten Sicherheitsvorkehrungen getroffen, die mit erheblichen Kosten und Nachteilen verbunden waren (neue Telefonnummern, Namensänderungen, Neukauf eines Autos, Wechsel des Wohnortes oder der Arbeitsstelle). Mullen und Mitarbeiter (2000) dokumentierten, dass mehr als ein Drittel der untersuchten Opfer ihre Arbeitsstelle oder den Ausbildungsplatz wechselte und immerhin 40 Prozent eine neue Wohnung in anderen Stadtteilen oder Orten bezog. In zwei Fällen verließen die Opfer sogar ihr Heimatland.

In schwerwiegenderen Fällen sahen sich die Betroffenen gelegentlich nicht mehr in der Lage, einer geregelten Arbeit nachzugehen. Viele waren gezwungen, ärztliche und psychotherapeutische Hilfe in Anspruch zu nehmen oder die Polizei bzw. Anwälte einzuschalten (Pathé, 2002). Die Häufigkeit solcher durch Stalking bedingten Sicherheitsaktivitäten führte nicht selten zu unangenehmen Fehlzeiten im Beruf. Einige Betroffene erhielten daraufhin die Kündigung. Anderen wurde gekündigt, weil die Stalker regelmäßig am Arbeitsplatz erschienen und den Betrieb störten.

4.2.2 Die Entwicklung psychischer Störungen

Insbesondere jene Opfer, die während oder nach Stalking-Erfahrungen um psychotherapeutische Unterstützung nachsuchen, weisen eine Reihe psychischer Auffälligkeiten und Störungen teils erheblichen Ausmaßes auf (Hall, 1998; Collins & Wilkas, 2001; Pathé, 2002; Kühner & Weiß, 2005). Üblicherweise werden viele Veränderungen in der psychischen Befindlichkeit zunächst als zunehmende Hilflosigkeit und seelische Verletzung beschrieben (davon berichteten mehr als drei Viertel der untersuchten Opfer in einer Studie von Mullen et al., 2000). Viele äußern Schuldgefühle, für das Stalking mitverantwortlich zu sein. Im Verlauf der Stalking-Zeit führen fehlende Motivation, Konzentrationsschwierigkeiten, Appetitmangel und Gewichtsverlust zu einem anwachsenden depressiven Erleben. Hoher Erregung und Stress tagsüber folgen nicht selten Schlafstörungen und stundenlanges Wachliegen des Nachts.

Typische Auffälligkeiten. Andere Opfer berichten über unterschiedliche Angsterfahrungen, die sich mit unkontrollierbarem Zittern und Beben des Körpers, mit Panikattacken und permanenter Rast- und Ruhelosigkeit verbinden. Immerhin 80 Prozent der von Hall (1998) untersuchten Opfer berichten, dass sich ihre Persönlichkeit im Kontext des Stalkings deutlich verändert habe. Viele können anderen nicht mehr so freundlich begegnen, wie dies zuvor ihre Art war (25 Prozent). Häufiger als früher geraten sie unerwartet in Streit mit Freunden oder sie ziehen sich aus Freundschaften zurück, erleben sich als introvertierter, irritierbarer und übervorsichtiger als zuvor (52 Prozent). Ärger und Wut gegenüber dem Stalker weiten sich gelegentlich zu Rachefantasien aus, verbunden mit der Angst vor Kontrollverlusten. Es wird auch von Fällen berichtet, in denen die Opfer ihrerseits handgreiflich wurden, was bis hin zu Tötungsversuchen ging (Mullen & Pathé, 1994).

Psychische Störungen und Suizidalität. In einer niederländischen Untersuchung von Stalking-Opfern konnten bei 77 Prozent der Befragten symptomatische Auffälligkeiten in einem psychodiagnostisch relevanten Ausmaß festgestellt werden (Blaauw et al., 2002a). Infolge somatoformer Störungen, Angststörungen, Schlafstörungen und Depressionen wurden erhebliche Einschränkungen im psychosozialen Funktionsniveau festgestellt. Bei mehr als einem Viertel der Opfer nahm der Zigarettenkonsum und eine Neigung zum Alkoholmissbrauch deutlich zu. Ähnliche Befunde trugen auch Westrup und Mitarbeiter zusammen (1999), die Stalking im Studentenmilieu untersuchten. Sie stellten im Unterschied zu einer Kontrollgruppe bei Stalking-Opfern deutlich erhöhte Depressionswerte und eine Symptomatik aus dem Bereich der Posttraumatischen Belastungsstörungen fest. Pathé und Mullen (1997) fanden bei etwa einem Viertel der Stalking-Opfer Suizidabsichten und Suizidversuche.

4.2.3 Stalking-Erleben und Trauma-Störungen

Zahlreiche psychische Erfahrungen von Stalking-Opfern haben große Ähnlichkeit mit Symptomen, die sich bei Menschen angesichts und nach traumatischen Erfahrungen beobachten lassen. Entsprechend diskutieren und untersuchen viele klinische Forscher Zusammenhänge des Stalking-Erlebens mit der „Posttraumatischen Belastungsstörung" (PTB) gemäß DSM-IV-TR (APA, 2000) bzw. ICD-10 (WHO, 1994).

Stalking-Traumatisierung

Beispielsweise erfüllten die meisten der in der Studie von Pathé und Mullen (1997) untersuchten 100 Opfer mindestens eines der folgenden Zentralkriterien der PTB (gem. DSM-IV):

▶ Anhaltende Vermeidung von Reizen, die mit dem Trauma verbunden sind, oder eine Abflachung der allgemeinen Reagibilität. Dieses Kriterium erfüllten 38 Prozent der von Pathé und Mullen (1997) untersuchten Opfer. Besonders auffällig waren dabei Gefühle des Losgelöstseins und der Entfremdung von anderen und das Gefühl einer eingeschränkten Zukunft.

▶ Intrusives Wiedererleben bedrohlicher Erfahrungen. Intrusionen erfolgen durch eindringliche Erinnerungen an das Ereignis, die Bilder, Gedanken oder Wahrnehmungen umfassen können (in 55 Prozent der Fälle). Im Vordergrund stehen sog. Flashback-Erfahrungen spontaner und intrusiver Wiedererinnerung, die durch alltägliche Reize ausgelöst werden (z.B. durch das Klingeln des Telefons).

▶ Anhaltende Symptome eines erhöhten Arousals. Zugehörige Symptome, die prätraumatisch nicht vorhanden waren, werden von den meisten Stalking-Opfern berichtet (über 90 Prozent): Schlafstörungen, Konzentrationsschwierigkeiten, Reizbarkeit, Hypervigilanz und/oder übertrieben anmutende Schreckreaktionen.

Bisher vorliegende Studien zu Zusammenhängen zwischen einer PTB-Symptomatik und dem Stalking-Erleben verweisen darauf, dass ein besonders hohes Risiko der Entwicklung belastungsbezogener Stresssymptome bei jenen Opfern vorhanden ist, die unmittelbaren Verfolgungen der Täter ausgesetzt oder mit Gewalt bedroht worden waren (Pathé, 2002). Diese Konstellation findet sich besonders häufig in jener Gruppe, die vom ehemaligen Intim- bzw. Ehepartner verfolgt wurden. Die Vulnerabilität zur Entwicklung von Belastungsstörungen ist zusätzlich erhöht, wenn die Opfer dem weiblichen Geschlecht angehören.

Keine Posttraumatische Belastungsstörung? Insgesamt gesehen erfüllt eine beträchtliche Anzahl von Stalking-Opfern das Bild einer Posttraumatischen Belastungsstörung. Dennoch ist es gegenwärtig so, dass nur bei einer Untergruppe dieser Personen die Diagnose einer PTB auch faktisch vergeben werden darf. Beide Diagnosesysteme (DSM und ICD) machen es nämlich zur Voraussetzung, dass die Person mit einem oder mehreren Ereignissen konfrontiert war, die (hier jetzt zitiert gem. DSM-IV-TR) „tatsächlichen oder drohenden Tod oder ernsthafte Verletzung oder eine Gefahr der körperlichen Unversehrtheit der eigenen oder anderer Personen beinhalteten; die Reaktion der Person umfasste intensive Furcht, Hilflosigkeit und Entsetzen" (APA, 2003; dtsch. Version: S. 520). Wie bereits dargestellt, wird der zweite Teil dieser Voraussetzung von der Mehrheit der Stalking-Opfer erfüllt, jedoch bei weitem nicht alle sind während des Stalkings physischer Bedrohung und Gewalt ausgesetzt. Dennoch gerät annähernd die Hälfte aller Opfer im kontinuierlichen Kreislauf der Verfolgungen zunehmend in eine psychische Verfassung, die geradezu prototypisch für eine PTB angesehen werden kann.

4.2.4 Besonderheiten einer Stalking-Traumatisierung

Inzwischen wird immer häufiger gefordert, die Voraussetzungsformulierung zur Diagnosevergabe einer PTB mit Blick auf Stalking-Erfahrungen abzuändern (Pathé, 2002; Pathé & Mullen, 2002; Collins & Wilkas, 2001). In den bisherigen PTB-Diagnosevoraussetzungen werde nicht hinreichend beachtet, welche verheerenden psychischen Folgen sich einstellen können, wenn Menschen über längere Zeit hinweg in einer nicht mehr kontrollierbaren Umgebung ständigen und nicht voraussehbaren Belästigungen von Verfolgern ausgesetzt sind – auch wenn diese Erfahrungen selbst nicht in jedem Fall Leib und Leben der Betreffenden bedrohen.

Stalking-Traumatisierung
Das Phänomen der „Stalking-Traumatisierung" (Collins & Wilkas, 2001) ließe sich dem für eine PTB typischen Bereich der von Menschenhand induzierten Traumatisierungen hinzurechnen (sog. Men-Made-Disaster). Es ist gut untersucht, dass durch Menschen zugefügte Traumatisierungen (wie Vergewaltigung, Folter, Geiselnahme) in aller Regel mit einer ausgeprägteren PTB-Symptomatik einhergehen, als diese etwa nach Unfällen oder Naturkatastrophen beobachtbar ist (vgl. Maerker, 1997). Bei den einer PTB vorausgehenden lebensbedrohlichen Episoden handelt es sich um einzelne oder mehrere im zeitlichen Verlauf herausragende Ereignisse. Das Stalking kann sich über einen sehr langen Zeitraum erstrecken, im Durchschnitt unterschiedlicher Studien zwischen ein und zwei Jahre, aber auch deutlich darunter bzw. deutlich darüber hinaus.
Die Folgen lang andauernder Krisen. Im Unterschied zur „typischen" PTB nach einmaliger oder (seltener) mehrmaliger lebensbedrohlicher Erfahrung befinden sich die Opfer von Stalking beständig in einer Situation des Verlusts üblicher Kontrollmöglichkeiten. Sie können sich nämlich nicht explizit kommunizierend mit dem Objekt der Bedrohung (dem Stalker) auseinander setzen, ja sie dürfen dies auch nicht, wollen sie die Ernsthaftigkeit ihres Entschlusses demonstrieren, keine wie auch immer geartete Beziehung zu ihm einzugehen. In vielerlei Hinsicht gibt es – mangels bidirektionalen Kontakts – aus der Perspektive der Opfer auch kaum Möglichkeiten, selbst Einfluss auf das Verhalten des Stalkers zu nehmen, da dieser die Beziehungsverweigerung nicht wahrnimmt oder nicht darauf eingeht.
Erst in jüngster Zeit gibt es vermehrt Studien, in denen Zusammenhänge zwischen der Häufigkeit, Dauer, Intensität und Bedrohlichkeit einerseits und dem Ausmaß psychischer Gestörtheit von Stalking-Opfern andererseits untersucht

werden. Wie zu erwarten, scheint das Ausmaß psychischer Belastung und Gestörtheit bei jenen Opfern deutlich erhöht, die über lange Zeit und kontinuierlich der Bedrohung durch Stalker ausgesetzt sind (Blaauw et al., 2002b). Die Autoren untersuchten 246 Stalking-Opfer in den Niederlanden. Sie fanden die ausgeprägtesten Belastungssymptome bei jenen Personenkreisen, die längere Zeit annähernd täglich gestalkt wurden und bei denen die Häufigkeit der Belästigungen über die Zeit der Verfolgung hinweg nicht zurückging. Die Analysen zeigen zudem ein deutlich höheres Ausmaß der Belastungsstörung, wenn die Verfolger sich mehr als sechs verschiedener Stalking-Methoden bedienten.

Individuelle Unterschiede. Andererseits berichten die Autoren auch von geringen Belastungsstörungen in jenen Fällen, die über eine sehr lange Zeit gestalkt wurden (über die von ihnen gefundene durchschnittliche Dauer von mehr als zwei Jahren hinaus). Dieses Phänomen erklären sich die Autoren mit der gut untersuchten Beobachtung, dass chronische Belastungen nicht selten mit einem Prozess der Habituation oder Anpassung einhergehen. Dieser Befund macht zudem deutlich, dass es individuelle Unterschiede zu beachten gilt. Auch in dieser Hinsicht gibt es Analogien zur Posttraumatischen Belastungsstörung. So ist auch aus der Viktimologie von Vergewaltigungsopfern oder Überfällen bekannt, dass die Täter ein feines Gespür dafür besitzen, welchem Risiko seitens der Opfer sie sich problemlos aussetzen können.

Wie bei der PTB (vgl. Ehlers, 1999) hängt das Auftreten von Belastungsstörungen im Kontext von Stalking mit bestimmten Persönlichkeitsmerkmalen (Neurotizismus) sowie einer entsprechend prädisponierten Vulnerabilität zusammen (Blaauw et al., 2002a). In dieses Bild fügt sich der Befund, dass Stalking-Opfer signifikant häufiger als Kontrollpersonen eine dependente Persönlichkeitsstruktur aufweisen (Dreßing et al., 2005). Die Vermutung liegt nahe, dass Menschen mit erhöhter Vulnerabilität (Neurotizismus) und einer persönlichkeitsbedingten Abhängigkeit von anderen (Dependenz) eher in der Gefahr stehen, Opfer von Stalking zu werden, weil sie größere Schwierigkeiten haben, sich von anderen Personen klar zu distanzieren und unerwünschte Beziehungsversuche eindeutig zu verweigern.

Wie bei der PTB ist das Risiko für Frauen, beim Stalking eine Belastungssymptomatik zu entwickeln, mindestens doppelt so hoch wie für Männer. Körperliche Erschöpfung, Gewalterfahrungen oder Gewaltandrohungen erhöhen das Risiko. Höhere Ausmaße von Stress und Belastung werden schließlich von jenen Opfern beschrieben, die vor oder während des Stalkings noch unter anderen psychologisch bedeutsamen Krisen und Konflikten im Privatleben wie im Beruf zu leiden hatten.

Risikominderung

Relativ unabhängig von den genannten Risikobedingungen scheinen drei Aspekte das Risiko einer Störungsentwicklung (zum Teil deutlich) zu vermindern (Blaauw et al., 2002a): Dies ist vor allem immer dann der Fall,

- ▶ wenn die Frequenz der Stalking-Belästigungen mit der Zeit abnimmt,
- ▶ wenn die Opfer von sich aus und aktiv mehrere unterschiedliche Gegenmaßnahmen ergreifen und/oder
- ▶ wenn die Opfer soziale Unterstützung in der Familie, im Freundeskreis oder bei Arbeitskollegen suchen und bekommen und/oder
- ▶ wenn sie die Hilfe einer Opferberatung für Stalking-Vorfälle oder eine entsprechende Unterstützung durch die Polizei in Anspruch nehmen.

Die drei letztgenannten Aspekte sind mit Blick auf die Entwicklung präventiver und therapeutischer Konzepte von Bedeutung. Zusammenfassend dürften professionelle Hilfsmaßnahmen für die Opfer eher dann Erfolg haben, wenn sie implizit das Widerstandspotenzial der Betroffenen stärken, günstige Bewältigungs- und Gegenmaßnahmen ausloten und einsetzen sowie therapeutisch auf eine Verminderung der Vulnerabilität hinarbeiten (→ 10).

5 Psychologische und psychiatrische Ordnungsversuche

In unmittelbarem Zusammenhang mit dem neu erwachten Interesse der Legislative am Stalking nahm weltweit auch der Druck auf die Wissenschaften vom Menschen zu, sich an der Suche nach Ordnungsmustern und Definitionsversuchen zu beteiligen. Dieser Erwartungshaltung kam man schnell nach, ging es doch unter anderem darum, die zunächst vorrangig am Delikt orientierte Bestandsaufnahme um inhaltliche Konzepte und Ansätze zu erweitern. Insbesondere von Seiten der Psychologie und Psychiatrie wurden Erklärungsversuche angeboten, mit denen die Risiken und insbesondere die Gefährlichkeit von Stalking besser eingeschätzt werden konnten. Zielvorgabe war, aus den ausschließlich empirisch fundierten Verstehensansätzen handhabbare Präventionskonzepte abzuleiten und zu evaluieren.

Dabei ist klar, dass ein durch juristische Kriterien definierter inhomogener Verhaltenskomplex des Eingriffs in sozialpsychologisch und juristisch definierte Persönlichkeitsrechte weder psychologisch noch psychopathologisch vollständig aufgeklärt werden kann: Die Psychiatrie ist für krankheitsbedingte Störungen zuständig, die Psychologie für die Aufklärung sonstiger Verhaltensabweichungen. Dennoch gibt es Autoren, die nach einer den Stalking-Phänomenen zugrunde liegenden Störungsgemeinsamkeit suchen (→ 5.2).

Diese trügerische Hoffnung bestand vor 200 Jahren schon einmal, als man versuchte, mit der Lehre von den Monomanien deliktorientierte Störungskategorien zu begründen (Esquirol, 1839). Die meisten Monomanien haben sich inzwischen als Symptomatik teils unterschiedlicher psychischer Störungen aufgelöst, und bei den drei verbliebenen – Pyromanie, Kleptomanie und Erotomanie – handelt es sich gelegentlich ebenfalls nur um das Symptom einer anderen psychischen Störung mit jeweils unterschiedlicher Psychodynamik. Auch wenn die juristische Deliktkategorie „Stalking" die Vorstellung von einer Monomanie nahe legen könnte, sollte man in der klinischen Forschung nicht erneut im 19. Jahrhundert beginnen. Auch erschien es wieder einmal verführerisch, die existente psychopathologische Terminologie auf die Gesamtgruppe auszudehnen – und sich dabei ebenfalls der Illusion einer Erkenntnis hinzugeben.

5.1 Motive

In diesem Zusammenhang wurde schnell deutlich, dass es zunächst notwendig war, Ordnungsmuster für die unterschiedlichen Motive zu finden, die Täter zum übernachhaltigen Verfolgen ihrer Opfer veranlassten. Es bestand zwar Konsens darin, dass die überwiegende Zahl der Stalking-Vorfälle aus einer irgendwie gearteten vorbestehenden oder noch aktuellen Beziehung zwischen Opfer und Täter resultierte, beispielsweise aus einer beendeten Ehe oder Intimpartnerschaft, aus einer einstigen Freundschaft, aus einem einmaligen Rendezvous oder aus einer sonstigen Bekanntschaft etwa unter Kollegen, Mitschülern oder Studenten. Leider bedienen sich die Forscher nach wie vor sehr heterogener Perspektiven, um diese Beziehungsmuster zu systematisieren. So macht es einen deutlichen Unterschied, ob Untersuchungen – wie dies bis heute vorrangig der Fall ist – in der forensischen Psychiatrie (Verurteilte oder Tatverdächtige, Fallberichte), in therapeutischen Kontexten (Behandlungsprotokolle, Patienten mit relevanten Diagnosen), an der Universität (Studenten) oder am Arbeitsplatz (Arbeitnehmer, Vorgesetzte) durchgeführt werden. Verstehensansätze, die sich um eine Aufklärung übergreifender Motivstrukturen für unterschiedlichste Stalking-Beziehungen bemühen, sind nach wie vor selten.

5.1.1 Die häufigsten Motive

So liegen bis heute fast ausschließlich Bestandsaufnahmen begrifflich sehr heterogen erfasster Motive vor, die zwar diagnostisch relevant, andererseits in der Form reiner Zahlenangaben allerdings nur bedingt dazu geeignet sind, in einer differenzierten Beschreibung und psychologischen Durchdringung des Stalking-Phänomens voranzukommen. Je nach oben genanntem Erhebungskontext finden sich nämlich große Unterschiede in der Häufigkeit ihres Vorkommens. Dennoch stellen diese Motive sehr wohl einen Ausgangspunkt für die Entwicklung handhabbarer Typologien dar. Die wichtigsten der bisher dokumentierten Tatmotive sind die folgenden (orientiert an einer Dokumentation bei Spitzberg & Cupach, 2001):

▶ Eifersucht (zwischen 14 und 24 Prozent je nach Erhebungskontext, seltener bei Frauen),
▶ Ärger bzw. Zorn über das Opfer (zwischen 16 bis 65 Prozent; höhere Zahlen in forensischen Studien),
▶ Vergeltung und Rache (32 bis 45 Prozent; höhere Zahlen sind Motivvermutungen durch Opfer),
▶ Versuche, eine Intimbeziehung zu erzwingen (zwischen 23 und 63 Prozent; hohe Zahlen bei Tätern mit gerichtlicher Behandlungsauflage),
▶ Nichtakzeptanz einer aufgelösten Partnerschaft, Aussöhnungsversuche (40 bis 75 Prozent; hohe Angaben auf der Grundlage von Vermutungen seitens der Opfer),
▶ Besitzansprüche auf das Opfer (27 bis 33 Prozent; Aktenanalysen gerichtlich dokumentierter Fälle),
▶ klinisch relevante Zwanghaftigkeit, Getriebensein (47 bis 56 Prozent; forensische Fälle).

In vielen Fällen lagen zudem Mischungen dieser Motive vor. Solitäre sexuelle Motive, Einschüchterungsversuche sowie ausschließlich Diebstahlsabsichten finden sich insgesamt nur in einer Minderzahl der Fälle dokumentiert.

5.1.2 Klassifikationsversuche der 1990er Jahre

Es gehört offensichtlich zu den klinischen Grundtugenden der Psychologie und Psychiatrie, die Phänomenologie auffällig abweichenden Verhaltens zu klassifizieren. Entsprechende kategoriale Ordnungsversuche gibt es inzwischen auch für das Stalking. Natürlich lassen sich mit Klassifikationssystemen immer dann, wenn sie valide angelegt sind, markante Eigenarten der Täter, Eigenarten der Taten und typische Tatverläufe zusammenfassen. Diese können dann als Grundlage für diagnostische Entscheidungen und Voraussagen herangezogen werden, beispielsweise um präventive Maßnahmen oder Behandlungsmaßnahmen zu begründen.

Erste Kategorisierungen. Es ist also nicht verwunderlich, dass im Verlauf der 1990er Jahre von klinisch interessierten Forschern zunächst zahlreiche kategorial angedachte „Prototypenmodelle des Stalkings" vorgeschlagen wurden. Im Mittelpunkt standen dabei eher die Täter und ihre Tatmotive (z.B. Verliebtheit, Vergeltung) und weniger die spezifischen Beziehungen zum Opfer (z.B. Intimpartner, Bekannte, Fremde). Letztere Ansätze treten erst in den vergangenen Jahren zunehmend in den Vordergrund. Der Anspruch dieser Verfahrensweise war offensichtlich, die Ordnungsversuche der Legislative um psychologisch begründete Täterprofile zu erweitern (z.B. Sheridan & Boon, 2002).

Entsprechende Stalker-Typologien wurden von ihren Autoren anhand der zunächst spärlichen empirischen Erkenntnisse entwickelt (psychologische oder psychiatrische Studien) und dann auf der Grundlage fachlicher Interessen der Forscher ausformuliert (psychiatrisch, psychologisch, psychoanalytisch, verhaltenstheoretisch). Nachfolgend sollen drei Klassifikationsansätze näher dargestellt werden, die bis heute große Aufmerksamkeit gefunden haben. In → Kapitel 7 wird dann zusammenfassend ein Typisierungsvorschlag zu unterbreiten sein, der als Integrationsversuch bisher vorliegender Erkenntnisse gedacht ist.

„Den" prototypischen Stalker gibt es nicht. Auf der Grundlage statistischer Mittelwertsanalysen ließe sich der „typische Stalker" etwa folgendermaßen beschreiben (Meloy, 1999): Es handelt sich dabei um einen arbeitslosen oder unterhalb der eigenen Möglichkeiten beschäftigten Mann, zwischen 30 und 40 Jahre alt, gewöhnlich etwas älter als sein Opfer, allein stehend oder geschieden mit eher überdurchschnittlicher Ausbildung und auch überdurchschnittlicher Intelligenz. Schon ein Blick auf die zuvor dargestellten Stalking-Motive offenbart jedoch die Hilf- und Nutzlosigkeit solch allgemein gehaltener Typisierungsversuche für die Ableitung präventiver oder therapeutischer Maßnahmen – weshalb sie kaum Beachtung finden.

Einige Autoren gehen sogar davon aus, dass jeder einzelne Stalking-Fall seine Besonderheiten hat und dass jede Art der Typologisierung immer nur als grobe Orientierung dienen kann. Dies gilt auch für die nachfolgenden Typisierungsversuche. Jeder Einteilungsversuch muss mit einer komplexen Vielfalt von Motiven, Verhaltensweisen und Aspekten der Täter-Opfer-Beziehung zurechtkommen. Zudem bleibt zu beachten, dass sich die vorliegenden Typologien mit ihrer empirischen Absicherung auf jeweils selektierte Tätergruppen beziehen. So macht es durchaus einen Unterschied, ob den Analysen forensische Fälle psychisch gestörter Täter zugrunde liegen oder ob es sich um gerichtsanhängige Verfahren handelt oder um Bevölkerungsstichproben, die sich zumeist auf Angaben der Opfer stützen.

5.2 Obsession und Wahn: Ist Stalking eine psychische Störung?

Eines der ersten psychiatrisch durchdachten Ordnungssysteme wurde von Zona und Mitarbeitern (1993) publiziert. Diese bis heute am häufigsten zitierte Klassifikation enthielt zunächst die drei nachfolgend erstgenannten Typisierungen; später wurde der zusätzlich beachtenswerte Opfer-als-Täter-Aspekt hinzugefügt:
► Einfache obsessive Verfolgung
► obsessive Verliebtheit
► Erotomanie
► vorgetäuschte Viktimisierung.
Diese Klassifikation wurde von den Autoren auf der Grundlage von zunächst 74 Fällen eines Zentrums zur Gewaltprävention ausgearbeitet und später auf der Grundlage von insgesamt 341 forensisch begutachteten Fällen weiter begründet sowie um die vierte Typik erweitert (Zona et al., 1998). Die einzelnen Typen seien im Folgenden eingehender beschrieben.

5.2.1 Obsessive Verfolgung

Es bestand oder besteht eine reale Beziehung des Stalkers zum Opfer. Der Verfolger wird bei Kontaktversuchen durch das Opfer zurück- oder abgewiesen, häufig weil es bereits in einer vorbestehenden Beziehung zu massiven Einschränkungen, Bedrohungen oder Gewalthandlungen kam. Die Motive der Täter können darin bestehen, eine frühere Intimbeziehung wiederherstellen oder auch Rache für den Beziehungsabbruch nehmen zu wollen. Eingeschlossen sind auch Stalking-Phänomene am Arbeitsplatz, die sich nicht unbedingt aus vormaligen Intimbeziehungen herleiten müssen, wenngleich auch dies der Fall sein kann. Es handelt sich insgesamt um die größte Gruppe mit einer Vielfalt heterogener Vorbeziehungen. Dieser Kategorie zuzuordnen wären deshalb auch Stalking-Beziehungen zwischen Patienten und ihren Ärzten bzw. Psychotherapeuten, Schülern und ihren Lehrern, Studenten und ihren Professoren oder auch zwischen vormaligen Geschäftspartnern, Nachbarn oder Freunden – d.h. die gesamte Bandbreite sozialer Beziehungen ab einer gewissen emotionalen Involvierung. Insgesamt 217 (65 Prozent) aller bis dahin untersuchten 341 Fälle konnten Zona und Kollegen (1998) dieser ersten Gruppe zuordnen.

5.2.2 Obsessive Verliebtheit

Zur Abgrenzung gegenüber der ersten Kategorie besteht bei Vorliegen einer sog. obsessiven Verliebtheit keine vormalige Beziehung zwischen Verfolger und Verfolgtem. Der häufigste Fall ist der eines Mannes, der sich offensichtlich beim Anblick einer Frau spontan in diese verliebt. Häufig sind die Opfer Prominente und aus Printmedien, Radio, Fernsehen und Spielfilmen bekannt. Natürlich können auch ganz normale Mitbürger unversehens der obsessiven Verliebtheit eines anderen Menschen zum Opfer fallen, und zwar nicht selten, ohne zunächst davon zu wissen. Eine größere Zahl der Täter dieser Kategorie erfüllen die Kriterien einer psychischen Störung (z.B. Schizophrenie, bipolare Störung, Borderline-Persönlichkeitsstörung), wobei das Stalking als symptomatischer Ausdruck dieser Störung angesehen werden könnte. Viele Verliebtheits-Stalker scheinen den unteren sozialen Schichten anzugehören und hatten bis dahin, wenn überhaupt, nur selten eine bedeutungsvolle intime Beziehung zu einem anderen Menschen. Als zentrale Stalking-Verhaltensweisen dieser Gruppe können Briefkontakte und ständige Telefonanrufe angesehen werden. In der von Zona und Kollegen (1998) durchgeführten Untersuchung wurden 87 (26 Prozent) der 341 Fälle als zwanghafte Verliebtheit klassifiziert.

5.2.3 Erotomanie

Die hier subsumierten Fälle unterscheiden sich von der zwanghaften Verliebtheit dadurch, dass die Betroffen von der sachlich unbegründeten und unverrückbaren Überzeugung angetrieben werden, vom Objekt der Begierde ebenfalls innig geliebt zu werden (Fallbeispiel in → 1.3.1). Auch wenn es sich dabei um eine seltene psychische Störung handelt, scheint sie sich nach forensischem Urteil öfter in Stalking auszudrücken. In der Fallsammlung von Zona und Mitarbeitern (1998) wurden 17 (5 Prozent) der 341 forensisch beurteilten Stalking-Fälle als Erotomanie klassifiziert. Ein weiterer Unterschied zur vorhergehenden Kategorie besteht darin, dass von der Erotomanie in den meisten Fällen Frauen als Täter betroffen sind, während die obsessive Verliebtheit zumeist bei Männern beobachtet wird. Obwohl erotomane Stalker in ihrem Vorgehen recht aufdringlich werden und mit Belästigungen aller Art drohen können, wird von gewalttätigen Übergriffen nicht oder nur äußerst selten berichtet (Zona et al., 1998).

Erotomanie (Liebeswahn)

Allgemein wird mit „Wahn" eine psychische Störung bezeichnet, deren Kernmerkmal in einer unverrückbaren Fehlbeurteilung einer Beziehung, eines Objekts oder eines Vorgangs in der Realität besteht. An dieser Fehlbeurteilung wird mit absoluter Gewissheit und unkorrigierbar festgehalten, selbst wenn sie im Widerspruch zur Wirklichkeit, zur eigenen Lebenserfahrung und zum Urteil kompetenter Mitmenschen steht (ICD-10: Wahnhafte Störung F22.0).

Erotomanie (oder Liebeswahn) wird psychiatrisch als Beziehungswahn aufgefasst, dessen zentrales Thema darin besteht, von einer anderen Person geliebt zu werden, obwohl dies realiter nicht (oder nicht mehr) der Fall ist. Psychologisch vorausgehen kann eine idealisierte, romantische Liebeserwartung (Trema), die dann in ein unkritisches und überwältigendes Verbundenheitserleben (Apophänie) einmündet. Sexuelle Aspekte sind eher zweitrangig. Oft ist die Person, von der man sich geliebt wähnt, von höherem Rang, älter oder vermögender – dieser fantasierte Bruch der sozialen Distanz hebt die Erotomanie von der alltäglichen Verliebtheit ab. Probleme gibt es erst, wenn der Patient mit dem Betreffenden in (sich impulsiv durchsetzenden) Kontakt treten will: durch Telefonanrufe, Briefe, Geschenke, Besuche, vielleicht sogar kontrollierende Überwachung und ein allumfassendes Interesse, das vom Objekt als Bespitzelung erlebt werden kann. Die Erotomanie stand in den psychiatrischen Ausarbeitungen zum Stalking der 1980er Jahre im Mittelpunkt.

Clérambault-Syndrom. Nach dem französischen Mediziner und Fotografen Gaëtan Gatian de Clérambault (1872-1934), der sich intensiv mit diesem Störungsbild beschäftigte, wird die Erotomanie gelegentlich auch als „Clérambault-Syndrom" genannt. In seiner ursprünglichen Beschreibung (1925) definierte de Clérambault einen paranoischen Symptomkomplex mit Größenideen und erotomaner Ausrichtung der Wahninhalte. Das Syndrom durchlaufe drei Stadien: 1. das optimistische (Verliebtheit), 2. das pessimistische (Abneigung, Feindseligkeit, unbegründete Vorwürfe) und 3. das Stadium des Hasses (Drohungen, Skandale, anonyme Briefe).

Der Terminus des Erotomanischen wurde den Monomanien (sich im Verhalten zielführend durchsetzende monothematische Triebstörungen im Sinne einer formalen Beschreibung ohne ätiologische Zuordnung) der Psychiatrie des 19. Jahrhunderts entnommen. De Clérambaults Leistung bestand darin, eine der Monomanien von fundamentaleren psychopathologischen Gegebenheiten (Größenidee, paranoischer Wahn) abzuleiten. Allerdings blieb er mit seiner Kasuistik hinter der Psychiatrie seiner Zeit zurück, welche bereits ein höheres Abstraktionsniveau erreicht hatte. Von ihm wurden erstmals kenn-

▶

zeichnende Merkmale erarbeitet, wobei er zwei sog. Prägnanztypen unterschied, die bis heute als Orientierung dienen (vgl. Faust, 2004).

Primäre Erotomanie. Bei der sog. primären Erotomanie kann die Störung plötzlich ausbrechen, nimmt gewöhnlich einen chronischen Verlauf und richtet sich auf ein konstantes Objekt (d.h. es bleibt beim selben Liebeswahnopfer). Von der Störung betroffen sind – wenn auch nicht ausschließlich – Frauen ohne partnerschaftliche Bindung mit einem Altersgipfel zwischen 40 und 60 Jahren. Thematisch bezieht sich der Liebeswahn meist auf ältere Personen (insbesondere auf ältere Männer), die sozial höher oder finanziell besser gestellt sind.

Sekundäre Erotomanie. Bei der sog. sekundären Erotomanie – die deutlich häufiger, wenngleich insgesamt immer noch recht selten aufzutreten scheint (eine stille Verliebtheit, die sich nicht im Verhalten durchsetzt, wird von der sonstigen Symptomatik überdeckt und seltener auffällig) – handelt es sich zwar ebenfalls um einen Liebeswahn, der aber mit dem Gesamtbild einer anderen seelischen Störung einhergeht. Das sind meist paranoide Schizophrenien, aber auch (schizo)affektive Störungen (meistens eine manische Verstimmung). Es kann jedoch auch eine körperlich begründbare Psychose vorliegen.

Im Glossar der ICD-10 wird der Begriff „Erotomanie" leider auch noch als F52.7 – Gesteigertes sexuelles Verlangen (Nymphomanie, Satyriasis) – geführt.

5.2.4 Vorgetäuschte Viktimisierung

Seit Mitte der 1990er Jahre werden zunehmend Fälle publiziert, in denen angebliche Opfer in Interviews ein Szenario der Verfolgung und Bedrohung durch vermeintliche Stalker entwerfen, das in Wirklichkeit jedoch nicht gegeben ist. Solche Fälle sind ebenfalls äußerst selten. Da Zona mit Mitarbeitern (1998) unter ihren 341 Fällen sechs Beispiele (2 Prozent) für eine vorgetäuschte Viktimisierung fanden, erweiterten sie ihre Klassifikation um diesen Typus. Bisherige Fallberichte deuten an, dass es sich bei der Mehrzahl der „Opfer" um Frauen handelt. Auch die Motive für eine Vortäuschung haben eine gewisse Ähnlichkeit: Viele Betroffene versuchen auf diese Weise, eine gescheiterte oder von Trennung bedrohte Beziehung wieder zu beleben.

Fallbeispiel

Zona und Kollegen (1998) beschreiben das Beispiel einer Frau, die den Verdacht hegte, dass ihr Mann eine Affäre mit seiner Sekretärin habe. Sie ging zur Polizei und brachte einen Unbekannten zur Anzeige, von dem sie bis in ihre Wohnung verfolgt worden sei. Dort habe er sie mit dem Messer bedroht und ihr einige (in der Tat sichtbare) Schnittwunden beigebracht. Ihren Mann

▶

versetzte dieser Bericht derart in Schrecken und Angst um seine Frau, dass er sie seitdem immer mit dem Auto zur Arbeit brachte und abends wieder abholte. Diesem Ereignis folgten weitere „unheimliche Verfolgungen" sowie das Hinterlassen bedrohlicher Briefe und Notizen vor der Haustür.

Einmal gab sie zu Protokoll, dass sie nachts, als ihr Mann nicht zu Hause war, den Unbekannten im Dunkel des Gartens auf das Haus zukommen sah. Mit der Pistole ihres Mannes feuerte sie mehrmals in die Dunkelheit, was die Nachbarn alarmierte. Die Polizei ordnete eine Überwachung der Frau an. Eine Videokamera dokumentierte, wie die Frau kurz vor Eintreffen ihres Mannes einen Drohbrief vor der Haustür niederlegte. Mit der Aufzeichnung konfrontiert, gab sie zu, dass sie mit der erfundenen Stalking-Geschichte ihren Mann habe zurückgewinnen wollen.

Das Problem einer solchen Vortäuschung liegt darin, dass die Hypothese einer Viktimisierung fälschlicherweise zu früh erwogen werden könnte. Dies darf schon deshalb nicht geschehen, weil sich die berichteten Szenarien echter und vorgetäuschter Viktimisierung nur selten unterscheiden. Um ihre Glaubwürdigkeit zu unterstreichen, scheuen einige Simulanten – wie im Fallbeispiel – auch vor Selbstverletzungen nicht zurück, was eine differenzielle Beurteilung zudem erschwert.

Mit Blick auf die mögliche klinisch-diagnostische Einordnung eines „False-Victimization-Syndroms" kommen Zona und Kollegen (1998) anhand ihrer Fallanalysen zu dem vorläufigen Schluss, dass die meisten betroffenen Personen die Kriterien einer histrionischen Persönlichkeitsstörung erfüllten (gem. DSM IV-TR:301.50; APA, 2000): Sie seien mit ihrer Vortäuschung eindringlich darum bemüht, bei der Zielperson (erneut) in den Mittelpunkt der Aufmerksamkeit zu rücken, und zeigten dabei rasch wechselnde und oberflächliche Affekte mit einer übertrieben impressionistischen Theatralik und Dramatisierung vermeintlicher Vorfälle.

5.2.5 Ist zwanghafte Verfolgung eine Zwangsstörung?

Mit den Publikationen von Zona und Mitarbeitern (1993, 1998) ist eine Diskussion darüber in Gang gekommen, ob der Terminus „obsessiv" (aus der amerikanischen Psychopathologie, die unter Zwangsstörungen die Impulsstörungen [*compulsive*] und Zwangsphänomene im Sinne formaler Denkstörungen [*obsessive*] zusammenfasst) für das übernachhaltige Verfolgen anderer Personen günstig eingesetzt wurde, zumal andere Forschergruppen ihn ebenfalls übernommen haben (z.B. als *obsessional following* bei Meloy & Gothard, 1995).

Für und Wider. Das zentrale Argument der Kritiker geht dahin, dass Zwangsstörungen (z.B. im Sinne der Jasperschen Psychopathologie) als von den Betroffenen nicht gewünschte und nicht gewollte psychische Inhalte aufzufassen sind, gegen die sie sich zu wehren versuchen (Anankasmen) – der Begriff dürfe deshalb nicht für Stalking-Phänomen eingesetzt werden, da es sich dabei ja um willentliche Handlungen der Täter handle.

Die Befürworter der Zwang-Homologie halten dem entgegen, dass ihre Kritiker die Psychodynamik einer Zwangsstörung nicht angemessen zu würdigen wüssten. So würden nämlich auch Anankasmen bei ihrem ersten Auftreten von den Betroffenen zunächst nicht immer als ich-dystone Störungen erlebt. Aus psychoanalytischer Perspektive seien sie zugleich als Abwehrmöglichkeit gegenüber Ängsten (Fokussierung auf harmlose Denkinhalte) und Impulsen (dann als Phobien) aufzufassen. Erst wenn Anankasmen (Handeln wie Denken) das alltägliche Funktionieren einschränkten oder wenn Diagnostiker/Psychotherapeuten den Zwang als Symptom definierten, käme es bei den Betroffenen zu einer innerpsychischen Neubestimmung als ich-dyston, unerwünscht, störend und daher auch behandelnswert. Aus verhaltenstheoretischer Perspektive würden Zwänge vor allem durch negative Verstärkungsmechanismen aufrechterhalten – wie beim übernachhaltigen Verfolgen, indem z.B. Verlustängste durch einen aktuellen Telefonanruf kompensiert würden.

Können Ich-Dystonie und Ich-Syntonie wechseln? Ob die Obsessionen eines Stalkers als ich-dyston oder ich-synton erlebt würden, variiere wie bei Zwangsstörungen in Abhängigkeit von der subjektiven Befindlichkeit – so Meloy (1998), einer der strikten Befürworter des Zwangsstörungsansatzes (allerdings nur bei Untergruppen von Stalking). Die Beziehung zwischen Obsessionen und dem Ich-Erleben bzw. den bewussten Anteilen des Selbst sei instabil und solle nicht in die simple Symptomqualität einer Ich-Dystonie eingezwängt werden, und zwar unabhängig davon, ob es sich dabei um Zwangsstörungen handle oder um Stalking. Meloy (1998, S. 14) ermahnt dazu die Kritiker, die Ausführungen im DSM-IV (APA, 1994) genauer zur Kenntnis zu nehmen:

> „Auch bei Erwachsenen findet sich eine große Bandbreite der Einsicht und Begründetheit der Zwangshandlungen und Zwangsgedanken ... und jede gegebene Einsicht einer Person kann über die Zeit und je nach Situation schwanken ... Im Verlauf der Störung, nachdem Zwangsgedanken oder Zwangshandlungen wiederholt nicht widerstanden werden konnte, gibt die Person ihnen nach und integriert die Zwangshandlungen in die alltägliche Routine" (DSM-IV; deutsche Ausgabe 1996, S. 481; gleichlautend im DSM-IV-TR; APA, 2000).

Meloy (1998) unterstellt, dass die zentralen Aspekte eines Zwangsphänomens variierend davon abhingen, inwieweit die Betreffenden vom Zwangserleben eingenommen werden (wobei er die beiden Aspekte des Zwanges – als formale und als inhaltliche Denkstörungen – unberechtigterweise gleichstellt). Die Obsessionen des Stalkers sollten funktional definiert werden über die Häufigkeit (d.h. eine Quantität) des bewussten, vollständig eingenommenen Nachdenkens (d.h. eine Qualität) über seine Beziehungen zum Opfer (d.h. als formale Denkstörung), deren psychopathologische Quantität nur durch einen erfahrenen Kliniker (der also die ich-syntonen Inhalte beurteilen muss), den Patienten (der allerdings nur ich-dystone Inhalte – oder als solche vom Kliniker deklarierte – beurteilen kann) oder durch beide bestimmt werden könne.

5.3 Kontexte und Motive: Klassifikation der Zusammenhänge

Für ein tieferes Verständnis der dem Stalking zugrunde liegenden Motive wie für eine Risikoeinschätzung seiner Gefährlichkeit ist eine genuine Kenntnis der Beziehungen zwischen Verfolgern und Verfolgten bedeutsam. Entsprechende Kategorisierungen der Beziehung zum Opfer finden sich in fast allen Studien. Andererseits dürfen diese Ordnungskategorien nicht zu grob ausfallen, etwa in schlichter Orientierung am Bekanntheitsgrad. Die meisten Einteilungen sind auch differenzierter, wie etwa jene von Pathé (2002):

▶ Enge persönliche Beziehungen
▶ oberflächliche Freundschaften/Bekanntschaften,
▶ professionelle Beziehungen,
▶ Arbeitsplatzkontakte,
▶ Fremde,
▶ berühmte Personen, die dem Stalker aus den Medien bekannt sind,
▶ dritte Personen, wie Freunde/Bekannte/Angehörige, die in das Stalking mit einbezogen wurden.

Heterogenitätsprobleme. Andererseits nehmen sich selbst differenzierte Auflistungen immer noch zu einfach aus. Die Motive der Täter jeder einzelnen Kategorie können sich erheblich unterscheiden oder gleichzeitig in unterschiedlichen Beziehungen vorhanden sein. Sexuelles Verlangen als Stalking-Motiv kann auch in oberflächlichen Beziehungen, am Arbeitsplatz oder bei Unbekannten im Vordergrund stehen. Und bei genauerer Analyse treten weitere Aspekte hervor, die über unterschiedliche Beziehungskonstellationen hinweg bedeutsam sind: z.B. das Fehlen oder Vorhandensein einer psychischen Störung, da sich unabhängig von der Stalker-Opfer-Beziehung eine Bandbreite unterschiedlicher psychischer Störungen bei den Tätern dokumentiert findet (Farnham et al., 2000; Kamphuis & Emmelkamp, 2000; Mullen et al., 2000). Persönlichkeitsstörungen können das Stalking bei Ex-Partnern, bei Fremden oder am Arbeitsplatz mit beeinflussen. Auch die Bedrohlichkeit und das Risiko der Gewaltneigung lässt sich wegen der unterschiedlichen Beziehungskonstellationen kaum angemessen einschätzen.

Beachtenswerte kontextuelle Perspektiven

Mullen und Mitarbeiter (1999, 2000) waren die ersten, die das Heterogenitätsproblem des Stalkings mit einem Beurteilungsansatz zu lösen versuchten, der ganz unterschiedliche Perspektiven gleichzeitig berücksichtigt. Ihr Vorgehen hat in der Stalking-Forschung zwischenzeitlich Beachtung und Nachahmung gefunden (vgl. Pathé, 2002; Sheridan & Boon, 2002). Bei ihrer Analyse forensisch-psychiatrischer Gutachten über 145 Stalker in Australien – davon 30 (21 Prozent) weibliche Täter – unterscheiden die Autoren einerseits sog. kontextuelle Perspektiven, andererseits die den Stalking-Delikten zugrunde liegenden Motive. Die fünf kontextuellen Perspektiven waren:

▸ Verhaltensweisen und Dauer des Stalking
▸ Bedrohung und Gewaltrisiko
▸ vorbestehende Kriminalität und Verurteilungen
▸ Beziehung zum Opfer
▸ psychische Störungen.

Auf der Grundlage dieser Faktoren wurden anschließend von Mullen und Mitarbeitern (1999) die Motive für Stalking zu Gruppen zusammengefasst. Als Resultat ergab sich daraus eine Klassifikation mit den folgenden fünf kontextbegründeten Typisierungen (in Klammern die von den Autoren verwendeten Metaphern):

▸ Wiederherstellung einer vormaligen Beziehung (*rejection*)
▸ Wunsch nach intimer Beziehung und Zuwendung (*intimacy seeking*)
▸ fehlende soziale Kompetenz (*incompetent*)
▸ Missgunst, Ärger und Wut (*resentful*)
▸ hinterhältiges, sexuell motiviertes Stalking (*predatory*).

5.3.1 Wiederherstellung einer vormaligen Beziehung

Dieser Kategorie ließen sich 52 der 145 Fälle zuordnen (36 Prozent). Bei den meisten handelte es sich um ehemalige Partner (N = 41), weniger häufig waren es zerbrochene private oder berufliche Freundschaften. Bei den meisten begründete eine komplexe Mischung aus Zuneigung und Vergeltung das Stalking, und die emotionalen Befindlichkeiten rangierten zwischen Frustration, Ärger, Eifersucht, Rachegefühlen und Trauer, die wechselseitig dominieren konnten. Bei der Mehrzahl waren Persönlichkeitsstörungen auffällig, bei ca. 5 Prozent wurden wahnhafte Störungen bzw. eine als pathologisch bezeichnete Eifersucht diagnostiziert.

5.3.2 Wunsch nach intimer Beziehung

Ein Drittel (N = 49) der Täter veranlasste der Wunsch nach einer intimen Beziehung zu ihrem Handeln. Bei 27 Personen konnte eine Erotomanie als Motiv diagnostiziert werden, also die Überzeugung, dass das Opfer in sie verliebt sei (20 mit Erotomanie bei Wahnhafter Störung, fünf mit paranoider Schizophrenie, zwei mit manischer Episode einer bipolaren Störung). Die übrigen 22 Stalker wurden dieser Kategorie einerseits zugeordnet, weil sie obsessiv von der leidenschaftlichen Suche nach einer intimen Beziehung mit dem Opfer angetrieben wurden (N = 15), andererseits weil sie im Kontext einer Persönlichkeitsstörung zutiefst davon überzeugt waren, dass ihr Stalking letztendlich doch zum erwünschten Erfolg führen werde. Als übergreifendes Kriterium wurde also das unermüdliche Bemühen festgelegt, mit dem Opfer in eine intime Beziehung einzutreten.

5.3.3 Fehlende soziale Kompetenz

Das Stalking dieser Gruppe mit 22 Personen (15 Prozent) wurde ausgelöst, weil die Opfer die Zuneigungsgefühle nicht erwiderten. Der wesentliche Unterschied zur vorhergehenden Gruppe wurde darin erblickt, dass es sich um intellektuell eingeschränkte Täter mit geringer sozialer Kompetenz handelte, dies insbesondere mit Blick auf ein defizitäres partnerschaftliches Werbungsverhalten. In der Vorgeschichte ließen sich häufig andere Stalking-Vorfälle finden. Insgesamt wurde das Stalking-Verhalten jedoch nicht von jener blinden Leidenschaft angetrieben, wie dies für die zuvor beschriebene Gruppe typisch war.

5.3.4 Missgunst, Ärger und Wut

Die 16 Personen (11 Prozent) dieser Gruppe beabsichtigten eine böswillige Wiedergutmachung erlittenen Leids durch Rache, indem sie ihre Opfer in Angst und Schrecken versetzen. Die Hälfte ließ ihre Rachegelüste an bestimmten Personen aus, den übrigen waren die Opfer eher zufällig über den Weg gelaufen. Einige der Täter nahmen die Verfolgung einer attraktiven bzw. offensichtlich begüterten bzw. fröhlich wirkenden Frau auf, nachdem sie im Beruf herabsetzend und erniedrigend behandelt worden waren. In die Gruppe der Verfolgung spezifischer Opfer gehören auch Beziehungen zu Professionellen (Ärzte, Psychotherapeuten, Anwälte oder andere Dienstleister), von denen sich die Betroffenen nicht angemessen behandelt fühlten.

5.3.5 Hinterhältiges, sexuell motiviertes Stalking (Paraphilie)

Dieser Gruppe ließen sich sechs Täter (4 Prozent) zuordnen, die mit ihrem Stalking einen sexuellen Übergriff vorbereiteten. Sie bezogen aus ihren Verfolgungen ein als positiv erlebtes Gefühl der Überlegenheit und Macht und nahmen den geplanten sexuellen Übergriff in der Fantasie vorweg; letztlich setzte ihn die Hälfte der hier Einbezogenen in die Tat um. An die sexuell motivierten Stalker wurde zumeist die Diagnose einer periculären Paraphilie vergeben; bei ihnen fand sich signifikant häufiger eine frühere Verurteilung wegen sexueller Vergehen (Pädophilie, Vergewaltigung, sexueller Sadismus).

5.3.6 Prädiktoren für Typen, Dauer und Gefährlichkeit von Stalking

Mullen und Mitarbeiter (1999) haben auf der Grundlage ihrer Klassifikation mit unterschiedlichen statistischen Methoden einige Prädiktoren für Verhaltensmuster, Dauer und Bedrohlichkeit von Stalking herausarbeiten können, wie im Folgenden dargelegt.

Stalking-Methoden. Die Anzahl der Belästigungen variierte in den unterschiedlichen Kategorien. Die zurückgewiesenen Stalker bedienten sich der unterschiedlichsten Methoden; reichhaltig war immer auch das potenzielle Verhaltensarsenal der Stalker mit einer Persönlichkeitsstörung. Telefonbelästigungen kamen am häufigsten beim sexuell motivierten Stalking vor. Intimität suchende Stalker vermittelten ihr Interesse meistens auf postalischem Weg (Briefe, E-Mails, SMS).

Zeitdauer. Die Dauer von Stalking variierte zwischen vier Wochen und 20 Jahren (Median: zwölf Monate). Die zeitliche Ausdehnung korrelierte überzufällig häufig positiv mit einer klinischen Diagnose. Stalker mit einer Persönlichkeitsstörung verfolgten ihre Opfer im Schnitt etwa doppelt so lange wie alle anderen Gruppen. Da sie am häufigsten in den ersten beiden Gruppen (der Zurückgewiesenen und der Intimität Suchenden) diagnostiziert wurden, nehmen sich die Verfolgungszeiten dieser beiden Gruppen entsprechend lang aus (im Durchschnitt jeweils um 40 Monate, andererseits aber auch mit großer Spannweite).

Androhung von Gewalt und Gewaltrisiko. Etwas mehr als die Hälfte (58 Prozent) der untersuchten Stalker hatte die Opfer mit expliziten Androhungen von Gewalt belästigt. Wiederum etwa bei der Hälfte dieser Fälle kam es tatsächlich zu Handgreiflichkeiten und Übergriffen. Dabei kannten jene, die im Stalking tatsächlich übergriffig wurden, ihre Opfer aus früheren Beziehungen und waren in diesen ebenfalls durch Gewaltandrohungen und Gewalttätigkeiten auffällig geworden – was häufig zugleich ein Grund dafür war, dass die Opfer die Beziehungen beendet hatten. Substanzmissbrauch der Täter scheint ebenfalls die Gefahr körperlicher Gewalt wie auch von Sachbeschädigungen zu erhöhen. Über alle Gruppen hinweg stellte sich eine bereits früher vorhandene Gewaltneigung der Täter als der wichtigste Prädiktor für Gewalt im Stalking heraus.

5.4 Täter und Opfer: Eine Taxonomie für das Krisenmanagement

Die Klassifikation von Mullen und Mitarbeitern (1999, 2000) findet inzwischen große Resonanz und dient als Ausgangspunkt für Weiterentwicklungen. Positiv hervorgehoben wird, dass sie sich sehr gut für die diagnostisch-forensische Beurteilung der Stalker und für die Begründung therapeutischer Maßnahmen eignet. Sie wird jedoch – so ein kritischer Einwand – als nicht hinreichend angesehen, möglichst frühzeitig im Stalking-Prozess intervenieren zu können, um das fortgesetzte Verfolgen zu unterbrechen und in präventiver Absicht das Gewaltrisiko zu verringern (Davis & Chipman, 2001; Sheridan & Boon, 2002).

Täter-Opfer-Beziehung. Der zentrale Einwand gegen Klassifikationsversuche, wie sie zuvor dargestellt wurden, lautet: Für die Frühbeurteilung und Frühintervention von Stalking gilt die Entwicklung von Täterprofilen nur auf der Grundlage klinischer Diagnosen (wie bei Zona) oder Motivkonstellationen (wie bei Mullen) als nicht hinreichend – schon gar nicht, wenn diese auf forensischen Fallsammlungen aufbauen. Wünschenswert wäre vielmehr, auch die besondere Situation der Opfer einschließlich der früheren und aktuellen Beziehungen zwischen Opfer und Täter einzubeziehen.

Zu den Besonderheiten der Opfer-Täter-Beziehung im Stalking liegen inzwischen umfängliche Forschungsarbeiten vor (z.B. Pathé & Mullen, 1997; Hall, 1998). Die hier vorgenommenen Ordnungsversuche unterscheiden sich zum Teil beträchtlich von den forensischen Klassifikationsversuchen, zumal sich letztere auf hochgradig selektierte Tätergruppen beziehen. Einen ersten Ansatz zur Klassifikation der Täter-Opfer-Beziehung stellt die Taxonomie von Sheridan und Boon (2002) dar.

Datenbasis. Sheridan und Boon (2002) legen ihrem Klassifikationskonzept eine umfängliche Dokumentation über 124 polizeilich registrierte Fälle zu Grunde, die sie kontinuierlich um alle zugänglichen Informationen über Täter und Opfer ergänzt haben, einschließlich ausführlicher Befragungen beteiligter Personen: Eingeschlossen wurden demographische Daten über Stalker und Opfer, Detailinformationen über das Stalking-Geschehen (wie es begann und welche Ereignisse im Verlauf auftraten), wie das Verfolgen zum Abschluss kam (sofern es bereits ein Ende gefunden hatte), wodurch die Abfolge (de)eskalierte, wie und wodurch sich die emotionale Befindlichkeit auf Seiten der Opfer veränderte und welche (Re-)Aktionen von offizieller Seite zum Schutz der Opfer mit welchem Ergebnis erfolgten.

Auf Grundlage dieser Daten wurde von den Autoren die Taxonomie unter folgenden Maßgaben entwickelt: Erstens sollte sie möglichst frei von theoretisch vorbelasteten Begriffen gehalten sein. Zweitens sollte sie pragmatische Entscheidungen während des Stalking-Geschehens ermöglichen. Drittens sollten Perspektiven eröffnet werden, wie ein konkretes Krisenmanagement zu unterschiedlichen Zeiten aussehen könnte. Und schließlich sollte die Klassifikation der Praktikabilität wegen auf wenige zentrale Kategorien begrenzt werden.

Die Klassifikation. Insgesamt wurden die dokumentierten Stalking-Prozesse in vier Haupttypen eingeteilt, von denen zwei in je zwei weitere Unterkategorien untergliedert wurden. Die Vorschläge für ein mögliches Krisenmanagement wurden anhand der Erfahrungen mit mehr oder weniger erfolgreichen Interventionen entwickelt, die bei den zugrunde liegenden Fällen tatsächlich in Anwendung gekommen waren. Die vier Hauptkategorien wurden folgendermaßen bezeichnet:

- Stalking/Belästigungen durch Ex-Partner (*Expartner Harassment/Stalking*)
- Belästigungen aus verblendeter Leidenschaft (*Infatuation Harassment*)
  - (a) Verliebtheit im eher jungen Alter („*Young Love*")
  - (b) Verliebtheit im mittleren Alter („*Midlife Love*")
- Wahnhaft fixiertes Stalking (*Delusional Fixation Stalking*)
  - (a) gefährlich (*dangerous*)
  - (b) weniger gefährlich (*less dangerous*)
- sadistisches Stalking (*Sadistic Stalking*).

Nachfolgend werden einige zentrale Merkmale der unterschiedlichen Stalking-Typisierungen wiedergegeben – der Vollständigkeit halber einschließlich der Hinweise für ein Krisenmanagement, auf die wir an anderer Stelle erneut und ausführlicher eingehen werden (→ 9; Sheridan & Boon, 2002, S. 71-78).

5.4.1 Stalking/Belästigungen durch Ex-Partner

Dieser Kategorie ließen sich 50 Prozent der Stalking-Fälle zuordnen. Das Stalking ist hier durch Verbitterung und Hass in Verbindung mit einer vorbestehenden Beziehung gekennzeichnet. *Der Blick richtet sich zurück in die Vergangenheit.* Schon in der vorbestehenden Beziehung ist es mit großer Häufigkeit zu häuslicher Gewalt gekommen, oft einschließlich verbaler und physischer Übergriffe in der Öffentlichkeit. Freunde und Angehörige werden in von Hass motivierte Belästigungen des Opfers einbezogen. Neue Beziehungen des Opfers können Eifersucht und aggressives Verhalten zur Folge haben. Die Stalking-Motive können sich auf das Sorgerecht für Kinder, Besitz und Geldstreitereien beziehen. Die Belästigungen können ein hohes Risiko physischer Gewalt beinhalten oder in bedrohlichen Verbalattacken und Sachbeschädigungen ihren Ausdruck finden. Übergriffige Belästigungen können spontan (bei Versuchen der Kontaktaufnahme) oder zufällig (beim Sitzen im Auto vor dem Haus des Opfers) ausgelöst werden. Diese Handlungen sind meist durch Ärger und Wut motiviert, und in seiner Impulsivität ist es dem Täter gelegentlich egal, ob er dabei die Aufmerksamkeit der Polizei auf sich zieht. Das Stalking ist nicht vom Alter abhängig, sondern vom Ausmaß der Uneinigkeiten in der Beziehung.

Implikationen für ein Krisenmanagement. Angesichts des hohen Risikos für Gewalt und Sachbeschädigungen sollte es das Opfer, wann immer möglich, vermeiden, den Weg des Täters zu kreuzen. Jede Gegenreaktion – finanzieller, legaler, physischer oder verbaler Art – sollte, sofern es nicht unbedingt nötig ist, auf ein absolutes Minimum zurückgeschraubt werden. In Extremfällen kann ein (zeitweiliger) Umzug des Opfers mit großer Distanz hilfreicher sein als die selten praktikablen Versuche, dem Täter konsequent aus dem Weg zu gehen.

5.4.2 Belästigungen aus verblendeter Leidenschaft (Verliebtheit)

Dieser Kategorie ließen sich 18,5 Prozent der 124 Fälle zuordnen. Die verfolgte Person wird „geliebt" und nicht als Opfer betrachtet. Denken und Fantasien kreisen anhaltend und durchdringend um die aktuelle Leidenschaft. Die Welt und alle Geschehnisse werden in Bezug auf die aktuelle Verliebtheit ausgedeutet. Die sehnsüchtigen Fantasien sind und bleiben romantisch und positiv gestimmt. *Verblendet richtet sich der Blick emphatisch auf die Zukunft.* Das Objekt der Begierde wird mit nicht böse gemeinten Tricks verfolgt (Briefe an der Windschutzscheibe, in der Nähe aufhalten, Ausspionieren von Freunden und Bekannten, um möglichst viele Informationen über das Opfer zu erhalten). Es bestehen eher geringe Risiken einer Gefährdung. Die Belästigungen sind nicht durch Drohungen oder Obszönitäten gekennzeichnet. Die meisten Täter sind Jugendliche/junge Erwachsene (Untergruppe 1) oder befinden sich in der Mitte ihres Lebens (Untergruppe 2).

Implikationen für ein Krisenmanagement. Mit Blick auf die beiden vorrangigen Altersgruppen werden unterschiedliche Strategien empfohlen, um die soziale Kompetenz der Stalker zu fördern.

Bei „Verliebtheit im eher jungen Alter" sollten Gespräche mit dem Stalker angestrebt werden. Gegenstand könnten sorgsam geplante und strenge Ermahnungen sein, die auf die juristischen Konsequenzen von Stalking verweisen. Erklärungen sollten die negativen seelischen Folgen für das Opfer verdeutlichen. Angesichts der bereits erfolgten Zurückweisung des Werbeverhaltens durch das Opfer sollte klar herausgearbeitet werden, dass es sich bei dem bisherigen Ansinnen des Täters um eine völlige Verkennung der Realität handelt.

Bei „Verliebtheit im mittleren Lebensalter" sollte zusätzlich beachtet werden, dass es in den persönlichen/privaten Beziehungen der Täter (z.B. in einer bestehenden Ehe) zu Krisen gekommen sein könnte. Entsprechend sollte eine Beratung/Therapie für diese Probleme empfohlen oder angestrebt werden. Handelt es sich um Stalking aus Verliebtheit am Arbeitsplatz, sollten Möglichkeit der Distanzerweiterung zwischen Verfolgern und Verfolgten ausgelotet werden (evtl. eine Versetzung).

5.4.3 Wahnhaft fixiertes Stalking

Für diese Kategorie wurden in der Untersuchung von Sheridan und Boon (2002) zwei Untergruppen gebildet: eine, die von einem eher großen Gefahrenrisiko gekennzeichnet ist, und eine mit eher geringem Gefahrenrisiko.

Wahnhaft fixiertes Stalking (gefährlich)

15,3 Prozent der 124 Fälle konnten dieser Untergruppe zugeordnet werden. Denken und Handeln der Täter erscheinen zusammenhanglos und dennoch starr auf die Verfolgung eines Opfers fixiert. *Der Blick richtet sich auf die Gegenwart.* Es besteht die Gefahr physischer Gewalt und/oder sexueller Übergriffe. Häufiger waren die Täter bereits zuvor polizeilich wegen sexueller Belästigungen oder wegen Stalkings registriert worden oder wurden psychiatrisch behandelt (z.B. wegen einer Borderline-Persönlichkeitsstörung oder wegen Episoden einer schizophrenen Erkrankung). Es kommt zu zahlreichen penetranten Belästigungen in Form von Telefonanrufen, Briefen, Besuchen am Arbeitsplatz. Das Verhalten ist schwer einschätzbar, da die Täter zu unterschiedlichsten Zeiten an den unterschiedlichsten Orten aktiv werden. Schriftliche wie mündliche Mitteilungen erscheinen oberflächlich, sexuell/obszön und ohne Zusammenhang. Die Stalker sind unerschütterlich überzeugt, dass es eine tiefe Verbindung zwischen ihnen und ihren Opfern gibt, dies auch dann, wenn sie zuvor noch nie miteinander Kontakt hatten. Täter wie Opfer können Männer und Frauen sein; bei den Verfolgten handelt es sich häufig um Ortsbekannte (Ärzte; z.B. Stalking durch Patienten) oder Statushöhere (Professoren; z.B. Stalking durch Studenten) oder Prominente (Politiker; Schauspieler).

Implikationen für ein Krisenmanagement. Die Verfolger sind Vernunftargumenten und Zurückweisungen nicht zugänglich. Der Täter sollte stets einer forensisch-psychiatrischen Beurteilung zugeführt werden. Dies sollte auch dann geschehen, wenn bereits früher Begutachtungen dieser Art vorgenommen wurden (schon um auch aktuell ein angemessenes Fallmanagement zu gewährleisten).

Wahnhaft fixiertes Stalking (weniger gefährlich)

Dieser Kategorie ließen sich 15,3 Prozent der 124 Fälle zuordnen. Die Stalker sind wahnhaft davon überzeugt, dass zum Opfer eine besondere, zumeist idealisierte Beziehung bestehe. *Der Blick richtet sich auf die Gegenwart und die Zukunft.* Opfer und Täter kennen sich kaum. Die Belästigungen sind im Unterschied zum zuvor beschriebenen Stalking nicht durch Drohungen gekennzeichnet. Der Stalker ist von der fantasierten, absolut reziproken Beziehungsidee der seelischen Übereinstimmung mit dem Opfer vollständig eingenommen. Bei offensichtlichen Zurückweisungen durch die Opfer kommt es zur rationalisierenden Suche nach Erklärungen (z.B. dass das Opfer von anderen beeinflusst werde). Es besteht (nur) ein gewisses Risiko für Gefährlichkeit, die sich jedoch nicht gegen das Opfer richtet (ausnahmsweise jedoch gegen eine dritte Person, wenn diese die Beziehung des Täters zum Opfer unterbinden möchte). Opfer scheinen zumeist Frauen in herausragender beruflicher Position zu sein.

Implikationen für ein Krisenmanagement. Die Verfolger sind Vernunftargumenten und Zurückweisungen unzugänglich. Die Opfer sollten unmittelbar rechtliche Möglichkeiten für Gegenmaßnahmen ausloten. Sie sollten ferner angewiesen werden, möglichst nie auf ein Ansinnen des Täters zu reagieren. Wenn dies dennoch notwendig wird, sollten klare Zurückweisungen erfolgen und der Täter in nicht ärgerlicher Weise zum Weggehen aufgefordert werden. Auf keinen Fall sollte man sich in ein längeres Gespräch mit dem Verfolger verwickeln lassen und die Zeit der Begegnung auf ein Minimum beschränken.

5.4.4 Sadistisches Stalking

Dieser Gruppe ließen sich 12,9 Prozent der 124 Fälle zuordnen. Das Opfer wird obsessiv in der Absicht verfolgt, massiv in dessen Leben einzugreifen, um Macht über es zu gewinnen. *Die Aufmerksamkeit ist von einer ansteigenden Triebhaftigkeit eingenommen (im Hier und Jetzt mit Blick auf die Zukunft).* Am Anfang stehen niedrige Bekanntschaftsbeziehungen. Offensichtlich verfolgt der Täter mit seinen ersten, zumeist gutartig daherkommenden Belästigungen das Ziel, das Opfer zu verunsichern und es zunehmend seiner Selbstkontrolle zu berauben. Beispielsweise geschieht dies dadurch, dass sich Notizen im vermeintlich verschlossenen Auto finden, dass neue Unterwäsche im Schrank zu finden ist oder im vormals sauberen Aschenbecher im Haus des Opfers Zigarettenkippen zurückgelassen werden. Dann wird Hilfe angeboten, z.B. bei der Aufklärung einer Sachbeschädigung, die vom Täter zuvor selbst beigebracht wurde. Im Verlauf der Zeit kommt es progressiv zu Versuchen, möglichst flächendeckend über das Leben des Opfers Kontrolle und Macht zu erlangen (sozial, historisch, beruflich, finanziell, physisch).

Im Unterschied zum emotional „heiß" angetriebenen Verhalten beim Ex-Partner-Stalking lassen sich die sadistischen Stalker als emotional kalte, bewusst handelnde und dissoziale Persönlichkeiten charakterisieren, die eventuell bereits in der Vergangenheit durch Stalking-Verhalten oder freiheitseinschränkende Übergriffe aufgefallen sind. Häufig werden die Familie oder Bekannte des Opfers einbezogen, zumeist in der Absicht, das Opfer von der Außenwelt zu isolieren. Die Gespräche mit dem Opfer enthalten versteckte Liebesbezeugungen und Bedrohungen (keine Hassäußerungen), um das Opfer zu irritieren und zu destabilisieren. Drohungen können offen sein („Wir werden zusammen sterben") oder subtil (das Hinterlassen geknickter Blumen). Einige sadistische Stalker können hochgradig gefährlich sein (Sachbeschädigungen zur Verunsicherung des Opfers) und auch physische Gewalt anwenden. Je älter der Stalker ist, umso größer ist auch die Wahrscheinlichkeit, dass er in der Vorgeschichte schon durch entsprechendes Stalking auffällig wurde.

Implikationen für ein Krisenmanagement. Das sadistische Stalking sollte sehr ernst genommen werden. Es bleibt zu beachten, dass diese Art Stalking von Beginn an nur sehr schwer zu unterbinden ist. Es ist schwer einzuschätzen, was geschieht, wenn der Täter angezeigt wird: Die Probleme können eskalieren. Ausreden und Entschuldigungen der Täter sollte nicht vertraut werden. Dem Opfer sollte so viel Verständnis und (professionelle) Unterstützung wie nur irgend möglich entgegengebracht werden. Es sollte an einen möglichst sicheren Ort verbracht werden. Dabei gilt es zu bedenken, dass die Täter ihre Schikanen so organisieren, dass das Risiko einer rechtlichen Ahndung minimal bleibt. Sollten Interventionen zur Hilfe des Opfers erfolgen, sind weitere Schikanen zu erwarten, die verdeutlichen sollen, dass Hilfe von außen zwecklos ist.

5.4.5 Bewertung

Das Klassifikationssystem von Sheridan und Boon (2002) versteht sich ausdrücklich nicht als Konkurrenz zu den beiden zuvor dargestellten Ansätzen. Alle drei Ansätze unterscheiden sich vollkommen voneinander, was die zugrunde gelegten Daten und die Zielrichtung ihrer Anwendung angeht. Während die Systeme von Zona und Mitarbeitern (1998; USA) und von Mullen und Kollegen (1999; Australien) auf der Grundlage von Fallanalysen der forensischen Psychiatrie generiert wurden, basiert die Taxonomie von Sheridan und Boon (2002; England) auf polizeilich zur Anzeige gebrachten Stalking-Fällen, für die von den Autoren sämtliche verfügbaren Informationen aus den unterschiedlichsten Quellen zusammengetragen wurden.

Unterschiede. Das System aus den USA kann als Orientierung für eine klinisch und forensisch relevante differenzial-diagnostische Beurteilung der psychischen Gestörtheit bzw. Schuldfähigkeit von Tätern gelten. In der australischen Systematik stehen neben Kontextbedingungen vor allem die Motive der Täter im Vordergrund; in dieser Hinsicht eignet sie sich unter anderem auch für die Ableitung therapeutischer Behandlungskonzepte für die Täter. Die englische Taxonomie schließlich bietet sich in besonderer Weise als Grundlage für die Entscheidung an, möglichst früh und gezielt in ein aktuell noch laufendes Stalking-Geschehen einzugreifen, um weitere Eskalationen zu verhindern oder zu unterbinden.

Diese drei Beispiele wurden ausgewählt, weil sie jeweils für unterschiedliche Ansprüche in Forschung und Praxis als Ausgangspunkt für Weiterentwicklungen dienen können. Dennoch bleibt kritisch zu beachten, dass sich in den (aus drei Erdteilen stammenden) Taxonomien jeweils kulturelle Eigenarten von Stalking widerspiegeln könnten, die nicht ohne Weiteres auf andere Länder und Kulturen übertragbar sind.

Defizite. In den drei Klassifikationen stehen rechtliche, psychologische und forensisch-psychiatrische Perspektiven im Vordergrund. Zwei Aspekte wurden bislang eher nebenher mit einbezogen, weil sich die Datenlage dazu immer noch sehr spärlich ausnimmt:

▸ das Gefahrenrisiko aus Gewaltandrohungen und Gewaltneigungen eines Täters sowie
▸ die unterschiedlichen Beziehungskonstellationen zwischen Täter und Opfer.

Es zeigt sich jedoch, dass gerade diese beiden Perspektiven sowohl für ein Krisenmanagement des Stalking-Geschehens als auch für die juristische und forensische

Begründung von Maßnahmen etwa nach polizeilicher Intervention oder Inhaftierung der Täter mit zunehmender Datenlage immer bedeutsamer werden.

In diesem Zusammenhang wird ebenfalls klarer, dass die einseitige Suche nach Täter- und/oder Tatprofilen nicht hinreichend ist. Konkret betrachtet entpuppt sich jeder einzelne Stalking-Vorfall in gewisser Hinsicht als mehr oder weniger einzigartig. Um mit diesem Heterogenitätsproblem angemessen umgehen zu können, werden gegenwärtig zwei neue Ansprüche an die Entwicklung von Klassifikationssystemen diskutiert: einerseits die Entwicklung multiaxialer Taxonomien, deren Achsen dann möglichst sinnvoll dimensioniert, hierarchisiert oder gegliedert werden sollten. Ein Beispiel wird in → Kapitel 7 vorgestellt. Da diese Taxonomie zugleich eine Einschätzung des Gefahrenrisikos ermöglicht, wird dieser Aspekt im nachfolgenden → Kapitel 6 zunächst ausführlicher dargestellt.

6 Gefährlichkeit und Gewaltrisiko im Stalking-Verlauf

Massive Einschüchterung und die Angst der Opfer stehen im Mittelpunkt der meisten legislativen wie psychologischen Stalking-Definitionen. Nur selten dürfte es Stalking-Opfer geben, die nicht um ihre Sicherheit und Unversehrtheit bangen. Die Angst davor, dass ein Stalker gewalttätig werden könnte, ist eines der häufigsten Merkmale der Viktimisierung und zugleich die Ursache massiven Stresserlebens vieler Opfer, das nicht selten in psychische Störungen, vor allem in depressive Verfassungen und Auffälligkeiten analog einer Posttraumatischen Belastungsstörung einmünden kann (Mechanic et al., 2000; → 4). Obwohl gegenwärtig noch keine definitiven Angaben zum wirklich gegebenen Gewaltrisiko von Stalking gemacht werden können, haben die Erkenntnisse zu diesem Problem in den wenigen Jahren empirischer Stalking-Forschung deutlich zugenommen.

6.1 Problemwahrnehmung und allgemeine Befunde

Nach wie vor wird eine Einschätzung des mit Stalking verbundenen Gewaltrisikos durch zahlreiche Faktoren erschwert, die zumeist mit spezifischen forschungsmethodischen Problemen zusammenhängen. Die Zahlenangaben in Publikationen beziehen sich auf selektierte Stichproben, entweder auf Gerichtsakten oder Fallsammlungen der forensischen Psychiatrie. So kommt es vor, dass Akten außer Acht bleiben oder ausgeschlossen werden, in denen nicht das Stalking im Vordergrund steht, sondern ein anderes Delikt, auch wenn diesem ein mehr oder weniger lange währendes Stalking vorausgegangen ist. Dabei kann es sich durchaus um ein Stalking mit sehr hohem Gefährlichkeitsrisiko gehandelt haben, wenn es etwa zu Tötungsdelikten, Sexualstraftaten oder anderen Gewalthandlungen gekommen ist. Weiter bleiben häufig Fälle unberücksichtigt, in denen das Stalking durch die Opfer nicht zur Anzeige gebracht wird oder wenn trotz polizeilicher Interventionen eine gerichtliche Auseinandersetzung ausbleibt.

6.1.1 Was ist Gewalt?

Es lässt sich also vermuten, dass sich die meisten Stalking-Analysen auf ein Kollektiv im Mittelbereich zwischen relativ und sehr gefährlich ansiedeln lassen (Rosenfeld, 2004). Angesichts dieser Situation scheinen repräsentative Erhebungen die besten Informationen über die Häufigkeit von Gewaltandrohungen und Gewaltausübung zu liefern. Andererseits enthalten auch sie nur unzureichende Angaben über das Ausmaß von Bedrohlichkeit und Gewalt sowie selten genaue Hinweise auf die psychologischen Hintergründe der einzelnen Taten.

Definitionsversuche. Daher, dass viele Forscher ihr Augenmerk nicht in erster Linie auf das Gewaltrisiko bei Stalking legen, sondern es eher nebenbei miterheben, kommt es, dass den bisher generierten Daten recht unterschiedliche Gewaltdefinitionen zugrunde liegen. Für einige ist Gewalt gleichbedeutend mit Körperverletzung (zumeist im Sinne juristischer Festlegungen: z.B. Mullen et al., 1999; Sheridan & Davies, 2001). Andere bedienen sich breiter angelegter Definitionen, die von unerwünschtem Köperkontakt bis zur Gewaltandrohung mit vorgehaltener Waffe reichen (z.B. Brewster, 2000; Rosenfeld & Harmon, 2002). Wiederum andere gehen gar nicht erst genauer darauf ein, was sie in ihren Analysen unter „Gewalttaten" subsumieren (Palarea et al., 1999).

Um die Schwere von Gewalthandlungen differenzieren zu können, ist sicherlich dem Vorschlag von Rosenfeld (2004) nach Vereinheitlichung zuzustimmen. Danach sollten Gewalthandlungen allgemein (als übergeordnete Kategorie) möglichst breit aufgefasst werden, ausgehend von jeder Art von unerwünschtem Köperkontakt bis hin zu ernsthaften Bedrohungen für Leib und Leben der Opfer. Weiter differenzierend sollte mindestens zwischen zwei Gewaltformen unterschieden werden:

▸ das eher gefährliche Zufügen ernsthafter Körperverletzungen einschließlich akuter Tötungsabsichten,
▸ die weniger gefahrvollen aggressiven Handlungen (wie Anfassen, Schubsen, mit körperlichem Einsatz unerwünschte Handlungen erzwingen usw.).

6.1.2 Gewaltrisiko und Tötungsdelikte

Angesichts der vorhandenen Definitionsmängel ist es nicht verwunderlich, dass die bisher mitgeteilten Häufigkeiten zu Gewalttaten bei Stalking von Studie zu Studie sehr unterschiedlich ausfallen. Zum Teil sind Definitionen sogar noch weiter gefasst als im zuvor formulierten Vorschlag. Beispielsweise haben Harmon und Mitarbeiter (1998) jede Art „dokumentierter physischer Aggression" mit eingeschlossen, wie z.B. „wiederholtes Schlagen gegen eine vom Opfer verschlossene Tür". Verständlicherweise liefern diese Autoren mit 47 Prozent Gewalttaten die bisher höchsten Angaben. Legt man die oben empfohlene, dennoch etwas eingeschränkte „weite Definition" (jede Art unerwünschten Körperkontakts) zugrunde, vermindert sich der Anteil der Gewalttaten auf 34 Prozent (basierend auf einer Re-Analyse der Daten durch Rosenfeld & Harmon, 2002).

Allgemeines Gewaltrisiko. Diese Zahl liegt damit in einem Bereich, in dem sich Angaben zur Gewalt bei Stalking bis heute allgemein bewegen. Auf der Grundlage seiner Recherchen hatte Meloy (bereits 1998) die Wahrscheinlichkeit für Gewalttaten bei Stalking zwischen 25 und 35 Prozent eingeschätzt; die Häufigkeitseinschätzungen von Gewalthandlungen in neueren Studien liegen nur selten darüber bzw. darunter. Bis heute haben nur wenige Forschergruppen eine Differenzierung nach „eher weniger gefährlich" und „eher sehr gefährlich" vorgenommen. Schließt man unter „sehr gefährlich" nur jene Fälle ein, in denen es zu lebensbedrohlichen Attacken und schweren Körperverletzungen gekommen ist, finden sich Angaben von 10 Prozent und darunter (Rosenfeld, 2004).

Tötungsdelikte. Wie sehr Einschätzungen durch selektierte Stichproben eingetrübt, wenn nicht gar verfälscht werden können, lässt sich gut anhand einer Einschätzung von Tötungsdelikten im Kontext von Stalking verdeutlichen. Meloy (1998) kam bei seiner damaligen Recherche zu dem Schluss, dass die Zahl der Stalking-Opfer, die von ihren Verfolgern getötet worden waren, „mit etwa 2 Prozent anzugeben sei oder niedriger". Diese Angabe, „2 Prozent", wird seither gern zitiert, obwohl sie inzwischen mehrfach als überhöht kritisiert wurde (Mullen et al. 2000; Spitzberg & Cupach, 2003). Wenn man nämlich „2 Prozent" auf der Grundlage repräsentativer Erhebungen auf die Bevölkerung hochrechnet, so liegt diese Zahl um ein Drittel bis doppelt so hoch wie die in einem Zeitabschnitt in objektiven (Gerichts-)Statistiken dokumentierten Tötungsdelikte, die mit Stalking in Zusammenhang gebracht werden können.

6.2   Risikobedingungen für gewalttätiges Stalking

Auch wenn die Häufigkeit der Tötungsdelikte gegenwärtig eher als gering einzuschätzen wäre, sollte angesichts des allgemeinen Gewaltrisikos die Gefährlichkeit von Stalking nicht unterschätzt werden. Nicht zuletzt deshalb nimmt in den letzten Jahren die Bereitschaft zu, nach Prädiktoren für Handgreiflichkeiten und ernsthafte körperliche bzw. sexuelle Übergriffe zu suchen. Im Mittelpunkt stehen dabei Fragen nach der Risikobedeutung von Gewaltandrohungen, der vormaligen Opfer-Täter-Beziehung, der eventuellen kriminellen Biographie der Täter sowie dem Vorliegen einer psychischen Störung. Einige der zentralen Befunde sollen nachfolgend dargestellt werden, bevor in → Kapitel 7 auf der Grundlage dieser Befunde eine multiaxiale Taxonomie zur Beurteilung von Stalking und dessen Risiken vorgeschlagen wird.

6.2.1 Gewaltandrohung und Gewalthandlungen

Stalking hat erhebliche negative Auswirkungen auf die psychische Befindlichkeit der Opfer, denn vage bis konkrete Befürchtungen, etwas Schlimmes könnte passieren, stehen im Mittelpunkt der durch die Täter provozierten Ängste (→ 4.2). Ausgelöst werden diese Befürchtungen nicht selten durch offene oder versteckte Drohungen. Anderseits nimmt sich der Zusammenhang von Gewaltandrohung und Gewalthandlungen komplizierter aus, als er sich für die Opfer darstellen mag (Rosenfeld, 2004). Einerseits finden sich hohe Raten von sog. „falsch-positiven" Befürchtungen, bei denen es trotz Gewaltdrohung nie zur tatsächlichen Ausübung von Gewalt kam. Verkompliziert wird die Sachlage weiter durch „falsch-negative" Erwartungen, bei denen es zu (intendierten und teils extremen) Gewalthandlungen kam, ohne dass die Opfer jemals zuvor von den Tätern bedroht worden waren (Fallbeispiel in → 2.1).

Gewaltandrohungen ernst nehmen. Über unterschiedliche Studien hinweg finden sich moderate Korrelationen (r = .15 bis .30) zwischen angedrohter und ausgeübter Gewalt, die in Abhängigkeit von der Stichprobengröße auch signifikant ausfallen können. Bedeutsamer sind Befunde zusätzlicher Regressionsanalysen, die weitere Merkmale verdeutlichen. Danach ist das Gewaltrisiko nach Gewaltandrohung unter folgenden Konstellationen als deutlich erhöht einzuschätzen:

► Bei vorbestehenden Intimpartnerschaften impliziert die Androhung von Gewalt ein erhöhtes Gewaltrisiko (Meloy et al., 2001; Harmon et al., 1998; Sheridan & Davies, 2001).

► Wenn es in einer vorbestehenden intimen Partnerschaft bereits zu Gewalthandlungen gekommen war, ist das Risiko zusätzlich erhöht (Rosenfeld & Harmon, 2002; Meloy et al., 2001).

► Wenn die Täter bereits zuvor wegen Gewalthandlungen verurteilt worden waren, liegt bei Androhung ein weiter erhöhtes Gewaltrisiko vor (Mullen et al., 1999; Meloy et al., 2001).

► Korrelationen zwischen Androhung und tatsächlich angewandter Gewalt finden sich bei stalkenden Männern etwa doppelt so häufig wie bei stalkenden Frauen (Purcell et al., 2001).

► Wird Gewalt gegen Dritte (Angehörige, Kinder) angedroht, ist das Risiko erhöht, dass es tatsächlich zu Gewalttätigkeiten der angedrohten Art kommt (Sheridan & Davies, 2001).

Zusammenfassend ist festzuhalten, dass in allen uns dazu vorliegenden Studien deutliche Zusammenhänge zwischen angedrohter und tatsächlich ausgeübter Gewalt berichtet werden. Diese Schlussfolgerung legt nahe, dass dieses Problem zwangsläufig sehr ernst genommen werden sollte.

6.2.2 Kriminelle Biographie als Prädiktor

Ganz allgemein betrachtet sind Kriminalität und Gewalttaten häufig nicht auf einzelne Episoden begrenzt, sondern sie durchziehen das gesamte Leben von Straftätern. Gilt dies auch für Gewalttaten, die im Zusammenhang mit Stalking beobachtet werden? In Studien, die dieser Frage gewidmet waren, wurde die lebensgeschichtliche Kriminalitätsneigung teilweise in großer Breite und auf unterschiedliche Weise definiert. Vielleicht nehmen sich die bisher vorliegenden Ergebnisse zur Risikobedeutung allgemeiner Dissozialität im Leben der Täter nur deshalb wenig einheitlich aus: Drei Untersuchungen liefern signifikante Zusammenhänge

(Menzies et al., 1995; Mullen et al., 1999; Brewster, 2000), drei andere wiederum nicht (Meloy et al., 2001; Palarea et al., 1999; Rosenfeld & Harmon, 2002).

Allgemeine Kriminalitätsneigung als Risiko. Menzies und Mitarbeiter (1995) diskutieren als Erste die Relevanz früherer Delinquenz für Gewalttaten bei einer Gruppe männlicher forensischer Patienten, die ihre Opfer aus sexueller Zwanghaftigkeit oder im Kontext einer Wahnhaften Störung (Erotomanie) verfolgt hatten. Waren Täter in ihrer Lebensgeschichte auch unabhängig von paranoiden Störungen durch schwere Dissozialität auffällig geworden, dann war dies der schlagendste Prädiktor für gewalttätige Übergriffe im Kontext ihrer sexuell bzw. erotoman motivierten Verfolgungen. Diese konnten nicht nur gegen die Opfer gerichtet sein, sondern auch gegen assoziierte Dritte (Familienmitglieder, Freunde). Kritisch bleibt, dass es sich bei den 29 untersuchten Stalkern um eine hoch selektierte Gruppe handelt, die ja gerade wegen der Verbindung von psychischer Störung und Gewalt einer forensischen Begutachtung und Behandlung zugeführt worden waren.

Auch in einer Untersuchung von Mullen und Kollegen (1999) erwies sich die frühere Kriminalitätsneigung als einer der wesentlichen Prädiktoren dafür, dass es auch im Stalking zu gewalttätigen Übergriffen gekommen war. Sie blieb in einem multivariaten Regressionsmodell sogar der einzig signifikante Prädiktor. Ähnliche Schlussfolgerungen kann man der Untersuchung von Brewster (2000) entnehmen, deren Analyse sich auf Aktenanalysen von Stalking-Opfern bezieht.

Unklare Befundlage. Trotz dieser Zusammenhänge bei forensischen Patienten lässt sich die Frage nach der Risikobedeutung krimineller Handlungen im Vorleben der Stalker nicht eindeutig beantworten. Immerhin gibt es drei Studien mit insgesamt annähernd 500 Stalking-Vorfällen innerhalb wie außerhalb der Forensik, in denen sich die Hypothese der Risikobedeutung einer lebensgeschichtlich bedeutsamen Dissozialität für Stalking-Gewalt nicht bestätigen ließ (Meloy et al., 2001; Palarea et al., 1999; Rosenfeld & Harmon, 2002). Auch dieses Ergebnis bleibt beachtenswert, kann es doch offensichtlich auch zu einem gewalttätigen Stalking kommen, wenn sich das bisherige Leben der Täter als „unauffällig" oder „normal" charakterisieren lässt.

Frühere Gewalttaten als Risiko. In einigen wenigen Studien wurde die Kriminalitätsbelastung der Stalker nicht nur allgemein, sondern mit Blick auf frühere Gewalttaten untersucht. Ist das Gewaltrisiko erhöht, wenn die Täter früher bereits durch Gewalthandlungen auffällig wurden? Diese Frage kann nur mit Einschränkungen bejaht werden. Signifikante Zusammenhänge finden sich beispielsweise in den multivariaten Analysen von Palarea und Mitarbeitern (1999). Die Autoren entdeckten nicht nur eine bedeutsame Korrelation zwischen früherer Gewalt und Gewalttaten im Stalking, sie blieb der höchste Prädiktor auch bei Einschluss weiterer Variablen.

Andererseits ließ sich dieser Befund in anderen Studien nicht in dieser Eindeutigkeit replizieren (Brewster, 2000; Rosenfeld & Harmon, 2002). Es finden sich zwar tendenzielle Hinweise auf eine mögliche Risikobedeutung früherer Gewalt, die Unterschiede erreichen jedoch keine Signifikanz (in der Studie von Rosenfeld & Harmon, 2002, beispielsweise: 43 Prozent Stalking-Gewalttäter mit registrierten Gewalttaten in der Vorgeschichte vs. 31 Prozent ohne registrierte Gewalt). In dieser Frage bedarf es also weiterer systematischer Studien. Dennoch: Ein Gewaltrisiko besteht eben auch, wenn sich in der Biographie der Stalker keine auffällige Gewaltneigung findet.

6.2.3 Psychische Störungen und Gewaltrisiko

In den Einzelfällen von Stalking bei Prominenten mit schwerer Körperverletzung oder gar tödlichem Ausgang, die seit Anfang der 1980er Jahre von den Medien aufgegriffen worden waren und die weltweite Anti-Stalking-Gesetzgebung in Gang gesetzt hatten, waren die Täter eher psychisch gestört. So ist es nicht weiter verwunderlich, wenn weite Teile der Bevölkerung glauben, dass psychisch gestörte Menschen, die zum Stalking neigen, ein erhöhtes Gewaltrisiko bedeuten. Diese Ansicht hält jedoch kaum einer empirischen Überprüfung stand, schon gar nicht in der Schlichtheit ihrer Aussage. Bevor darauf eingegangen wird, sollen kurz einige Ergebnisse zum allgemeinen Zusammenhang von psychischer Störung und bedrohlicher Aggressivität dargestellt werden.

Allgemeines Gewaltrisiko bei psychischen Störungen

Seit den 1970er Jahren war dieses Problem Gegenstand zahlreicher Studien. Während man insgesamt davon ausgehen kann, dass Gewalttaten bei Menschen mit psychischen Störungen nur wenig häufiger vorkommen als in der Gesamtbevölkerung, muss man dennoch differenzieren. Vor allem Substanz- und insbesondere Alkoholmissbrauch hat einen weitaus größeren Einfluss auf aggressives Verhalten, als dies allgemein angenommen wird. In Finnland, wo Tötungsdelikte dezidiert untersucht werden, diagnostiziert man bei Gewalttaten eine Alkoholabhängigkeit weit häufiger als andere psychische Störungen (Eronen et al., 1996). Weltweit werden übereinstimmend immer wieder augenfällige Zusammenhänge zwischen Alkoholmissbrauch und Gewalt- bzw. Tötungsdelikten auch im familiären Kontext berichtet (Levy & Brekke, 1990; Flanzer, 1990).

Werden andere psychiatrische Diagnosen vergeben, finden sich signifikante Zusammenhänge zum Gewaltrisiko wiederum dann, wenn täglich und zeitgleich zu den Taten große Mengen Alkohol konsumiert wurden. Das gilt beispielsweise für die Schizophrenie (Nedopil, 1997), für paraphil-sexuelle Störungen und Übergriffe (Fiedler, 2004a) und für Persönlichkeitsstörungen, wobei Borderline- und dissoziale Persönlichkeitsstörungen überwiegen (Skodoll, 1998). Finden sich entsprechende Komorbiditäten zwischen Substanzmissbrauch und psychischer Gestörtheit, ist auch die Rückfallwahrscheinlichkeit deutlich erhöht, sowohl für die psychiatrische Symptomatik als auch für die Gewalt- und Delinquenzbereitschaft.

Psychische Störungen und Gewalt bei Stalking

Die Beurteilung des Risikos psychischer Störungen für gewalttätiges Stalking stellt sich bis heute weit komplexer dar, als dies für die Risikobeurteilung von Gewaltandrohungen angedeutet wurde. Auch bei der Diagnostik mit Hilfe standardisierter Diagnosesysteme ist die Spannbreite der psychischen Störungen in Stalking-Fällen bemerkenswert groß, so dass sinnvolle Prädiktoren nur auf der Grundlage großer Stichproben auffindbar wären. Dazu liegen jedoch noch keine systematischen Untersuchungen vor.

Um dem Problem beizukommen, nehmen die wenigen Forscher, die psychische Störungen einbezogen haben, bisher nur grobe Einteilungen vor wie z.B.: das Vorhandensein oder Fehlen einer Schizophrenie, die Unterscheidung von Tätern mit und ohne Persönlichkeitsstörungen oder ob zum Zeitpunkt des Stalkings ein Alkoholmissbrauch vorlag oder nicht. Dass es dabei Überlappungen und Gleichzeitigkeitsdiagnosen zu beachten gilt, wird bisher selten diskutiert. Einigen Studien ist nicht zu entnehmen, ob tatsächlich standardisierte Diagnostikerhebungen durchgeführt wurden. Vielfach wurden lediglich die Diagnosen aus Krankenakten übernommen. Dennoch liegen erste, recht konsistente und deshalb auch für die weitere systematische Forschung und Präventionspraxis beachtenswerte Befunde vor.

Schizophrene Störungen. Einige Studien mit kleinen Stichproben haben nach Zusammenhängen zwischen Schizophrenie und Stalking-Gewalt gesucht (Farnham et al., 2000; Kienlen et al., 1997; Meloy et al., 2001). Alle drei Studien enthalten Daten von Tätern, die gerichtlich zur forensischen Begutachtung überwiesen wurden. In keiner (!) dieser Studien ließen sich signifikante Zusammenhänge zwischen der schizophrenen Störung und Gewalttätigkeit beim Stalking nachweisen. Gleiche Negativbefunde finden sich übrigens auch, wenn man die Diagnose einer wahnhaften Erotomanie gesondert betrachtet.

In zwei weiteren Studien mit größerer Stichprobenzahl aus forensischem Kontext fanden sich schwache Zusammenhänge zwischen Schizophrenie und Stalking-Gewalt, wobei der Anteil nicht-schizophrener Gewalttäter immer deutlich höher ausfiel (21 vs. 41 Prozent bei Rosenfeld & Harmon, 2002; 25 vs. 43 Prozent bei Mullen et al., 1999). Bei Studien mit forensischen Patienten bleibt jedoch zu beachten, dass die Zahl der Gewalttaten bei schizophrenen Störungen immer selektiv erhöht sind, weil diese häufiger zur forensischen Begutachtung überwiesen werden. Insgesamt kann also eher von einem geringen Risiko ausgegangen werden.

In keiner der genannten Studien ließen sich Hinweise dafür finden, dass eine Komorbidität zwischen Schizophrenie und Alkoholmissbrauch/-abhängigkeit das Gewaltrisiko bei Stalking erhöht. Dies scheint spezifisch für das paranoide Stalking zu sein, da ansonsten bei einer Schizophrenie mit Alkoholproblematik das allgemeine Gewaltrisiko ansteigt.

Substanzmissbrauch, Alkoholabhängigkeit. Insgesamt erscheint das Gewaltrisiko bei Substanzmissbrauch (zur Tatzeit bzw. in der unmittelbaren Vorgeschichte) nicht nur allgemein, sondern auch bei Stalking deutlich erhöht. Bis zur Hälfte der forensisch untersuchten Stalking-Täter mit Gewaltdelikten konsumierten zum Tatzeitpunkt täglich größere Menge Alkohol (Rosenfeld & Harmon, 2002; Mullen et al., 1999; ähnlich: Brewster, 2000, auf der Grundlage von Interviews mit Stalking-Opfern).

Persönlichkeitsstörungen. Leider wurde mangels hinreichender Stichprobengrößen bisher nicht weiter nach unterschiedlichen Persönlichkeitsstörungen differenziert. Vielleicht kann es deshalb nicht überraschen, wenn sich bisher keine oder nur moderate Zusammenhänge zwischen Persönlichkeitsstörungen und Gewaltneigung bei Stalkern finden lassen (Rosenfeld, 2004). Eine Unterscheidung nach Persönlichkeitsstörungen ist für zukünftige Forschungsarbeiten indes zwingend notwendig, da auf der Grundlage von Einzelfallberichten im Falle eines gewalttätigen Stalkings eher mit dem Vorliegen einer dissozialen, paranoiden oder Borderline-Persönlichkeitsstörung zu rechnen wäre und eher weniger häufig mit einer dependenten oder narzisstischen Persönlichkeitsstörung (Meloy, 1998).

6.2.4 Muster der Opfer-Täter-Beziehung

Bei den meisten Stalkern handelt es sich um vormalige Intimpartner, und nicht nur das – es wurde schnell evident, dass dieses Stalking-Phänomen auch das größte Gewaltrisiko impliziert (Rosenfeld, 2004). Viele der via Trennung zurückgewiesenen Partner schienen vorrangig durch Wut und Rachegefühle zum Stalking motiviert. So findet sich das Gewaltrisiko selbst dort deutlich erhöht, wo Ärger und Zorn über die Zurückweisung ausdrücklich mit dem Wunsch nach einer erneuten, nun aber veränderten Liebesbeziehung verbunden waren.

Gewaltrisiko bei Stalking nach beendeter Partnerschaft. Harmon und Mitarbeiter (1998) gingen als Erste in einer Studie mit forensischen Patienten der Frage nach, ob sich anhand spezifischer Opfer-Täter-Beziehungen unterschiedliche Risiken für Stalking-Gewalt feststellen ließen. Sie unterteilten ihre Täter nach (1) vorbestehender längerer Intimbeziehung, (2) zufälliger kurzer Bekanntschaft und (3) keinerlei Beziehung zum Opfer. Sie fanden das höchste Gewaltrisiko in vormaligen Partnerschaftsbeziehungen. Dies bestätigte sich auch unverändert bei einer Verdoppelung der Probandenzahl in einer Nachfolgestudie (Rosenfeld & Harmon, 2002). Die vormalige Partnerschaft blieb der deutlichste Prädiktor in unterschiedlichen Regressionsmodellen, in die auch andere Risikofaktoren einbezogen wurden (wie z.B. Alter, Herkunft, Ausbildungsstand, vorherige Androhung von Gewalt).

Gewalt und andere Arten der Bedrohung. Ähnliche Befunde ergaben sich konsistent in Studien, in die nicht nur forensische Patienten einbezogen wurden, sondern zusätzlich auch Gerichtsakten (Schwartz-Watts & Morgan, 1998; Farnham et al., 2000; Meloy et al., 2001), polizeiliche Falldokumentationen (Palarea et al., 1999) bzw. Untersuchungen an Opfern (Sheridan & Davies, 2001). Von Palarea und Mitarbeitern (1999) wurde festgehalten, dass Stalking nach Auflösung vormaliger Beziehungen nicht nur ein erhöhtes Risiko für körperliche Gewaltanwendung gegen die Opfer impliziert, sondern dass Bedrohlichkeit und Gewalt sich zugleich auch auf andere Bereiche beziehen: Sachbeschädigungen, Androhungen von Gewalt, ständiges Auflauern und Verfolgen der Opfer kommen jeweils erheblich häufiger in der Gruppe mit intimen Vorbeziehungen als bei Tätern ohne Vorbeziehungen zum Opfer vor.

6.2.5 Zusammenfassung

Es ließen sich natürlich noch eine Reihe weiterer Risikovariablen untersuchen, insbesondere Beziehungen zu demographischen Daten von Tätern und Opfern. Dazu liegen mit Ausnahme zweier Studien bis heute kaum Untersuchungen vor. Schwartz-Watts und Morgan (1998) konnten in einem kontrollierten Vergleich von 18 Stalkern mit 18 Nicht-Stalkern keine bedeutsamen Risikomerkmale wie Alter, Ausbildung, Status und Ehe/Partnerschaft festmachen. Demgegenüber berichten Rosenfeld und Harmon (2002) in ihrer Untersuchung mit 204 Stalkern einige signifikante Auffälligkeiten: Danach scheinen jüngere Stalker im Unterschied zu älteren deutlich gewalttätiger zu sein, weiße Amerikaner begehen deutlich weniger Stalking-Gewalttaten als Farbige, und je geringer die Schulbildung und der gesellschaftliche Status anzusetzen ist, umso größer scheint das Gewaltrisiko zu sein.

Da jedoch weitere Studien fehlen, dürfen nach wie vor keine allzu weit reichenden Schlüsse aus diesen Befunden gezogen werden. Fasst man die Ergebnisse zum Gewaltrisiko bei Stalking zusammen, dann erscheint die Gefahr gewalttätiger Übergriffe nur dann deutlich erhöht,

▶ wenn das Stalking im Kontext einer vorbestehenden Partnerschaft bzw. angesichts von Trennungs- und Scheidungsabsichten der Opfer erfolgt,
▶ wenn vom Täter explizite Gewaltandrohungen ausgehen,
▶ wenn beim Täter zum Zeitpunkt der Taten Substanz-/Alkoholmissbrauch konstatiert werden kann.

Es kann weiter festgehalten werden, dass eine eher geringe Gefahr ernsthafter Gewaltanwendung von Stalkern ausgeht, die vor dem Stalking fremde Personen waren. Das Vorhandensein einer schizophrenen Störung bzw. Erotomanie scheint das Gewaltrisiko ebenfalls zu vermindern, wenngleich es nicht auszuschließen ist. Auch das Vorhandensein einer Persönlichkeitsstörung konnte wegen fehlender Differenzierung zwischen unterschiedlichen Störungsbildern als Risikobedingung bisher nicht eindeutig bestimmt werden. Lediglich Kasuistiken verweisen auf ein möglicherweise erhöhtes Risiko bei dissozialen, paranoiden oder Borderline-Persönlichkeitsstörungen. Eine lebensgeschichtliche, deliktunabhängige Kriminalitätsneigung der Täter scheint das Gewaltrisiko nicht zu erhöhen. Waren die Stalker jedoch im früheren Leben bereits durch Gewalttaten auffällig geworden, scheint das Gewaltrisiko tendenziell unverändert erhöht. Demographische Prädiktoren wurden bis heute kaum hinreichend aussagekräftig untersucht.

Insgesamt verweisen die Ergebnisse darauf, dass Gewalttaten in einzelnen Fällen auch dann erwartet werden können, wenn die Stalker bis zum Beginn der Verfolgung von Opfern ein weitgehend unauffälliges Leben geführt haben.

7 Eine dimensionale Taxonomie für Stalking-Phänomene

In diesem und im nächsten Kapitel soll es darum gehen, die bisher vorliegenden Erkenntnisse zusammenzufassen. Als erster Versuch einer solchen Integration bietet sich die Ausarbeitung einer mehrdimensionalen Klassifikation der unterschiedlichen Stalking-Phänomene an. Das nachfolgende → Kapitel 8 wird das bisher zum Stalking vorhandene Wissen dann in ein integratives Bedingungs- und Erklärungsmodell überführen.

7.1 Bisherige Ansätze

Wie in → Kapitel 5 dargestellt, gibt es bereits eine Reihe von Vorschlägen, wie die unterschiedlichen und heterogenen Stalking-Phänomene prototypisch zu ordnen sind. Mit Hilfe derartiger Klassifikationssysteme lassen sich markante Charakteristika herausarbeiten, die Forscher und Praktiker bei der Ableitung (1) diagnostischer, (2) präventiv-prognostischer und (3) indikativ-therapeutischer Maßnahmen unterstützen könnten. Nach wie vor nehmen sich die vorgeschlagenen Taxonomien jedoch recht unterschiedlich aus, da sie zumeist nur unter einer der drei Zielperspektiven entwickelt wurden.

7.1.1 Dimensionale Perspektiven

Davis und Mitarbeiter (1999, 2001) sowie andere Autoren haben deutlich gemacht, dass ein substanzieller Fortschritt nur erreichbar ist, wenn bei Klassifikationsversuchen ausdrücklicher als bisher unterschiedliche Perspektiven und Erkenntnisse integriert würden. Zu denken wäre an eine multiaxiale Einordnung, die – dem Vorschlag von Davis und Kollegen entsprechend – folgende Merkmale und Eigenschaften differenzieren bzw. kombinieren sollte:

- Kontextbedingungen und geographische Ausdehnung der Verfolgungen (wie Wohngegend des Opfers, Arbeitsplatz, Urlaubsorte etc.),
- Art der Kontaktversuche (wie brieflich, verbal, nonverbal, elektronisch etc.),
- Verhaltensstereotype (wie hinterhältig, zwanghaft fixiert, histrionisch-expressiv, manipulativ, voyeuristisch usw.),
- Vorhandensein einer psychischen Störung (Erotomanie, sonstige Wahnhafte Störung, schizophrene Erkrankung, dissoziale oder Borderline-Persönlichkeitsstörung, etc.),

- Beziehung zwischen Opfer und Täter (vormalige Intimbeziehung/Partner-schaft, aktuelle berufliche Beziehung, gemeinsame Zugehörigkeit zu Vereinen, keine vormalige bis aktuelle Beziehung, vom Täter fantasierte Beziehung usw.) und schließlich
- Indikatoren für Bedrohlichkeit und Gewaltrisiko (Androhungen körperlicher Gewalt, Sachbeschädigungen, Kriminalitätsbiographie etc.).

Bis heute liegen nur wenige Typologien vor, in denen eine multiaxiale Einord-nung oder das Auffinden impliziter Dimensionen von Stalking angedacht wurde. Ausnahmen stellen einerseits eine „Typologie für Interpersonelles Stalking" von Wright et al. (1996) sowie andererseits das Modell „Obsessive Interpersonelle Verfolgung" (Obsessive Relational Intrusion, ORI) von Spitzberg und Cupach (2001) dar. In beiden Ansätzen wird eine zweidimensionale Einordnung der Stal-king-Phänomene vorgeschlagen.

7.1.2 Wahnhaft vs. nicht wahnhaft motiviertes Stalking

Wright und Mitarbeiter (1996) unterscheiden eine „Beziehungsdimension" (Stal-king mit und ohne Partnerschaft) und eine dem Stalking zugrunde liegende „Motivdimension" zwischen wahnhaft (*delusional*) vs. nicht wahnhaft angetrie-ben, woraus sich vier Einordnungsquadranten ergeben:
- nicht wahnhaft ohne bisherige Partnerschaft,
- wahnhaft ohne bisherige Partnerschaft,
- nicht wahnhaft mit bisheriger Partnerschaft,
- wahnhaft mit bisheriger Partnerschaft.

Dieser Vorschlag beinhaltet einige bedenkenswerte Aspekte, so etwa die empiri-schen Unterschiede zwischen Stalking bei ehemaligen Intimpartnern vs. Stalking bei bisher kaum oder gar nicht bekannten Opfern. Andererseits wurde der Vor-schlag als zu einfach kritisiert, weil viele Stalking-Fälle nicht gut darin integrier-bar scheinen. Dies gilt beispielsweise für die dichotome Einordnung in die Mo-tivdimension, die psychische Abweichungen und Störungen vor allem unter dem Label „wahnhaft" zusammenfasst und keine Differenzierung unterschiedlicher Motive bei unterschiedlichen psychischen Störungen erlaubt.

7.1.3 Stalking-Verhalten und Stalking-Motive

Zu den Kritikern gehören die Kommunikationspsychologen Spitzberg und Cu-pach (2001). Sie haben, angeregt durch die Vorschläge von Wright und Kollegen, eine Verbesserung für ein zweidimensionales Modell vorgeschlagen. Die Autoren unterschieden zwei voneinander unabhängig gedachte Dimensionen:
- Stalking-Verhalten und
- Stalking-Motive.

Kontrolliertes vs. expressives Verhalten. Eine horizontale Verhaltensdimension spannt sich zwischen den Polen „kontrolliert" und „expressiv" auf. Diese Unterscheidung nach dem Ausmaß vorhandener vs. nicht vorhandener Impulskontrolle ist in der Literatur zur Risikoeinschätzung von interpersoneller Gefährlichkeit und Gewalt gebräuchlich (vgl. Tedeschi & Felson, 1994). „Kontrolliertes Stalking" erfolgt absichtsvoll und geplant, während „expressives Stalking" eher unkontrollierte Aktionen in Abhängigkeit von Stimmungen und Impulsen meint.

Amouröse vs. feindselige Motive. Eine zweite vertikale (und deshalb unabhängige) Motivdimension unterscheidet Stalking-Phänomene danach, ob vom Verfolger eher amouröse vs. feindselige Ziele verfolgt werden. Mit Blick auf die Forschungsbefunde kann gezeigt werden, dass ein Gewaltrisiko innerhalb dieses Circumplex-Modells in dem Maße ansteigt, wie sich Stalking motivational von dem Wunsch nach (sexueller) Beziehung hin zu einer feindselig-aggressiven Ausrichtung entfernt und sich dabei mit einem impulsiv-expressiven Handeln verbindet.

Die zweidimensionale Taxonomie obsessiven Verfolgens von Spitzberg und Cupach (2001) hat zwischenzeitlich ebenfalls weite Beachtung gefunden. Auch wir werden die zentralen Aspekte dieses Ansatzes aufgreifen und in ein erweitertes Modell überführen. Dazu zunächst einige weiterführende Überlegungen der Autoren.

Opfer-Täter-Beziehung. Zurückhaltung gegenüber einer psychologisch begründeten Motiv-Dimensionierung von Stalking legen vor allem jene Forscher an den Tag, die ihre Einteilungssysteme an der aktuellen Opfer-Täter-Beziehung orientieren (z.B. Pathé, 2002; Dreßing & Gass, 2005). Sie bevorzugen einen solchen Ansatz, weil sich die überwiegende Zahl der Stalker aus den Ex-Partnern der Opfer rekrutiert. Immerhin findet sich diese Konstellation in den meisten Studien übereinstimmend bis etwa zur Hälfte aller Vorfälle. Entsprechend scheint man davon überzeugt, die Prävention mit einer Klassifikation des Bekanntheitsgrades (Fremder, Bekannter, Arbeitskollege, Familienmitglied, Ex-Intimpartner usw.) am besten voranbringen zu können.

Paradoxien einer Verfolgung. Dabei wird übersehen, dass es sich bei diesen Gruppen unterschiedlicher Bekanntheitsgrade zwischen Opfern und Tätern keinesfalls um homogene Gruppen mit homogenen Motiven handelt. Genau auf diesen Aspekt hatten Spitzberg und Cupach (2001) nachdrücklich hingewiesen, indem sie die von ihnen so bezeichneten „Paradoxien der Verfolgung" (*paradoxes of pursuit*) in den Mittelpunkt ihrer Klassifikation rückten. Der Fortschritt ihrer Dimensionierung liegt darin, dass sich bei Untergruppen jeder Art einer aktuellen Beziehung (mehr oder weniger bis gar nicht bekannt) nicht nur unterschiedliche, sondern auch gleichartige Motive (amourös vs. feindselig) sowie gleichartige Muster der Verhaltenskontrolle (kontrolliert vs. expressiv) finden lassen.

Leider haben es Spitzberg und Cupach versäumt, die Wahrscheinlichkeiten durchzurechnen, mit denen sich einzelne Gruppierungen den vier möglichen Quadranten ihres zweidimensionalen Raumes zuordnen lassen:

- amourös/expressiv,
- amourös/kontrolliert,
- feindselig/kontrolliert,
- feindselig/expressiv.

Eine solche Abschätzung wurde von uns anhand von Falldokumenten vorgenommen. Dabei findet sich das nicht sehr überraschende Ergebnis, dass sich die meisten Ex-Intimpartner entweder der Gruppe „amourös/kontrolliert" bzw. „feindselig/expressiv" zuordnen lassen, wobei das Gewaltrisiko in der letztgenannten Gruppe am höchsten zu sein scheint. Alle übrigen Stalking-Phänomene lassen sich überzufällig häufig den beiden Gruppen „amourös/expressiv" bzw. „kontrolliert/feindselig" zuordnen, mit einem erhöhtem Gewaltrisiko in der letztgenannten Gruppierung.

Schwankende Motive und wechselndes Verhalten. Weiter ist auffällig, dass es zudem Untergruppen von Stalkern gibt, bei denen sich die Motivationslage im Stalking-Prozess ändern oder sogar mehrmals wechseln kann, zumeist einhergehend mit deutlichen Veränderungen der Bedrohlichkeit. Interessanterweise erfolgen diese Wechsel im dimensionalen Raum nicht beliebig. Ex-Intimpartner, die zur Untergruppe mit wechselnden Motiven gehören, verändern ihr Stalking-Verhalten in den meisten Fällen zwischen „amourös/kontrolliert" und „feindselig/expressiv". Die Stalker der anderen Gruppierungen wechseln vorrangig zwischen „amourös/expressiv" bzw. „kontrolliert/feindselig". Diese Beobachtung war ebenfalls Anlass, das Modell von Spitzberg und Cupach (2001) als Grundlage für eine Weiterentwicklung auszuwählen.

7.2 Dimensionale Ambivalenz

Bei der nachfolgend beschriebenen Taxonomie handelt es sich in Anlehnung an Spitzberg und Cupach (2001) um ein zweidimensionales Circumplex-Modell, dessen orthogonale Hauptachsen der späteren Einordnung unterschiedlichster Stalking-Phänomene zugrunde liegen. Circumplex- oder auch Polaritäten-Modelle dieser Art finden inzwischen in unterschiedlichen Varianten in der differenziellen Persönlichkeitsforschung und in der klinischen Psychologie Verwendung, u.a. weil sie sich empirisch mittels Faktorenanalysen und multidimensionaler Skalierung überprüfen lassen (vgl. Fiedler, 1999). Das vorgeschlagene Circumplex-Modell zur differenziellen Taxonomie von Stalking-Vorfällen beinhaltet die zwei Hauptachsen „Struktur" und „Beziehungsmotive" (→ Abbildung 7.1 in der Übersicht).

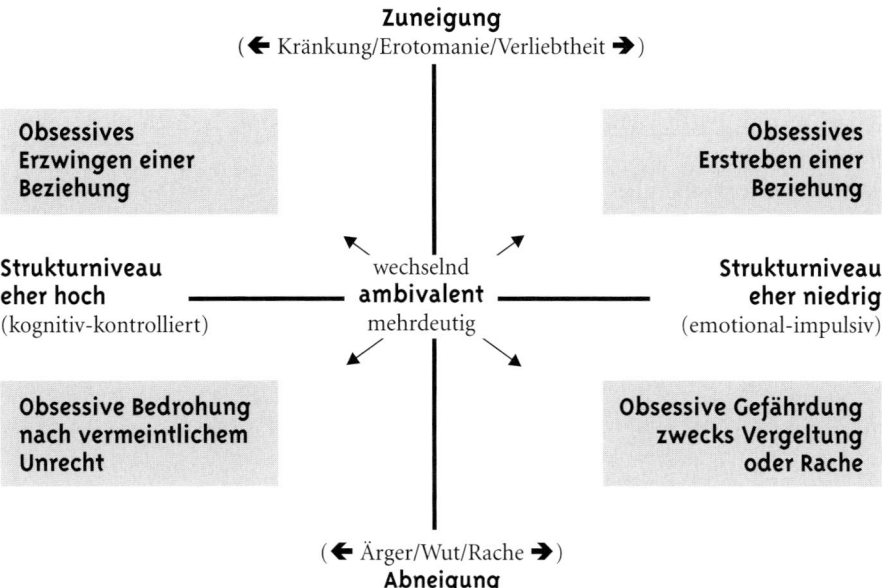

Zuneigung
(⬅ Kränkung/Erotomanie/Verliebtheit ➡)

Obsessives
Erzwingen einer
Beziehung

Obsessives
Erstreben einer
Beziehung

Strukturniveau
eher hoch
(kognitiv-kontrolliert)

wechselnd
ambivalent
mehrdeutig

Strukturniveau
eher niedrig
(emotional-impulsiv)

Obsessive Bedrohung
nach vermeintlichem
Unrecht

Obsessive Gefährdung
zwecks Vergeltung
oder Rache

(⬅ Ärger/Wut/Rache ➡)
Abneigung

Abbildung 7.1: Polaritäten-Modell zur Einordnung unterschiedlicher Stalking-Phänomene hinsichtlich Strukturniveau und Beziehungsmotiven der Täter (als Weiterentwicklung eines Vorschlags von Spitzberg & Cupach, 2001)

7.2.1 Struktur-Dimension: Verhaltenskontrolle

Die Struktur-Dimension ist als Persönlichkeitsdimension angedacht und in der klinischen Psychologie und in den Psychotherapieschulen theoretisch wie empirisch gut begründet (vgl. Fiedler, 2003). Beispielsweise gilt die Beurteilung der Strukturniveaus in der „Operationalisierten Psychodynamischen Diagnostik" (OPD) als eine der zentralen Dimensionen (Arbeitskreis OPD, 1996). Und in Persönlichkeitsinventaren firmiert diese Dimension unter Bezeichnungen wie „Verhaltenskontrolle" (z.B. im Trierer Persönlichkeitsfragebogen, TPF; Becker, 1989, 1995) oder mit gegenläufiger Perspektive unter „Neurotizismus" in anderen Persönlichkeitsinventaren. Die Strukturachse spannt sich zwischen den Polaritäten „kognitiv/intentional" und „emotional/spontan" auf. Je nach struktureller, d.h. persönlichkeitsbedingter Voraussetzung verfügen Menschen über unterschiedliche Handlungsspielräume, sich auf dieser Dimension zu bewegen bzw. sich zeitweilig oder längerfristig zu vereinseitigen. Zur Beurteilung struktureller Voraussetzungen dienen die folgenden drei Hypothesen.

Verhaltenskontrolle eher niedrig: emotional-impulsiv. Menschen mit eher geringer Struktur/Verhaltenskontrolle werden sich in Anforderungssituationen vorrangig stimmungsabhängig und emotional-spontan verhalten. Das Problem: Die Kontrolle über das eigene Verhalten kann in Krisen mangels Vernunft geleiteter (kognitiver) Voraussetzung verloren gehen. Die Betreffenden können dann als empfindsam, labil, leidenschaftlich, sprunghaft oder unberechenbar beschrieben werden. *Der Blick emotional und impulsiv handelnder Menschen ist primär auf das aktuelle Geschehen im Hier und Jetzt gerichtet bzw. nur wenig darüber hinaus.* Es kann zu sadistischen Handlungen kommen, die sexuell oder auch nicht sexuell motiviert sind.

Verhaltenskontrolle eher hoch: kognitiv-kontrolliert. Menschen mit eher hoher Struktur und Verhaltenskontrolle werden in unserer Kultur als psychisch gesund angesehen, insbesondere, wenn sie in der Lage sind, auch gefühlsbetonte Handlungen vernünftig (kognitiv) zu planen und/oder zu steuern. *Kognitiv-kontrollierte Menschen verfolgen eher Fernziele.* Und sie beachten stärker als emotional-spontane Personen Normen, Konventionen und Pflichten. Das Problem ist: Bei steigenden Anforderungen und in Krisen können Entscheidungen zunehmend bis ausschließlich unter das Regime privater Maßstäbe und Normvorstellungen geraten, wodurch gelegentlich das „angemessene Gefühl" für situative und kontextuelle Anforderungen verloren geht. Die Betreffenden können dann als normorientiert, rigide, zwanghaft, uneinsichtig, streitsüchtig oder fanatisch beschrieben werden.

Strukturelle Ambivalenz: mehrdeutig-wechselhaft. Menschen mit hohem Strukturniveau können üblicherweise gut unterscheiden, wann sie sich unter kontextuell gegebenen Anforderungen eher auf ihre Vernunft (kognitiv-intentional) oder eher auf ihr Gefühl (emotional-expressiv) verlassen sollten. Das Problem: Bei steigenden Anforderungen und in Krisen können derartige Entscheidungen nicht mehr angemessen getroffen werden. Die Betreffenden erleben innere Ambivalenzen oder Konflikte, die sie dazu veranlassen, sich einseitig unangemessen entweder rigide auf eigene Normen und Maßstäbe zu verlassen oder sich vorschnell emotional-impulsiv zu verhalten. Insbesondere wenn das Verhalten über einen Beobachtungszeitraum hinweg mehrmals wechselt, erscheint das Handeln der Betreffenden unberechenbar und schwer prognostizierbar.

7.2.2 Interpersonelle Dimension: Beziehungsmotive

Die interpersonelle Dimension der Beziehungsmotive ist in der klinischen Persönlichkeitspsychologie gleichfalls empirisch gut abgesichert und spielt in unterschiedlichen Circumplex-Modellen zur Beurteilung von Persönlichkeit und Persönlichkeitsstörungen eine zentrale Rolle (Fiedler, 2001a). Beispiele sind der „Interpersonelle Zirkel" von Kiesler (z.B. 1983), das „Inventar zur Erfassung interpersoneller Probleme" (IIP; Horowitz et al., z.B. 1994) sowie die „Strukturanalyse sozialer Beziehungen" (SASB; Benjamin, 2001). Die Beziehungsdimension spannt sich zwischen den Motiv-Polaritäten „Zuneigung" (Verliebtheit: hingebungsvoll, fürsorglich) und „Abneigung" (Hass: feindselig, verbittert, sadistisch) auf. Je nach motivationaler, gelegentlich ebenfalls persönlichkeitsbedingter Konstellation verfügen Menschen auch mit Blick auf ihre zwischenmenschliche

Beziehungsgestaltung über unterschiedliche Handlungsspielräume, sich auf dieser Dimension zu bewegen bzw. sich kurzfristig oder längerfristig zu vereinseitigen. Zur groben Beurteilung motivationaler Voraussetzungen dienen die folgenden drei Hypothesen.

Zuneigung: Verliebtheit, sexuelles Begehren, Erotomanie. Die Zuneigung zu einem Menschen führt nicht in jedem Fall zu Reziprozität. Sie kann vorhanden sein, ohne dass sie von demjenigen, dem man zugeneigt ist, beantwortet wird. Liebeserleben hingegen bleibt selten heimlich und sucht zumeist nach Antwort und Entsprechung. Insbesondere unerfüllte sexuelle Wünsche und Bedürfnisse erreichen gelegentlich eine hohe Intensität, so dass sich die Betreffenden von ihrem sexuellen Drang selbst kaum mehr freimachen können, weil sie keine Bedürfnisbefriedigung erlangen (Fiedler, 2004a). *Der Blick ist zumeist auf die Zukunft gerichtet.* Das Problem: Bleiben Lie_beswerben und sexuelles Begehren auch nach Zurückweisung durch das Objekt der Begierde übernachhaltig bestehen, können gesellschaftlich legitimierte Grenzen der freien und damit auch sexuellen Selbstbestimmung überschritten werden. Dieser Sachverhalt einer als kränkend erlebten Zurückweisung steht bei einer Vielzahl von Stalking-Phänomenen im Vordergrund.

Abneigung: Ärger, Wut, Rache. Abneigung oder Ärger gegenüber einem anderen Menschen kann vorhanden sein, ohne dass demjenigen, gegenüber dem negative Motive oder Emotionen bestehen, ausdrücklich Ärger oder Ablehnung bekundet wird. Wandelt sich Abneigung in Wut, Zorn oder Hass, kann das Bedürfnis nach offenen Unmutsbekundungen größer werden. Üblicherweise wird erwartet, dass Verärgerung und Missmut über andere in ethisch verantwortlicher Weise vorgetragen werden, auch wenn eine Klärung der zugrunde liegenden Sachverhalte und Konflikte nicht in jedem Fall möglich ist. Das Problem: Wut und Zorn und damit zusammenhängende Klärungsbedürfnisse erreichen gelegentlich eine hohe Intensität, weil vom Gegenüber eine zwischenmenschliche Klärung verweigert wird oder gewünschte Ziele nicht erreichbar scheinen. *Die Perspektiven und Gedanken kreisen zumeist um zwischenmenschliche Geschehnisse in der Vergangenheit.* Ärger und Wut können sich allmählich in Hass, Rache und Vergeltungsmotive wandeln. Das Risiko gefahrvoller und gewalttätiger Übergriffe nimmt zu, und gesellschaftlich legitimierte Grenzen der freien (und damit auch sexuellen) Selbstbestimmung können verletzt werden.

Motivationale Ambivalenz: konfliktreich-wechselhaft. Auch der Ambivalenzaspekt dieser Dimension findet sich bereits in den Ausarbeitungen zur Dynamik zwischenmenschlicher Beziehungen beschrieben. Dabei spielen, je nach theoretischer Orientierung, Konstrukte wie „Konflikt", „Kollusion", „Doppelbindung", „Spaltung" usw. ein wichtige Rolle. Mit Spitzberg und Cupach (2001) lassen sich diese Beziehungsambivalenzen allgemein als „Beziehungsparadox" und mit Blick auf das Stalking als „Paradoxien der Verfolgung" beschreiben. Die meisten Verfolger möchten eine Beziehung neu aufbauen oder wiederherstellen – ein Ansinnen, dem sich die Verfolgten vehement verschließen und mit allen Mitteln verweigern.

Daraus ergibt sich die im nächsten Kapitel genauer zu klärende paradoxe Situation, dass eine häufig mitschwingende Zuneigung bis Liebe zum Opfer nicht nur in zwanghafte Verfolgung, sondern auch in ein Szenario der Bedrohlichkeit, Aggressivität und Gewalttätigkeit umschlagen kann. Vordergründig lässt sich dieses Phänomen anhand der dargestellten Motive erklären: Die verfolgte Person wird für den Verfolger zur Quelle zunehmender Kränkung, Frustration und anwachsenden Ärgers. Beides verstärkt offenkundig die zwanghafte Verfolgung bis hin zur Androhung und Ausübung von Gewalt – und dies in einem Kontext, den die meisten Verfolger selbst als erneutes Werbeverhalten um Zuwendung oder Zuneigung betrachten.

7.3 Verhaltenskontrolle und Beziehungsmotivation

Auf der Grundlage der strukturellen Ambivalenzen und motivationalen Konflikte wurden die wichtigsten Stalking-Phänomene in der → Abbildung 7.2 eingeordnet. Zur Binnendifferenzierung wurde der Bekanntheitsgrad zwischen Opfer und Täter ausgewählt. Die dabei doppelt und mehrfach vorgenommene Zuordnung zentraler Stalking-Beziehungen kann als Erweiterung bisheriger Klassifikationsversuche angesehen werden – dies insbesondere gegenüber jenen Typologien, deren Systematik ausschließlich vom Bekanntheitsgrad zwischen Opfer und Täter ausging. Es ist angesichts des Beziehungsparadoxons von Stalking nämlich davon auszugehen, dass sich der Stalking-Prozess vor allem wegen der Ambivalenzen und Konflikte im Bereich der Beziehungsmotive gelegentlich schwer voraussagen lässt. Beim Stalking-Geschehen handelt es sich in vielen Fällen um ein Kipp-Phänomen: Aus Liebe und Zuneigung können bei kontinuierlicher Frustration der Beziehungsbedürfnisse Abneigung, Wut, Hass und Rachegelüste erwachsen. Andere Stalker können zwischen Zuneigung und Abneigung hin und her schwanken. Bei anderen wiederum stehen von Anbeginn an Zorn, Rache und Vergeltungsmotive im Vordergrund, so dass sie sich unmittelbar einem der unteren Quadranten zuordnen lassen.

Quadrantenanalyse: Häufige Prototypen und Varianten
Anhand der beschriebenen Bedingungen für mögliche Gefahren durch Stalking kann davon ausgegangen werden, dass das zu erwartende Gewaltrisiko umso geringer ausfallen dürfte, je weiter ein Verfolger in der Zuneigungsdimension nach oben eingeordnet werden kann. Das geringste Risiko ist im oberen rechten Quadranten bei jenen zu erwarten, die (etwa zwanghaft verliebt) die Aufnahme einer sexuellen Beziehung zum Opfer intendieren. Das Gefahrenrisiko steigt zirkulär entgegen dem Uhrzeigersinn in dem Maße an, wie das Erstreben einer neuen oder das Wiederherstellen einer vormaligen Beziehung frustriert wird. Die Gefahr gewalttätiger Übergriffe ist bei jenen Stalkern am größten, deren Verfolgungsmotive durch Hass und Rachegefühle bestimmt sind und bei denen zu-

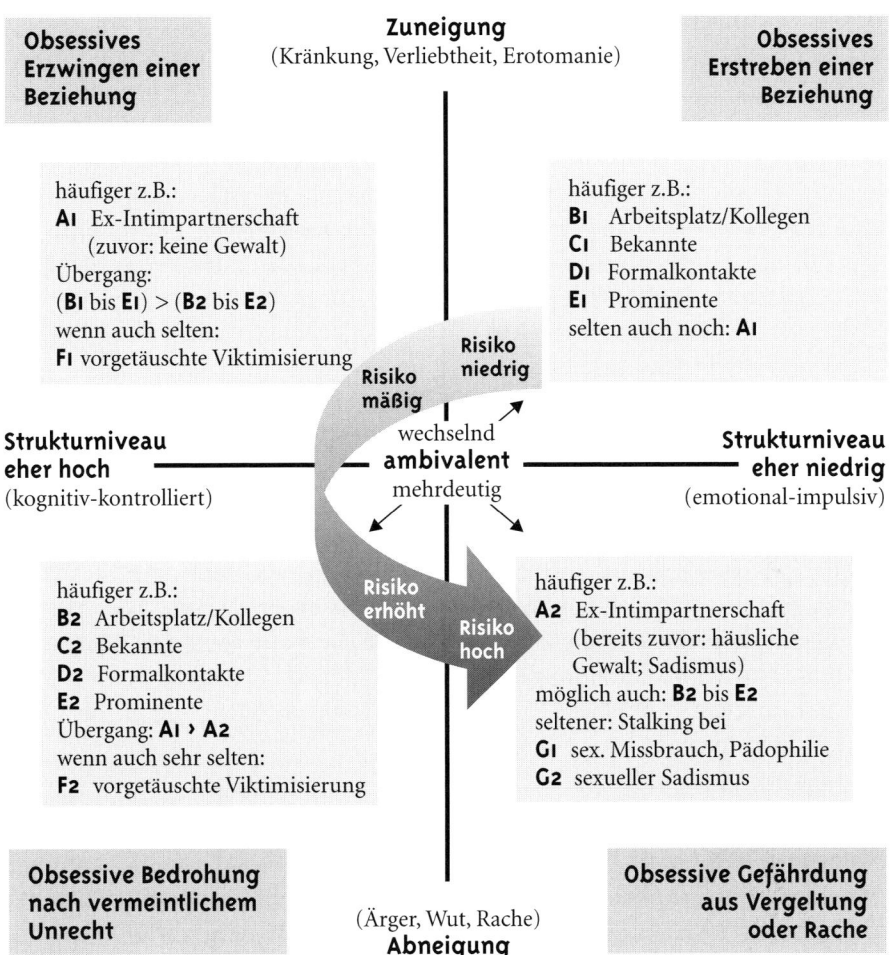

Obsessives Erzwingen einer Beziehung

Zuneigung
(Kränkung, Verliebtheit, Erotomanie)

Obsessives Erstreben einer Beziehung

häufiger z.B.:
AI Ex-Intimpartnerschaft
(zuvor: keine Gewalt)
Übergang:
(**BI** bis **EI**) > (**B2** bis **E2**)
wenn auch selten:
FI vorgetäuschte Viktimisierung

häufiger z.B.:
BI Arbeitsplatz/Kollegen
CI Bekannte
DI Formalkontakte
EI Prominente
selten auch noch: **AI**

Risiko mäßig

Risiko niedrig

Strukturniveau eher hoch
(kognitiv-kontrolliert)

wechselnd
ambivalent
mehrdeutig

Strukturniveau eher niedrig
(emotional-impulsiv)

Risiko erhöht

Risiko hoch

häufiger z.B.:
B2 Arbeitsplatz/Kollegen
C2 Bekannte
D2 Formalkontakte
E2 Prominente
Übergang: **AI ⟩ A2**
wenn auch sehr selten:
F2 vorgetäuschte Viktimisierung

häufiger z.B.:
A2 Ex-Intimpartnerschaft
(bereits zuvor: häusliche
Gewalt; Sadismus)
möglich auch: **B2** bis **E2**
seltener: Stalking bei
GI sex. Missbrauch, Pädophilie
G2 sexueller Sadismus

Obsessive Bedrohung nach vermeintlichem Unrecht

(Ärger, Wut, Rache)
Abneigung

Obsessive Gefährdung aus Vergeltung oder Rache

Abbildung 7.2: Einordnung unterschiedlicher Stalking-Phänomene in das Polaritäten-Modell zur Beurteilung der Beziehungsdynamik und des möglichen Gewaltrisikos (als Weiterentwicklung eines Vorschlags von Spitzberg & Cupach, 2001)

gleich ein geringes Strukturniveau anzunehmen ist. Im Sinne dieses Zirkels können zunächst einige Prototypen hinsichtlich der zugrunde liegenden Stalking-Motive und der vermutbaren Verhaltenskontrolle beschrieben werden.

7.3.1 Obsessives Erstreben einer Beziehung

In diesen Quadranten lassen sich Stalker einordnen, für die in der Klassifikation von Zona und Kollegen (1998) noch zwei Kategorien vorgesehen waren: „obsessive Verliebtheit" und „Erotomanie".

Obsessive Verliebtheit. Bei obsessiv verliebten Tätern handelt es sich zumeist um Männer, die sich beim Anblick von Frauen spontan verlieben. Opfer können Kollegen, Vorgesetzte oder Untergebene am Arbeitsplatz sein [B1] oder Personen aus dem nahen bzw. fernen Bekanntenkreis [C1] oder auch andere Mitbürger, die dem späteren Stalker eher zufällig über den Weg laufen. Bei den Formalkontakten [D1] sind Personen betroffen, mit denen aus unterschiedlichen Gründen einmalige oder regelmäßige dienstvertragliche oder ähnliche Beziehungen bestanden bzw. bestehen. So verlieben sich Patienten z.B. in ihren Psychotherapeuten, Klienten in ihren Anwalt usw. Schließlich können Prominente [E1], die dem Stalker aus Printmedien, Fernsehen, Theatervorstellungen und Filmen bekannt wurden, Opfer leidenschaftlicher Verfolgung werden.

Inkompetentes Werbungsverhalten. Von Pathé (2002) und Mullen und Mitarbeitern (1999) werden viele der hier einzuordnenden Stalking-Verhaltensweisen auch als „inkompetentes Liebeswerben" bezeichnet. Das Hauptproblem der *incompetent suitors* ist in einem nicht hinreichend entwickelten Werbeverhalten zu sehen. Verliebten Verfolgern mangelt es zumeist an hinreichenden Kompetenzen, Freundschaftsbeziehungen aufzubauen oder diese zur wechselseitigen Zufriedenheit zu pflegen. Sie leben häufig allein oder selbst als Erwachsene noch bei den Eltern. Da sie nicht über die zwischenmenschliche Kompetenz von Sympathiewerbung und Sympathievermittlung verfügen, kann sich ihr inkompetentes Werben um Zuneigung und Liebe leicht in ein Stalking ausweiten und für die Opfer sehr lästig werden.

Fallbeispiel

Chris, ein 30 Jahre alter Werbezeichner, lebte noch zu Hause bei seinen Eltern. Er hatte ein trostloses Leben, und die einzige Beziehung pflegte er zu einem Freund, mit dem er sich gelegentlich im Kaffeehaus traf. Sein sehnlichster Wunsch war es, irgendwann die Frau seines Lebens zu finden, um sich vom Elternhaus lösen zu können. Sein Freund, der ebenfalls ein Einzelgänger und Computerfreak war, empfahl ihm, sich an eine Partnervermittlungsagentur zu wenden. Aber die dabei vermittelten Kontakte gingen selten über ein oder zwei Telefonate hinaus. Seinem Freund gegenüber gab Chris an, dass die kontaktierten Frauen selten seinem intellektuellen Niveau entsprachen und am Telefon eigenwillige Vorstellungen über die zukünftige Beziehung entwickelt hätten.

Eines Tages fand Chris endgültig die „perfekte Freundin", und zwar an seiner Arbeitsstelle. Janet, 22 Jahre jung, hatte für kurze Zeit die Vertretung einer Sekretärin übernommen. Chris verliebte sich sofort in ihre „präsentierbare" Erscheinung, in ihre Freundlichkeit und die Bereitschaft, seinen Ausführungen über Politik und Wirtschaft zu lauschen. Sie war Single und folgte spontan seiner Einladung ins Kino. Janet hatte alle Hände voll zu tun, sich der dort plötzlich einsetzenden Umarmungen und Küsse von Chris zu erwehren. Nur wider-

▶

willig fügte er sich ihrer Bitte, es doch etwas langsamer angehen zu lassen. Die Einladung zu einem Kaffee nach dem Film lehnte sie ab und ließ ihn einfach stehen.

Janet erwartete, dass Chris am nächsten Tag wegen der deutlichen Abfuhr eingeschnappt sein würde, und ging mit gemischten Gefühlen zur Arbeit. Fast schon zu ihrem Entsetzen erschien Chris eher stolz und zufrieden mit sich; er schien davon auszugehen, in Janet die Freundin seines Lebens gefunden zu haben. Sie ging daraufhin einen Kaffee mit ihm trinken und versuchte ihm freundlich zu verdeutlichen, dass er zwar ein netter Mensch sei, dass sie sich aber nicht in der Lage sehe, momentan eine Beziehung mit ihm einzugehen. Davon unberührt lud Chris Janet abends zum Essen ein. Janet empfand Mitleid und willigte ein. Während des Abendessens war sie ständig bemüht, ihn von der Unsinnigkeit seiner Werbungsversuche zu überzeugen. Er hingegen redete ständig an ihr vorbei und sprach nur von seinem lang gehegten Wunsch nach Intimität, Sex, Heirat und Kindern. Schließlich ließ sie ihn wieder ohne weiteren Kommentar sitzen.

Die nächste Einladung lehnte sie höflich, aber bestimmt ab. Er hingegen versuchte am Ball zu bleiben und rief sie jetzt auch abends zu Hause an. Er schickte ihr rote Rosen und über mehrere Wochen hinweg Briefe mit Gedichten. Da er seine Werbeaktionen auch am Arbeitsplatz fortsetzte, sah sich Janet schließlich gezwungen, zu kündigen, zumal ihre Vorgesetzten keinen Anlass sahen, den Belästigungen von Chris Einhalt zu gebieten. Erst danach stellte Chris seine liebestrunkenen Nachstellungen ein (zitiert nach Pathé, 2002).

Psychische Störungen. Die meisten Stalker dieser Gruppe werden von Zuneigung und sexuellen Bedürfnissen/Fantasien angetrieben und sind Vernunftargumenten nicht zugänglich. Einige erfüllen die Kriterien einer psychotischen Störung, z.B. einer schizophrenen, affektiven oder Borderline-Störung, wobei das Verliebtheits-Stalking als symptomatischer Ausdruck dieser Störung gewertet werden kann. Liegt keine psychotische Symptomatik vor, wird das obsessive Erstreben einer Intimbeziehung von einigen Autoren bei deutlicher Dranghaftigkeit auch dem Bereich der Zwangs- bzw. Impulskontrollstörungen zugeordnet (Meloy, 1998; → 5.2.5). Auch in einer Persönlichkeitsbeurteilung lassen sich bei übernachhaltigem Intimitätsbegehren Auffälligkeiten finden, vorrangig dependente, ängstlich-vermeidende, histrionische, schizoide oder schizotypische Akzenturierungen bzw. Persönlichkeitsstörungen (vgl. Fiedler, 2004a).

Erotomanie. Als Sonderform des psychotischen Verliebtheits-Stalkings lässt sich die Erotomanie abgrenzen – eine Wahnhafte Störung, bei der der Stalker fern jeder Realität unverrückbar davon überzeugt ist, vom Opfer geliebt zu werden, und dass deshalb eine innige, tiefe Verbundenheit bestehe (→ 5.2.3; Fallbeispiel → 1.3.1). Dieses Phänomen lässt sich häufiger bei Frauen beobachten. Bei den Opfern erotomaner Verfolgung handelt es sich zumeist um statushöhere Personen wie Vorgesetzte am Arbeitsplatz [B1], um Formalkontakte wie Psychotherapeuten/Ärzte [D1] oder Prominente [E1].

Gefahrenrisiko: eher gering. Liegen psychische Störungen vor, handelt es sich bei Verliebtheits-Stalkern öfter um Angehörige unterer sozialer Schichten. Viele, die sich in eine unbekannte Person verlieben oder diese paranoisch besetzen, hatten zuvor nur selten eine bedeutungsvolle zwischenmenschliche Beziehung. Als typische Stalking-Methoden dieser Gruppe gelten Brief- und E-Mail-Kontakte, Geschenke, Telefonanrufe sowie eine Vielfalt anderer Versuche, eine persönliche bis intime Beziehung zum Opfer herzustellen. Ist das Stalking bevorzugt durch Zuneigung und Liebe motiviert, wird das Gefahrenrisiko eher als gering eingeschätzt.

7.3.2 Obsessives Erzwingen einer Beziehung

Stalker, die gegen den Uhrzeigersinn dem zweiten Quadranten zugeordnet werden, handeln ausgesprochen planvoll, wenngleich dennoch nicht immer berechenbar. Unserer Dimensionierung entsprechend sind hier jene Fälle als Prototypen einzuordnen, bei denen die Verfolgung durch Zuneigung zum Opfer motiviert ist. Zumeist nehmen sich ihre Kontaktbemühungen jedoch penetranter aus, als dies bei sexuell motivierten Verliebtheits-Stalkern zu beobachten ist. Am häufigsten handelt es sich um ehemalige Intimpartner. Das obsessive Wiederherstellen einer Beziehung kann bereits nach einem einzigen Rendezvous einsetzen (gut untersucht beispielsweise im Studentenmilieu: vgl. Fisher, 2001) oder erst nach der Auflösung einer langjährigen Partnerschaft/Ehe. Dabei sind unterschiedlichste Zwischenstufen und vielfältige Konstellationen denkbar, wie z.B. der Abbruch einer (nicht sexuell gefärbten) privaten oder beruflichen Freundschaft, die Ausgrenzung aus einer privaten oder beruflichen Gruppe oder aber auch, dass der Stalker nicht akzeptiert, wenn andere Personen vom Opfer bevorzugt behandelt werden (B1, C1).

Mäßiges Gefahrenrisiko. Beachtenswert bleibt: Eine eindeutige Zuordnung zu diesem Quadranten erfordert, dass die Täter durch Zuneigung oder sogar Verliebtheit motiviert handeln. Deshalb sind Gefahr oder Gewaltrisiko nur in moderater Ausprägung gegeben – nicht ausgeschlossen, aber eher gering bei einem höheren Strukturniveau der Täter. Berichtet wird von Gewalttätigkeit gelegentlich gegenüber dritten Personen, die den Stalker davon abbringen wollen, sich in der Nähe seines Objekts der Begierde aufzuhalten (→ 5.4.3). Sofern eine Partnerschaft oder Freundschaft beendet wird, ist es eine normale und häufige Reaktion, dass der oder die Verlassene versucht, die Partnerschaft/Freundschaft zu retten. Dies kann per Brief, per Telefon oder durch persönlichen Kontakt erfolgen. Zum Stalking bzw. zu einem psychopathologisch auffallenden Verhalten wird dies erst dann, wenn trotz eindeutiger Sinnlosigkeit eines derartigen Strebens dieses übernachhaltig wird und über Monate oder gar Jahre andauert.

Archambeau, ein 32-jähriger Werbefachmann, und Jane, eine Grundschulleh-rerin, lernten sich in einem Internet-Chatroom kennen und verabredeten sich nach etlichen E-Mail-Kontakten zu einem persönlichen Treffen. Jane wurde es dabei recht bald mulmig. Sie bekam es nach eigenen Aussagen sogar „mit der Angst zu tun", als ihr Archambeau recht unvermittelt einen Heiratsantrag machte, um mit ihr gemeinsam Kinder in die Welt zu setzen. Sie beendete das Treffen unmittelbar mit der Erklärung, dass sie keinerlei romantisches Interes-se hege und keinerlei sonstige Zuneigung für ihn empfinde.

Archambeau verfolgte sie daraufhin über viele Monate hinweg mit einer Se-rie von Briefen, Telefonbotschaften und E-Mails. Zum Beispiel schrieb er: „Du bist in mich verliebt. Das weiß ich. Daraufhin habe ich versprochen, dich zu heiraten, und nicht, dich zu stalken! Wenn du das nur kapieren würdest. Ich wäre dir der beste Mann, Freund und Liebhaber, den du je haben könntest."

Nachdem Jane Archambeau wiederholte Male vergeblich gebeten hatte, endlich mit seinen Belästigungen aufzuhören, zeigte sie ihn unter Bezug auf das in Michigan geltende Anti-Stalking-Gesetz an. Da der Verschmähte daraufhin seine Nachstellungen unterließ, wurde das Verfahren eingestellt. Deshalb ist aktenmäßig nicht weiter nachzuvollziehen, wann genau in der Beziehung zwischen beiden und aus welchen Motiven heraus das Stalking wirklich begann (zitiert nach Ross, 1995).

Penetranz und Überraschungen. Viele Täter dieser Gruppe zeichnen sich zusätz-lich dadurch aus, dass sie mit ihren Verfolgungen immer neue „Lösungswege" beschreiten und mit unerwarteten Überraschungen aufwarten, z.B. durch Prä-senz am Urlaubsort der Opfer oder bei Feierlichkeiten, zu denen sie nicht einge-laden waren. Nicht verheimlichte Nachstellungen und ständiges Beobachten der Opfer sind sehr häufig. Es gibt vielfältigste und penetrante Versuche, den Opfern Gespräche aufzuzwingen, um sie mit vermeintlichen Vernunftargumenten von der Ernsthaftigkeit ihrer Zuneigung und/oder Wichtigkeit der Wiederherstellung einer Beziehung zu überzeugen. Dritte in der Familie und im Freundeskreis wer-den als Unterstützung einbezogen und wiederholt mit der drängenden Bitte be-lästigt, ein „gutes Wort" einzulegen oder Nachrichten zu überbringen.

Psychische Störungen. Diese Stalking-Gruppierung ist in bisherigen Klassifikati-onssystemen, die auf der Grundlage forensischer Falldokumente entwickelt wur-den, eher unterrepräsentiert (→ 5.2; → 5.3). Da es sich bei Tätern dieses Qua-dranten um Menschen mit strukturell erhöhter Verhaltenskontrolle handelt, dürften psychische Störungen eher ausnahmsweise beobachtbar sein. Im Sinne des Klassifikationsansatzes von Zona und Mitarbeitern (1998) könnten einige obsessive Verfolger der dort angedachten und von Meloy (1998) begründeten „Zwangsstörung des Stalking" entsprechen (→ 5.2.5). Eventuell können Persön-lichkeitsstile (etwa ein hohes Ausmaß an Rigidität) das Stalking beeinflussen oder auch die Kriterien einer Persönlichkeitsstörung erfüllt sein, wie dependent, zwanghaft oder narzisstisch (vgl. Fiedler, 2001a).

Vorgetäuschte Viktimisierung. Dem Phänomen der obsessiven Wiederherstellung einer Beziehung lassen sich einige für Stalking untypische Fälle zuordnen, für die sich seit der Klassifikationserweiterung von Zona und Kollegen (1998) der Begriff „vorgetäuschte Viktimisierung" (*false victimization syndrom*) eingebürgert hat (→ 5.2.4, mit einem Fallbeispiel). Bei den Betroffenen handelt es sich um Menschen, die fälschlicherweise angeben, Opfer von Stalking zu sein [F1]. In den meisten Fällen wurde eine bedrohliche Verfolgung durch Frauen vorgetäuscht, die auf diese Weise eine gescheiterte oder von Trennung bedrohte Beziehung retten oder wiederherstellen wollten.

Die vorgetäuschte Viktimisierung ist ein ausgesprochen seltenes Phänomen. Schätzungen gehen von 1 bis 2 Prozent der untersuchten Stalking-Vorfälle aus (Davis, 2001b). Inzwischen sind weitere Motivkonstellationen bekannt (Mohandie et al., 1998; Sheridan et al., 2003; Dreßing, 2005). Einige wenige Betroffene leiden unter Verfolgungswahn, einige weitere handeln aus Rachegefühlen gegen die als Verfolger beschuldigte Person oder hoffen auf Wiedergutmachung bzw. materielle Entschädigung. Gelegentlich wird der vorgetäuschte Vorwurf einer Verfolgung gegen namentlich bekannte Personen mit für die Betreffenden gelegentlich ungünstigen Konsequenzen (Verhöre, Anklagen bis hin zu Gerichtsverhandlungen; Mohandie et al., 1998) erhoben. Letztere Fälle wären dann in unserer Taxonomie dem nachfolgend beschriebenen Quadranten zuzuordnen [F2].

7.3.3 Obsessive Bedrohung nach vermeintlichem Unrecht

Stalker, die diesem dritten Quadranten (links unten in → Abbildung 7.2) zugeordnet werden, handeln wie die eben beschriebenen Personen ausgesprochen intentional, wenngleich ihr Verhalten kaum angemessen voraussehbar ist. Unserer Dimensionierung entsprechend sind hier jene Fälle einzuordnen, bei denen die Verfolgung durch Abneigung, Ärger und Wut gegenüber dem Opfer motiviert ist. Entsprechend nehmen Hartnäckigkeit und Penetranz der Stalking-Bemühungen deutlich zu, gleichzeitig erhöhen sich mit zunehmenden Rachemotiven auch das Gefahrenpotenzial und das Gewaltrisiko. Stalking-Vorfälle, die dem kognitiv-verhaltenskontrollierten Abneigungsquadranten zugeordnet werden können, lassen sich in zwei Untergruppen einteilen: Stalking (1) nach verschmähtem Werbeverhalten und (2) nach vermeintlichem Unrecht.

Verschmähtes Werbeverhalten. Einerseits kann es sich beim Stalking-Geschehen um ein Komplement zum Quadranten der obsessiven Verliebtheit handeln. Die Opfer werden gestalkt, weil sie die ihnen entgegengebrachte Zuneigung nicht erwidern. Da viele Betroffene nicht in der Lage sind, mit Kränkungen, Ambivalenzen und Frustrationen zu leben, verkehrt sich ein ursprünglich von Sympathie oder Verliebtheit stimuliertes Annäherungsverhalten ins Gegenteil: Mit zunehmenden Einschüchterungsversuchen und Bedrohungen sollen die Opfer für ihre Zurückweisungen bestraft oder mittels Drohungen in eine intime Beziehung gezwungen werden (möglich in allen Kategorien des ersten Quadranten, hier jetzt komplementär mit [B2] bis [E2] bezeichnet). Ein solches Verhalten kann bei ehemaligen Intim- und Ehepartnern beobachtet werden, wenn deren gekränktes Werbeverhalten mit dem Ziel der Wiederherstellung der vormaligen Beziehung zunehmend bedrohlichere und gefahrvollere Ausmaße einnimmt.

Susanne, als Flugbegleiterin bei einer Fluggesellschaft beschäftigt, war sechs Jahre mit Bob befreundet. Sie beendete die Beziehung, weil Bob immer eifersüchtiger und verbal ausfallender wurde, wenn sie sich – wegen des finanziellen Mehrverdienstes und weil sie so die Welt kennen lernen konnte – gern und oft für über mehrere Tage dauernde Langstreckenflüge engagieren ließ. Er machte ihr deutlich, dass er die Trennung keinesfalls akzeptieren werde. Da sie auf sein Verlangen, die Beziehung wiederherzustellen, nicht einging, begann er mit dem Stalking.

In den zwei folgenden Jahren schickte er ihr jede Woche einen Strauß schwarze Rosen. Er rief nicht nur sie regelmäßig zu Hause an, sondern belästigte mit Telefonanrufen auch ihre Freundinnen und ihre Eltern. Mehrere Male sprayte er Botschaften an die Hauswand, einmal „Du bist eine Hure", ein anderes Mal „Dafür wirst du büßen!". Kam Susanne von einer Flugreise nach Hause, waren gelegentlich Scheiben eingeschlagen oder es fanden sich Notizen mit bedrohlichen Nachrichten im Briefkasten. Bob verfolgte sie häufig in der Stadt und tauchte wiederholte Male spontan an ihrer Arbeitsstelle am Flughafen auf. In der Absicht, den Motor ihres Autos lahm zu legen, streute er Zucker in den Tank. Schließlich war Susanne derart verunsichert und entnervt, dass sie jeden Tag mit neuen Attacken rechnete (zitiert nach Collins & Wilkas, 2001).

Vermeintliches Unrecht. Stalking kann unmittelbar aus negativen Erfahrungen oder aus einer vermeintlich ungerechten Behandlung der Täter erwachsen, eventuell in Folge von Meinungsäußerungen, mit denen der Stalker nicht einverstanden ist. In diesen Bereich fallen Stalking-Muster wie fortdauerndes Mobbing/Bullying und Belästigungen am Arbeitsplatz durch Kollegen und Vorgesetzte ([B2] und [C2]). Klienten einer Dienstleistungsbeziehung (sog. Formalkontakte [D2]) könnten sich durch Ärzte, Psychotherapeuten, Rechtsanwälte, Geschäftspartner usw. unangemessen behandelt fühlen und eine vermeintlich ungerechte Behandlung korrigieren wollen. In diesem Zusammenhang können die Täter neben unterschiedlichen Stalking-Aktionen (verleumderische Leserbriefe, Druck auf Geschäftspartner der Betroffenen, E-Mail-Aktionen mit herabmindernden Hinweisen auf private Verfehlungen der Opfer) zudem ihrerseits anwaltliche Hilfe in Anspruch nehmen, um den Druck weiter zu verstärken. Prominente des öffentlichen Lebens (Politiker, Schriftsteller, Fernsehkommentatoren, Filmschaffende usw.) können – beispielsweise bei öffentlichem Engagement für gesellschaftlich kontrovers diskutierte Ziele – ebenfalls Opfer derartiger Angriffe werden, nicht nur im Rahmen ihres beruflichen, sondern auch ihres privaten Lebens [E2].

Von der Belästigung zur Bedrohung. Der Übergang von den zwei zuvor beschriebenen Quadranten vollzieht sich in dem Maße, wie aus einer Einschränkung persönlicher Freiheiten und Selbstbestimmungsrechte durch belästigendes Zuneigungswerben zunehmend ein Bedrohungsszenario um das Opfer herum aufgebaut wird. Genau in diesem Punkt unterscheiden sich die bisherigen Anti-Stalking-Gesetze (→ 2). Während viele der in den frühen 1990er Jahren v.a. in den USA verabschiedeten Gesetze für eine polizeiliche Intervention ausdrücklich eine Verängstigung durch Bedrohung und Gefahr für die Opfer voraussetzen, sehen spätere Gesetzestexte (Holland und Belgien) bereits Interventionsmöglichkeiten vor, wenn Verfolger ihre Opfer wiederholt aus nicht akzeptierten Zuneigungsmotiven heraus belästigen.

Von der Bedrohung zur Gewalt. Einige Autoren haben entsprechende begriffliche Unterscheidungen in ihre Nomenklatur eingefügt und sprechen von Stalking erst dann, wenn die motivational zuneigende Verfolgung in ein von Antipathie getragenes Zwangs- und Vergeltungsszenario umschlägt (Spitzberg & Cupach, 2001). Tritt dies (spontan oder allmählich) ein, vermischen sich viele zunächst harmlos anmutende Stalking-Aktionen zunehmend mit Einschüchterung und Bedrohung der Opfer einschließlich häufiger Sachbeschädigungen. Dem linken unteren Quadranten wären jene Stalker zuzuordnen, deren Handlungen als kontrolliert, sorgfältig geplant und gut vorbereitet einzuschätzen sind, insbesondere was die gewählten Zeitpunkte, Örtlichkeiten und Zielstellungen betrifft.

Zugleich sind Aktionen häufig so gewählt, dass die Polizei trotz Bedrohlichkeit (zunächst) wenig Handhabe hat, das Stalking-Verhalten zu unterbinden. Dennoch muss auch bei kontrolliert agierenden Verfolgern von einer erhöhten Gewaltbereitschaft ausgegangen werden, die sich wesentlich auf eine zunehmende Gekränktheit, Wut und Vergeltungsabsicht begründet. Einige Täter nehmen die sehr wohl antizipierten Folgen ihrer Gewalttaten (z.B. Verurteilungen) in Kauf, um derartige Rachegelüste durchzusetzen. Insgesamt kennzeichnen diese Merkmale jedoch einen zwar psychodynamisch erklärbaren, jedoch kaum eindeutig klassifizierbaren Übergangsbereich zum nachfolgend beschriebenen Quadranten der obsessiven Gefährdung durch Vergeltung und Rache.

Psychische Störungen. Trotz der im Bedrohungsquadranten unterstellten Verhaltenskontrolle können psychische Störungen das Gewaltrisiko dennoch anheben. Selbst bei kontrolliert handelnden Stalkern steigt das Gewaltrisiko beträchtlich an, wenn sie zum Zeitpunkt ihrer Aktionen zu Substanz- oder Alkoholmissbrauch neigen. Auch im Persönlichkeitsbereich lassen sich bei übernachhaltigem Bestehen auf Wiedergutmachung Auffälligkeiten finden – vorrangig narzisstische, negativistische (passiv-aggressive) oder paranoide, aber auch zwanghafte

Persönlichkeitsstörungen (Fiedler, 2001a). Weiter können Patienten mit schizophrenen oder Wahnhaften Störungen gelegentlich diesem Quadranten zugerechnet werden: Sie verwenden viel Zeit und Sorgfalt auf die Vorbereitung und Durchführung ihrer Stalking-Aktionen. Einige der medienwirksam vermarkteten Stalking-Gewalttaten an Prominenten gehören dazu (z.B. die Tötungsversuche an den deutschen Politikern Schäuble und Lafontaine; weitere → Fallschilderungen in 1.1.1 und 2.1).

7.3.4 Obsessive Gefährdung aus Vergeltung und Rache

Im Unterschied zum kontrolliert nach Wiedergutmachung strebenden Stalker handelt es sich bei den Verfolgern, die dem vierten und letzten Quadranten zugeordnet werden können, um Personen, die bei der Begegnung mit dem Opfer einem erhöhten Risiko unterliegen, von ihren Gefühlen und Rachemotiven überschwemmt zu werden. Sie geraten spontan in Wut und werden dann gewalttätig, häufig stimuliert durch eine Mischung aus Ärger und Scham, wie sich dies ähnlich auch in gewalttätigen Paarbeziehungen beobachten lässt (Retzinger, 1991). Sie handeln impulsiv und wenig kontrolliert, der Blick ist auf das Hier und Jetzt gerichtet, offensichtlich ohne Möglichkeit einer vernünftigen Abschätzung der Folgen ihrer Taten. Viele verlieren wegen ihres geringen Strukturniveaus schlicht die Kontrolle über ihr Verhalten. Im letzten Fall handelt es sich zumeist um Personen, die auch in ihrem früheren Leben durch gewalttätige Übergriffe auffällig geworden sind.

Stalking-Gewalt nach Intimbeziehungen. Da Stalking-Gewalt am häufigsten nach vormaliger Intimpartnerschaft und Ehe zu beobachten ist, bildet sich dieser Bereich hier vorrangig ab [A2]. Untersuchungen verdeutlichen, dass das Gewaltrisiko weiter ansteigt, wenn es bereits in der vorbestehenden Partnerschaft zu gewalttätigen Auseinandersetzungen gekommen war (→ 6.2.4). Zahlreiche Fallberichte gerichtsanhängiger Verfahren wegen Körperverletzung legen hinreichend Zeugnis davon ab, unter welchen emotionalen Voraussetzungen es zu impulsiven Gewalthandlungen kommen kann (Dunn, 2002). Trigger dieser Art können sein: Eifersucht, wenn die ehemalige Intimpartnerin in Begleitung beobachtet wird; Ärger und Zorn in Diskussionen mit dem Opfer, wenn dieses keine Einsicht zeigen will; oder wenn die Überzeugung Raum gewinnt, dass man mit sachlichen Argumenten nicht weiter komme und deshalb endlich „härtere Bandagen" angelegt werden müssten.

> **Fallbeispiel**
>
> Zunächst sind es nur penetrante Telefonanrufe, mit denen ihr Ex-Freund die von Simone vollzogene Trennung rückgängig machen will. Doch kurze Zeit später lauert Joachim ihr zudem auf dem Arbeits- und Heimweg auf. Simone

berichtet ihren Freundinnen über ihre zunehmende Angst: Es ist furchtbar, er ist immer präsent. Nach folgender Droh-SMS geht sie zur Polizei: „Der Tod kommt auf leisen Sohlen und oft unverhofft!" Die Polizei kann oder will ihr nicht weiterhelfen, da es sich bei dem Vorfall um keine Morddrohung, sondern nur um eine Belästigung handle. Simone erstattet zwar Anzeige wegen Belästigung, ist ihrem Verfolger jedoch weiterhin schutzlos ausgeliefert.

Als Joachim Simone mit einem Bekannten beobachtet, den er für ihren neuen Liebhaber hält, kommt es zum ersten Übergriff. Er schlägt brutal auf beide ein, beschimpft Simone als Schlampe und droht ihr schließlich: „Vor mir kann dich keiner schützen." Das Martyrium währt annähernd drei Jahre, in denen weitere gewalttätige Übergriffe erfolgen. Erst nach einem sich längere Zeit hinziehenden Gerichtsverfahren und nach verschiedenen Revisionsgängen durch den Beklagten wird schließlich ein Urteil gesprochen: vierzehn Monate auf Bewährung und 120 soziale Arbeitsstunden. Seither kam es zu keinen Belästigungen mehr (zitiert nach Berichten Hamburger Zeitungen; Namen verändert).

Tragische Höhepunkte obsessiver Verfolgung. Vielfach bleiben gefährliche Aktionen der Verfolger, die diesem Quadranten zugeordnet werden können, nicht auf einzelne Aktionen begrenzt. Und ein emotional-impulsiv bedingtes Gewaltrisiko besteht nicht nur in ehemaligen Intimbeziehungen. Weniger häufig können körperliche Übergriffe einschließlich Tötungsversuchen prinzipiell in allen zuvor beschriebenen Beziehungskonstellationen vorkommen ([B2] bis [E2]). Gelegentlich findet sich auch die Beobachtung, dass es sich bei gewalttätigen Stalkern um Personen handelt, denen persönlichkeitsbedingt eine allgemeine Neigung zu sadistischen Handlungen unterstellt werden muss. Ihr Sadismus zeigt sich auch außerhalb der Stalking-Vorfälle sowohl in privaten als auch beruflichen Beziehungen, und das Gewaltrisiko steigt an, wenn die jeweiligen Opfer sich nicht einschüchtern und kontrollieren lassen. Häufig ist ein Mangel an Respekt und Empathie auffällig. In der Taxonomie von Sheridan und Boon (2002) wurde dem sadistischen Stalker-Typus eine eigene Kategorie gewidmet (→ 5.4.4).

Sexuelle Obsession und Paraphilien. Wegen verringerter Verhaltenskontrolle und fehlender Opferempathie der Täter wurden diesem letzten Quadranten jene Stalking-Phänomene zugeordnet, die sich als Teilaspekte der Bereiche sexueller Missbrauch, Vergewaltigung und sexueller Sadismus erweisen ([G1] und [G2]). Bei dieser Art Stalking stehen kaum Vergeltungs- und Racheaspekte im Vordergrund. Die Täter verlieren die Kontrolle durch sexuelle Dranghaftigkeit. Derartige Kategorien finden sich immer in Klassifikationssystemen, die auf der Grundlage von Falldokumenten der forensischen Psychiatrie entwickelt wurden (z.B. als „hinterhältig, sexuell motiviertes Stalking" bei Mullen et al., 1999; → 5.3.6). Auch in die Kategorie „wahnhaft fixiertes Stalking, gefährlich" bei Sheridan und Boon (2002; → 5.4.3) sind Täter einzubeziehen, bei denen sexuelle Motive im Vordergrund stehen. Sexuelle Übergriffe und Vergewaltigung lassen sich nicht nur beim Stalking nach vormaligen Intimbeziehungen beobachten. Besondere Gefahr geht auch von jenen Stalkern aus, die sich wegen einer paraphilen Pädophilie oder aus sexuellem Sadismus unbekannte Stalking-Opfer suchen – dies insbesondere dann, wenn die Stalker bereits in der Vergangenheit durch (gewalttätige) sexuelle Übergriffe auffällig geworden waren (Fiedler, 2004a).

Psychische Störungen. Im Extrem können Verfolger mit übergriffigem bis gewalttätigem Verhalten die Kriterien der Störungen der Impulskontrolle erfüllen. Weiter können schizophrene oder Wahnhafte Störungen vorliegen. Das Gewaltrisiko steigt beträchtlich an, wenn die Verfolger zum Zeitpunkt der Taten zum Substanz- oder Alkoholmissbrauch neigen. Auch im Persönlichkeitsbereich lassen sich bei übernachhaltigem Bestehen auf Wiedergutmachung und Rachemotiven klinisch bedeutsame Auffälligkeiten finden, vorrangig dissoziale, paranoide oder Borderline-Persönlichkeitsstörungen (Fiedler, 2001a). Rachemotive können sich schließlich in sadistischen Aktionen äußern. Bei einer Untergruppe können den gefährlichen Handlungen zudem sexuelle Motive oder Paraphilien (sexueller Sadismus, Pädophilie) zugrunde liegen, die nicht in jedem Fall mit Vergeltungsmotiven einhergehen (Fiedler, 2004a). Vergewaltigungen während des Stalkings können jedoch auch durch Eifersucht und Rachegefühle motiviert sein.

8 Eine interpersonelle Analyse und Erklärung von Stalking

Wenn man die vorliegenden Ausarbeitungen und Studien zum Stalking Revue passieren lässt, drängt sich der Eindruck auf, als handle es sich beim übernachhaltigen Verfolgen vor allem um ein Problem der Verfolger. Stalking jedoch ist ein zwischenmenschliches Problem. Bis auf Ausnahmefälle können Opfer und Täter auf eine mehr oder weniger lang währende gemeinsame Geschichte zurückblicken.

Einerseits kann Stalking nach einem plötzlichen oder allmählichen Beziehungsabbruch seitens jener Person beginnen, mit der ein Stalker bis dahin in einer intimen, freundschaftlichen oder beruflichen Beziehung stand. Und obwohl die Kontaktverweigerung weiterhin anhält, ist die abgewiesene Person eindringlich und wiederholt bemüht, die Wiederherstellung der vormaligen Beziehung zu erwirken oder Vergeltung für die Trennung zu üben, zumindest eine Wiedergutmachung für Schäden einzufordern, die durch die Trennung oder anderweitig entstanden sein sollen.

In anderen Fällen handelt es sich beim Stalking um den wiederholten Versuch einer Beziehungsaufnahme zu einer bis dahin wenig oder nicht bekannten Person. Der Versuch wird zumeist als durch Zuneigung oder Liebe motiviert erlebt, scheitert jedoch, weil die begehrte Person dieses Ansinnen mit dem Angebot einer distanzierteren Beziehung oder gar einer Beziehungsverweigerung beantwortet.

Beziehungsaufnahme und Beziehungsverweigerung. Das übernachhaltige Verfolgen stellt in den allermeisten Fällen eine inakzeptable Übertreibung oder Eskalation von Handlungen dar, die im Normalfall darauf abzielen, dass Menschen miteinander soziale Beziehungen aufnehmen, weiterentwickeln, aufrechterhalten, neu zu beleben oder zu retten versuchen. Der Streit von Juristen und Gesetzgebern um den Inhalt von Anti-Stalking-Gesetzen zeigt, dass sich der Übergang von der Normalität zur Abweichung dieser Verhaltensweisen nicht leicht bestimmen lässt (→ 2). Will man Stalking-Phänomene erklären, liegt es also nahe, sich mit Verhaltens- und Interaktionsmustern auseinander zu setzen, die sich in kulturellen und sozialen Zusammenhängen für Aufbau, Pflege, aber auch Beendigung zwischenmenschlicher Beziehungen herausgebildet haben.

8.1 Stalking: Nicht nur ein Problem der Verfolger

Eine Theorie des Stalkings muss also der Frage nachgehen, wie und wodurch es in zwischenmenschlichen Beziehungen dazu kommt, dass Grenzen gesellschaftlich akzeptabler Beziehungsaufnahme und Beziehungsbeendigung überschritten werden. So plausibel diese Perspektive auch ist, in der wissenschaftlichen Erforschung spielt sie bis heute, von wenigen Ausnahmen abgesehen, kaum eine Rolle. Die meisten psychologischen Erklärungsversuche suchen einseitig nach lebensgeschichtlichen Hintergründen, die Menschen zu penetranten Verfolgern und Stalkern werden lassen. In den meisten Ausarbeitungen stehen die Täter, ihre Taten und Motive im Vordergrund.

Liegt der Fokus auf den Opfern, ist auch dieser nicht interpersonell ausgerichtet. Im Mittelpunkt dieser wissenschaftlichen Auseinandersetzung finden sich ausschließlich Fragen danach, welcher Schaden und welches psychische Leid den Opfern zugefügt wurde, wie man sie darin unterstützen kann, sich den Aktionen der Stalker zu widersetzen, und welche Hilfe ihnen eventuell darüber hinaus angeboten werden sollte (z.B. die Behandlung psychischer Folgen der Stalking-Aktionen).

Gespaltene Logik. Auch dieses der Bestandsaufnahme des Wissens zum Stalking gewidmete Buch musste zwangsläufig nach dieser gespaltenen Logik aufgebaut werden. Denn bis heute sehen sich nur sehr wenige Forscher in der Lage, die Beziehungsdynamik zwischen Täter und Opfer in den Vordergrund zu rücken. Ist dies doch einmal der Fall, dann dienen Darstellungen des aktuellen Stalking-Geschehens den Autoren lediglich dazu, die Plausibilität ihrer ätiologietheoretischen Erklärungen für Verhaltensweisen und Motive der Stalker zu erhärten.

8.1.1 Beispiele für täterorientierte Erklärungsmodelle

Beispiele für solchermaßen einseitig täterorientierte Erklärungsmodelle liegen beispielsweise vor als
▶ psychoanalytisch-psychodynamische Erklärung (Skoler, 1998; Voß, 2004), mit den gleichen theoretischen Wurzeln wie die
▶ bindungstheoretische Perspektive (Kienlen, 1998; Meloy, 1998; McCann, 2001), sowie abweichend davon die
▶ lerntheoretisch begründete Verhaltensanalyse (Westrup, 1998; Gass, 2005).
Bevor wir nachfolgend diese Herangehensweise kritisch betrachten und mit Hilfe einer interpersonellen Perspektive überwinden wollen, sollen die Kernüberlegungen der genannten Ansätze zum Täterverhalten kurz dargestellt werden.

Archetypen von Stalking
Als „moderne psychodynamische Erklärung" entwirft Skoler (1998) das Szenario von vier Archetypen einer Stalker-Persönlichkeit. Für die Stalker sei es (übergrei-

fend) typisch, dass sie den frühen Entwicklungsschritt hin zur Separation bzw. Individuation in ihrem bisherigen Leben nicht erreicht oder noch nicht nachgeholt hätten.

Beim ersten Typus steht eine histrionisch geprägte Psychodynamik im Vordergrund, gekennzeichnet durch Eigenschaften wie übertriebene Eifersucht, zwischenmenschliches Konkurrenzgebaren, masochistische Neigungen und verminderte Impulskontrolle. Eine Borderline-Persönlichkeit als zweiter Archetyp neigt angesichts einer Beziehungsverweigerung wegen ihres Verharrens zwischen Idealisierung/Abwertung und der Tendenz zur projektiven Identifikation zum überwertig-übernachhaltigen Verfolgen. Beim narzisstisch geprägten Stalking-Archetyp finden sich Konfusionen der Selbst-Objekt-Repräsentationen bei gleichzeitiger Neigung, innere Konflikte dieser Art in Richtung Dependenz oder Bindungserhalt lösen zu wollen. Viertens kann eine dissoziale Persönlichkeit wegen fehlender Empathie und nicht gelernter Normorientierung zum obsessiven Verfolgen anderer Personen neigen.

Gestörte Bindungserfahrungen
Auch Kienlen (1998) geht davon aus, dass es im frühen Leben der meisten Stalker zu gravierenden Störungen in der Entwicklung eines gesunden zwischenmenschlichen Bindungsverhaltens gekommen ist. In der Folge bildeten sich Bindungsstile heraus, die angesichts einer Beziehungsverweigerung zum Stalking motivierten. Die Autorin versucht dies für mindestens drei Attachment-Entwicklungen zu begründen.

Die erste Gruppe von Stalkern kann auf überfürsorgliche Bindungserfahrungen zurückblicken. Aus diesen resultiere eine verminderte Selbstsicherheit, mit der Konsequenz, sich ständig an anderen orientieren zu müssen, immer mit der Angst im Nacken, die notwendige Unterstützung zu verlieren – was mit Hilfe des Stalkings rückgängig gemacht werden soll. Die zweite Gruppe machte in der Kindheit vorrangig angstvolle Bindungserfahrungen. Bis in die Gegenwart bestimmen deshalb Annäherungs-/Vermeidungskonflikte und ein geringes Selbstwertgefühl das Handeln – mit der Konsequenz einer grundlegenden Angst vor Zurückweisung, der mit Stalking vorgebeugt wird. In einer dritten Gruppe führen fehlende oder mangelhafte Bindungserfahrungen langfristig dazu, dass sich Menschen aus Beziehungen zurückziehen, weil es ihnen entscheidend an Beziehungskompetenzen mangelt – bei entsprechenden Mängeln und als schmerzhaft erlebter Einsamkeit kommt es bei Gelegenheit zu einem übernachhaltigen Werbungsverhalten, aus dem Stalking-Belästigungen resultieren.

Die Autorin versuchte, ihr Modell auf der Grundlage einer selektiven Stichprobe mit 38 Stalkern zu überprüfen (Kienlen et al., 1997). 63 Prozent der untersuchten Verfolger berichten über gravierende Veränderungen oder Verluste in der frühen Kindheit noch vor dem sechsten Lebensjahr. Bei 55 Prozent fanden sich Missbrauchserfahrungen und Hinweise auf eine emotionale Vernachlässigung. Ungünstige Bindungserfahrungen setzten sich bei vielen Betroffenen häufig bis in die Jugendzeit hinein fort: Bei annähernd der Hälfte der späteren Stalker fanden sich belastende Trennungen von Intimpartnern bzw. Verluste der Arbeitsstellen, bei den meisten war dies mehr als einmal der Fall.

Lerntheoretische Funktionsanalyse

Westrup (1998) hat mit dem klassischen Element der kognitiv-behavioralen Verhaltenstheorie, der sog. funktionalen Verhaltensanalyse, einen Erklärungsansatz für Stalking-Phänomene vorgeschlagen (ausführlich auch Gass, 2005). Kernannahme ist, dass jeder erfolgreiche Kontakt des Stalkers zu seinem Opfer und insbesondere jede antizipierte Reaktion oder Zuwendung eine positive Bekräftigung darstellt. Da nicht alle Kontaktversuche erfolgreich verlaufen, kommt es zu einer intermittierenden Verstärkung, d.h. nur zu gelegentlich bekräftigten Aktionen. Im Sinne der operanten Lerntheorie stabilisieren intermittierende Erfolgserlebnisse das Stalking-Verhalten in besonderer Weise: Da nicht immer mit Erfolg zu rechnen ist, muss sich der Stalker nur in Geduld und Penetranz üben, um irgendwann doch wieder erfolgreich zu sein.

Andererseits können Misserfolge ihrerseits für eine Eskalation des Stalking-Geschehens verantwortlich zeichnen. Mit einem sog. Extinction-Burst versucht der Stalker einer operanten Löschung des Stalking-Verhaltens, also der Nichtmehr-Belohnung, entgegenzuwirken, indem er seine Stalking-Aktionen intensiviert und verschärft. Daraus leiten sich Empfehlungen für den präventiven Umgang mit Stalkern ab, nämlich dessen Aktionen grundsätzlich ins Leere laufen zu lassen und diese Strategie mit absoluter Konsequenz durchzuhalten, um eine operante Löschung des Stalking-Verhaltens zu erreichen.

8.1.2 Distale und/oder proximale Bedingungen

Theoretische Erklärungsversuche wie diese dienen offenkundig dazu, die Profilbildung und Klassifikation der Täter voranzubringen. Als solche mögen sie eine durchaus hilfreiche Funktion haben, ob sie jedoch für eine psychologische Erklärung von Stalking-Phänomenen hinreichen, sei hier ausdrücklich in Zweifel gezogen. Beim Stalking handelt es sich um ein interpersonelles Geschehen. Und als solches bedarf es schon deshalb einer eingehenden Interaktionsanalyse, weil es die aktuellen Beziehungsmuster sind, auf die frühzeitige präventive Maßnahmen auszurichten und mit denen auch therapeutische Maßnahmen zu begründen wären (nicht nur der Täter, sondern auch der Opfer).

In diesem Zusammenhang ist es bedeutsam, in künftigen Erklärungsansätzen zwei Fragenkomplexe strikt zu unterscheiden, um diese dann später erneut aufeinander zu beziehen. Eine solche Trennung (distale vs. proximale Analyse) wird inzwischen auch in anderen Bereichen vorgenommen, beispielsweise in Untersuchungen der „dunklen Seiten enger zwischenmenschlicher Beziehungen" bei den Ursachen häuslicher und sexueller Gewalt (verschiedene Arbeiten in Spitzberg & Cupach, 1998). Diese Differenzierung wird hier jetzt auch für das Stalking vorgeschlagen (Fiedler, 2004a).

Distale Prozesse und Entwicklungsbedingungen. Ätiologie und Pathogenese: Welche Faktoren und längerfristig wirkenden Hintergrundbedingungen können für Entwicklung und Verlauf eines Stalking-Geschehens herausgestellt werden? Diesem Bereich wären die genannten psychodynamischen bzw. bindungstheoretischen Erklärungsmodelle zuzuordnen, auch wenn diese zu sehr auf den Täter fokussieren. Zusätzlich wichtig wären Informationen aus dem Bereich der in → Kapitel 4 angesprochenen Viktimologie – etwa zu der Frage, welche Opfer mit welchen Eigenarten warum besonders gefährdet sind. Zur Frage der Voraussetzungen und Kompetenzen der Stalking-Opfer liegen bisher kaum brauchbare Erkenntnisse vor – mit der Ausnahme, dass es sich in der überwiegenden Zahl weiblicher Opfer um Personen mit dependenten Akzentuierungen handelt (Dreßing, 2005).

Proximale Prozesse und aktuelle Ereignisse. Rahmenbedingungen und Verlauf: Welche kontextuellen Bedingungen zeichnen im Wechselspiel mit persönlichen Verfassungen dafür verantwortlich, dass es überhaupt zum Stalking kommt? Welche aktuellen Konstellationen haben Einfluss darauf, dass im Verlauf eine Eskalation, aber auch eine Deeskalation in der Beziehungsdynamik erfolgen kann? Insbesondere der zweite, proximale Aspekt wird in den täterorientierten Konzepten nicht hinreichend vom ätiologischen Aspekt getrennt. Eine Ausnahme stellt die funktionale Verhaltensanalyse dar, der jedoch die interpersonelle Perspektive des Stalkings als zwischenmenschliches Problem fehlt und die distale Einflüsse auf Stalking nur als Randphänomen beachtet.

8.1.3 Dunkle Seiten einer zwischenmenschlichen Beziehung

Um eine solche Differenzierung für das Beziehungsproblem Stalking vorzubereiten, treten in diesem Kapitel ausdrücklich die interpersonellen Aspekte in den Vordergrund. Wenn dabei auch die kontextuellen sozialen Einflüsse (dritte Personen in Familie, Polizei, Gericht) einbezogen werden, geschieht dies nicht, um in die kontroversen Debatten von Legislative und Jurisprudenz über die Grenzen von Normalität und Delinquenz einzugreifen – wenngleich einige Überlegungen durchaus Rückwirkungen haben könnten. In der psychologischen Diskussion über Normalität und Abweichung herrschen andere Ziele und Regeln als in Legislative und Exekutive. In der delikt- und folgenzentrierten Forschung scheint dieser Unterschied nicht bekannt zu sein oder nur wenig Fürsprache zu finden.

Courting Disaster. Ein psychologisches Konzept von Stalking als zwischenmenschliches Geschehen zielt nicht nur auf die Interaktionen zwischen Opfer und Täter ab, sondern hat auch deren Rahmenbedingungen zu reflektieren. Dazu gehört auch die „Kriminalisierung von Stalking" der vergangenen Jahre und damit eine Analyse jener Rollen, die Täter und Opfer einnehmen oder als solche zu spielen haben, um in der Auseinandersetzung mit Polizei und Gericht zu bestehen (Finch, 2001). Und da ergibt sich natürlich die ungute Situation, dass sich die juristischen Festlegungen, was Stalking sei, von Land zu Land beträchtlich unterscheiden. Eine brisante Situation, wie wir zeigen werden, ein echtes „Courting Disaster" – wie das Problem treffend in der Doppeldeutigkeit des englischen Begriffs „Courting" mit dem gleich lautenden Buchtitel von Dunn (2002) auf den Punkt gebracht wurde: „Courting Disaster" als ein „Desaster im Werbungsverhalten" der Beteiligten, das leicht in ein „Desaster vor Gericht" einmünden kann.

Ziele einer interpersonellen Analyse von Stalking. Wenn wir Stalking als zwischenmenschliches Geschehen konzeptualisieren, soll damit als Erstes die bis heute dominierende Trennung zwischen Täter- und Opferforschung überwunden werden. Zugleich verbindet sich mit einer kommunikationstheoretischen (oder systemischen) Perspektive die Erwartung, einen Zugang zu den proximalen Rahmenbedingungen zu erhalten, mit denen sich weitere Entwicklungen im Stalking-Geschehen voraussagen und beeinflussen lassen. Eine interpersonelle Theorie des Stalkings könnte im günstigen Fall dazu dienen, die Krisenprophylaxe und Frühintervention neu zu bewerten und zu verbessern.

Orientierung und Grundlagen. Es gibt bisher nur wenige Forscher, die sich dem zwischenmenschlichen Stalking-Problem mit einer kommunikativ-interpersonellen bzw. psychosozialen Perspektive angenähert haben. Eine Ausnahme stellen die Sozialpsychologen Brian Spitzberg und William Cupach (2001; Cupach & Spitzberg, 1998) dar, die sich mit den Paradoxien der Beziehungsaufnahme und Beziehungsverweigerung bei Stalking auseinander gesetzt haben. Die zweite Ausnahme ist die Monographie „Courting Disaster" der Soziologin Jennifer Dunn (2002), in der sie das teilweise desaströse Wechselspiel sozialer und psychologischer Wechselwirkungen aufgreift, mit denen Opfer und Täter zur Übernahme sozial konstruierter Rollen gezwungen werden. Gelegentlich entsprechen diese Rollen weniger den realen Gegebenheiten als vielmehr den legislativen oder medialen Erwartungen, die sich mit „Opfer" und „Täter" verbinden. Beide Perspektiven und Forschungsergebnisse sollen nachfolgend ineinander integriert und fortentwickelt werden.

8.2 Distale Analyse: Konstruktion und Dekonstruktion von Beziehungen

Zwischenmenschliche Interaktion wird hier als ein reziproker bzw. transaktionaler Prozess von Symbolisierung und Regelbildung aufgefasst, in dem durch die Teilnehmer einer Interaktion

▶ komplementäre Bedürfnisse angestoßen, ausgedrückt, intensiviert oder auch reduziert und aufgelöst werden,

▶ die mit Bedürfnissen assoziierten Gefühlsmuster reziprok entwickelt oder auch desintegriert werden können,

► die Befriedung komplementärer bzw. inkomplementärer Bedürfnisse erleichtert oder ermöglicht bzw. erschwert oder verhindert wird.

Die meisten Beziehungen entwickeln sich auf der Grundlage solcher Transaktionen, die Menschen auf symbolische oder transparente Weise bewusst oder unbewusst miteinander eingehen. Jeder Interaktionsteilnehmer gründet sein Handeln auf ein lebenslang in Entwicklung befindliches inneres System bzw. eine Struktur von Glaubenssätzen, Generalisierungen und Erfahrungen. Jede interagierende Person konstruiert dabei kontinuierlich für sich selbst ihre eigenen Annahmen über die Wirklichkeit. Diese subjektive Perspektive bringt es mit sich, dass sich in der Entwicklung von Beziehungen eine Vielfalt von Schwierigkeiten und Problemen ergeben.

Menschliche Kommunikation. Diesen Schwierigkeiten einer reziproken bzw. komplementären Beziehungsgestaltung ist eine kaum überschaubare Zahl psychologischer, linguistischer, soziologischer und klinischer Arbeiten gewidmet. Sie erreichte im vergangenen Jahrhundert einen Höhepunkt in Folge des Grundlagenwerkes über „Menschliche Kommunikation" von Watzlawick und Mitarbeitern (1969) mit seither zunehmenden Bemühungen, den Geheimnissen zwischenmenschlicher Interaktion mit aufwändigen Forschungsarbeiten auf die Spur zu kommen. Schon 1953 hatte Sullivan ein Ergebnis dieser Bemühungen in seiner „Interpersonellen Theorie der Psychiatrie" pointiert vorweggenommen: „Es wäre das größte Wunder aller Zeiten, wenn unsere Wahrnehmungen eines anderen Menschen in einer größeren Anzahl wirklich bedeutender Aspekte zutreffend und exakt wären."

8.2.1 Die Tücken alltäglicher Beziehungen

Ob zwischenmenschliche Interaktionen konfliktarm verlaufen, hängt davon ab, ob die Beteiligten in der Lage sind, Einvernehmen über das Verbindende und Trennende dieser Beziehung herzustellen. Obwohl Interaktanden gemeinsame Interaktionsepisoden erleben, gehen sie nicht von denselben Beziehungsdefinitionen aus. Jeder Einzelne begegnet dem anderen mit eigenen Vorstellungen und Interpretationen, eher in der Annahme, das Gegenüber teile die eigene Definition der Beziehung oder akzeptiere sie zumindest. Vielleicht können als bedeutsamste Quelle interpersoneller Konflikte ganz allgemein diskrepante Beziehungserwartungen angesehen werden (Morton et al., 1976).

Diskrepante Beziehungserwartungen

Unterschiedliche Beziehungsdefinitionen kommen häufig vor, ohne dass die Beteiligten diese Unterschiede unmittelbar bemerken und aufklären. Spitzberg und Cupach (2001) beschreiben eine Vielzahl von Eigenwilligkeiten, die einen Beziehungsbeginn charakterisieren. So können Menschen fast täglich erleben, wie andere Personen versuchen, eine Beziehung zu ihnen aufzunehmen. Nicht in jedem

Fall werden die nonverbal oder verbal Angesprochenen ein solches Ansinnen ausdrücklich wünschen und dann entsprechend ablehnend reagieren. Auch sind jedem Menschen Episoden bekannt, in denen er seinerseits versuchte, eine Beziehung zu einem anderen Menschen anzuknüpfen, ohne dass sein Beziehungswunsch die erhoffte Resonanz erfahren hätte.

Komplizierter gestaltet sich eine Beziehungsaufnahme in jenen Fällen, wo die Beziehungsverweigerung nicht eindeutig mitgeteilt wird, sei es aus Höflichkeit oder um den anderen nicht zu kränken. In solchen Fällen kann die Kommunikation „Ich möchte eigentlich doch keine Beziehung" missverstanden werden und erneute Werbungsbemühungen in Gang setzen. Dabei spielen kulturelle Interaktionsmuster und die kulturell üblichen Interaktionskontexte eine wichtige Rolle.

Kulturelle Rituale ambivalenter Beziehungsdefinitionen

Gut untersucht ist dies am Beispiel der Verabredung junger Paare zu einem Rendezvous (England et al., 1996). Es ist weit verbreitet, dass flirtende Paare sich über längere Zeit hinweg wiederholt in ein beidseitig verantwortetes Wechselspiel von Beziehungsaufnahme und Beziehungsverweigerung verstricken, bevor es zum gemeinsam erwünschten Intimkontakt kommt. Es scheint kulturell üblich und sogar evolutionär vorbereitet zu sein, einem beginnenden Liebesverhältnis eine Reihe von Ritualen mit vermeintlich diskrepanter Beziehungserwartung vorausgehen zu lassen – ein Interaktionsgebaren, das im Übrigen nicht unerheblich zur wechselseitigen Sexualisierung beizutragen vermag.

„Gefühl" und „Vernunft" diskrepanter Beziehungserwartungen

Ein ebenfalls gut untersuchter Aspekt diskrepanter Beziehungsdefinitionen besteht darin, dass Menschen miteinander Beziehungen eingehen, ohne dass beide oder einer der Interaktanden sich bereits sicher sind, ob sie das überhaupt wollen (Sillars, 1998). Wird derjenige befragt, warum er trotz unklarer Erwartung eine solche Beziehung eingegangen sei, antwortet der Betreffende häufig, dass er mehr seinen „Gefühlen" als seiner „Vernunft" gefolgt sei. Vielleicht ist sich eine Person sogar sicher, dass sie keine Beziehung eingehen möchte – und nimmt dann doch das Beziehungsangebot an. Die Begründung in solchen Fällen lautet häufig, dass man eher seiner „Vernunft" gefolgt sei als seinen „Gefühlen" – etwa, weil das die Höflichkeit gebot oder man sich von der Beziehung persönliche Vorteile erhoffte usw.

Unklare Zielsetzung. Selbst wenn Personen gemeinsam eine Beziehung planen und eingehen, kann es sein, dass sie keine klaren Ziele verfolgen. In solchen Fällen vertrauen Personen schlicht auf die zukünftige Entwicklung einer Beziehung, auch wenn die möglichen Ziele eher nebulös und unklar bleiben: „Wir können ja gern mal etwas zusammen unternehmen, oder nicht?" Üblicherweise entwickelt sich eine Übereinstimmung von Beziehungserwartungen erst über längere Zeit, auch wenn sie sich in Einzelfällen recht bald einstellen kann (Sillars, 1998). Nehmen sich Interaktionspartner hinreichend Zeit, können viele zunächst als diskrepant erlebte Beziehungserwartungen in tragfähige Beziehungsdefinitionen einmünden.

Zunehmende Ambivalenzen und Konflikte

In vielerlei Hinsicht können sich Beziehungserwartungen aber auch zunehmend ambivalent und konfliktreich ausnehmen. Als solche können sie fluktuieren oder den Betreffenden zeitweilig in Ratlosigkeit versetzen. Zum Beispiel, weil sich viele anfänglich attraktiv wirkende Merkmale der Bezugsperson im Laufe der Zeit als Quelle von Unzufriedenheit und Ablehnung erweisen (Felmlee, 1998). So kann es dann vorkommen, dass sich eine Person der zugeneigten Beziehungsdefinition der anderen sicher ist, während die andere Person – um Kränkungen zu vermeiden – sich zunehmend in Schweigen hüllt, weil sie sich immer klarer darüber wird, dass sie den Erwartungen ihres Gegenübers nicht (mehr) entsprechen kann oder möchte.

Selektive Unaufmerksamkeit. Es kann aber auch vorkommen, dass zunehmende Diskrepanzen in der Beziehungsdefinition gar nicht so recht wahrgenommen werden (sollen). Oder – um diesen Aspekt ebenfalls mit Sullivan (1953) auf den Punkt zu bringen – die betreffende Person verharrt aus unterschiedlichen Gründen der „Vernunft" oder des „Gefühls" in einem Zustand „selektiver Unaufmerksamkeit". Und so übt man sich, vielleicht sogar über lange Zeit, zunächst vielleicht doch lieber erst einmal in Toleranz und Geduld. In bestehenden Beziehungen ist ein häufig zu beobachtendes Phänomen das der Paradoxie wechselseitiger Abhängigkeiten (LePoire et al., 1998) – bis schließlich doch die Erkenntnis Oberhand gewinnt, sich endlich trennen zu müssen. Und schon sieht sich die betreffende Person mit neuen Ambivalenzen und Konflikten konfrontiert: Trennung ja, nur wann und wie? Von jetzt auf gleich? Oder behutsam eingefädelt?

8.2.2 Fehlende Kompetenz, Beziehungserwartungen zu klären

Bei vielen Menschen verläuft die vermeintliche Klärung von Beziehungsdefinitionen über den Austausch impliziter Signale und in stillem Einvernehmen. Eine offene Verhandlung von beidseitig gültigen Regeln und Zielen scheint eher die Ausnahme als die Regel zu sein (Cupach & Spitzberg, 1998). Dies gilt insbesondere für nicht intime Beziehungen im Beruf und im Freundeskreis, wo das Ansprechen persönlicher Unzufriedenheiten und von Beziehungskonflikten als Tabu behandelt wird (Baxter & Wilmot, 1995). Aber auch von stillschweigenden Übereinkünften getragene intime Beziehungen beinhalten vielfältige Gefahren, so dass es wiederholt zu Missverständnissen kommen kann. Werden diese nicht ausgeräumt, nehmen die Diskrepanzen zu, beeinflussen das Denken, Handeln und Erleben der Beteiligten und brechen sich zunehmend in indirekt und zweideutig geäußerten Abneigungsbekundungen Bahn.

Fatale Attraktion undefinierter Beziehungsaufnahme. Ein- oder wechselseitig kann der Druck zunehmen, zur einst als konfliktfrei erlebten Beziehung zurückzukehren. Diese Versuche der Wiederherstellung früherer Zuneigungs- oder Intimitätserfahrungen misslingen, weil die Erkenntnis größer wird, dass die Gründe für eine Beziehungsaufnahme sich im Nachhinein als Fehleinschätzung gemeinsamer Interessen darstellen, eine Beziehungsaufnahme nur zur eigenen Vorteilsnahme erfolgte oder durch Verliebtheit und Verlangen nach Sex getrieben wurde. Mit dem Terminus „fatale Attraktion" hat denn auch Felmlee (1998) den Kern der meisten spontanen und unklaren Gründe für eine Beziehungsaufnahme auf den Punkt gebracht.

Sozial bezogene Autonomie

Die Konflikte eskalieren weiter, wenn es den Betreffenden nicht nur an Kompetenzen zur Beziehungsdefinition, sondern auch an Fertigkeiten zur angemessenen Konfliktlösung mangelt. Als eines der Hauptmerkmale mangelnder Kompetenz zur Auflösung zwischenmenschlicher Krisen bei diskrepanten Erwartungen gilt der zeitweilige oder andauernde Verlust der sozial bezogenen Autonomie (Fiedler, 2001a, 2003). Bei der sozial bezogenen Autonomie handelt es sich nicht um ein Persönlichkeitsmerkmal, sondern um einen zentralen Aspekt der sozialen, insbesondere zwischenmenschlichen Kompetenz, wenngleich diese eng mit Persönlichkeitseigenschaften zusammenhängt.

Unterscheidung von Selbst und Objekt. Mit sozial bezogener Autonomie ist die Fähigkeit gemeint, klar zwischen sich (eigenen Bedürfnissen) und anderen (deren separaten Bedürfnissen) zu unterscheiden. Sie bezeichnet die Sicherheit von Menschen, auf elementare, intuitive und basale Weise unterscheiden zu können, dass bestimmte Gedanken, Bedürfnisse, Grundsätze und Intentionen nur ihnen selbst zu eigen sind und nicht von anderen stammen (Kompetenzaspekt der sog. Selbstwirksamkeit). Und sie bedeutet zugleich, genau diese Sicherheit auch umgekehrt aus der Sicht der anderen Personen heraus verstehen zu können, als deren Gedanken, Bedürfnisse, Lebensperspektiven und Intentionen (Kompetenzaspekt einer sog. Perspektivenübernahme).

Intimität und Distanz. Sozial bezogene Autonomie gilt als wesentlichste Voraussetzung, in den Interaktionen mit anderen zu klaren und eindeutigen Beziehungsdefinitionen zu gelangen. Sie beinhaltet die paradoxe Kunst, sich selbst in engsten Beziehungen persönliche Freiheit und Unabhängigkeit bei gleichzeitiger Rücksicht auf Freiheit und Unabhängigkeit der anderen Person zu bewahren.

Sozial bezogene Autonomie meint nicht, dass die betreffende Person in ihrer Entscheidungs- und Handlungsfreiheit von anderen abhängig oder unabhängig sein muss. Bezeichnend ist, dass die Person fähig ist, persönliche Urteile über die Realität zu erarbeiten und auszudrücken, dass sie weiß, woran sie glauben soll, und dass sie klar mitteilen kann, welche überdauernden Grundüberzeugungen ihrem sozial integrierten Handeln zugrunde liegen und warum sie sich gelegentlich für diese Grundüberzeugungen kämpferisch einsetzen wird. Zusammen mit anderen psychologischen Parametern kann die sozial bezogene Autonomie als grundlegend für eine psychische Verfassung des inneren Gleichgewichts und der zwischenmenschlichen Ausgeglichenheit angesehen werden.

Fehlende sozial bezogene Autonomie

Menschen ohne sozial bezogene Autonomie stehen in zweierlei Hinsicht außerhalb dieser Möglichkeiten. Da typische Merkmale eng mit Persönlichkeitsstilen zusammenhängen können, sollen diese kurz angedeutet werden (ausführlich: Fiedler, 2003). Entweder brauchen Menschen mangels sozial bezogener Autonomie andere Menschen, weil sie (scheinbar oder real) von deren Zuneigung, Zustimmung oder Bewunderung abhängig sind (Beispiele finden sich bei den dependent, narzisstisch, passiv-aggressiv und histrionisch Akzentuierten). Oder es mangelt ihnen an sozialer Bezogenheit, weil sie (scheinbar oder real) engstirnig und egoistisch eigene oder allgemeine Interessen und Ziele voranstellen und durchzusetzen versuchen (Beispiele finden sich bei paranoid, schizoid und zwanghaft Akzentuierten).

Die zwischen diesen beiden Extremen liegenden Ausdrucksformen sind häufig durch Unsicherheit in Bezug auf Anpassung und Egoismus bestimmt (z.B. die selbstunsicher, depressiv und schizotypisch Akzentuierten) oder durch ein extremes Schwanken zwischen Zuneigung und Ablehnung (z.B. Borderline-Persönlichkeiten). Auch im Falle des (real oder scheinbar) norm- oder orientierungslosen, devianten und antisozialen Handelns (etwa bei dissozialen Persönlichkeitsstörungen) dürfte kaum von sozialer Bezogenheit zu sprechen sein.

Kompetenzdefizit und Beziehungsparadox

Mit Hilfe des Konstruktes der sozial bezogenen Autonomie und unter Berücksichtigung von Persönlichkeitsmerkmalen lassen sich viele Prozesse von Eskalation (auch Deeskalation) zwischenmenschlicher Krisen erklären (Rock, 1998). In den meisten zwischenmenschlichen Interaktionen dürften Menschen danach streben, den Möglichkeiten sozial bezogener Autonomie bei der Klärung diskrepanter Beziehungserwartungen weitgehend zu entsprechen (Brown & Levinson, 1987). Durch die Notwendigkeit der Balance dieser beiden agonistisch aneinander gebundenen Konstrukte (sozialer Bezug vs. Autonomie) lassen sich Paradoxien in der Beziehungsgestaltung nie vermeiden, sondern nur gestalten. Das Überwiegen eines der beiden Aspekte jedoch schafft scheinbar eindeutige Verhältnisse – und lässt die Beziehung zur Kollusion umkippen.

Kompetenzdefizit. Fehlt die soziale Bezugnahme und Fähigkeit zur Perspektivenübernahme, dann dominiert zumeist ein Selbstbezug. Die Betreffenden werden eher als engstirnig, dominant oder egoistisch wahrgenommen. Eigenständige Verhaltensmuster des Partners werden als Übergriff auf die eigene Autonomie aufgefasst und als bedrohlich erlebt.

Fehlt Autonomie, erlebt der Interaktionspartner das Verhalten als unterwürfig und wenig kompetent. Dependenz gilt gelegentlich geradezu als Herausforderung, mit dominanten oder aggressiven Verhaltensweisen fortzufahren. In beiden Fällen können in der Folge Krisen eskalieren und die Beziehungsprobleme verschärfen.

Beziehungsparadox. Das Paradoxe an dieser Situation: Dominanz oder Unterwürfigkeit oder das tatenlose Verharren zwischen beiden Aspekten sind in zwischenmenschlichen Auseinandersetzungen in den allermeisten Fällen Ausdruck des Versuchs, diskrepante Beziehungserwartungen zu klären. Wenn in solchen Krisen eine Seite zudem mit Beziehungsverweigerung und der Aufkündigung der Beziehung droht, wird dies von der anderen Seite konsequenterweise als verletzender und kränkender Angriff auf eine positiv beziehungsstiftende Intention verstanden – als ein Angriff auf den (gut gemeinten) Versuch, die Beziehung zu retten. Und damit bewegen wir uns auf den nächsten distal bedeutsamen Aspekt von Stalking zu.

8.2.3 Schwierigkeiten, Beziehungen zu verweigern und zu beenden

Stalking-Phänomene nehmen ihren Ausgang in bereits bestehenden Beziehungen oder angesichts der Verweigerung, einem Beziehungsverlangen zu entsprechen. Es ist gut untersucht, dass die Zurückweisung eines Beziehungsangebots oder die aufkommende Verweigerung einer bestehenden Beziehung mit der impliziten Botschaft der Ablehnung persönlicher oder persönlichkeitsbedingter Eigenarten als hochgradig verletzend erlebt werden kann (Leary, 1990). Viele Betroffene fühlen sich in ihrem Selbstwertgefühl herabgesetzt. Und soziale Ausgrenzung markiert häufig den Beginn von Einsamkeit, Ängsten und Depressionen. Der Wunsch nach sozialer Geborgenheit oder Zugehörigkeit gilt für sich selbst als universelles, kulturell und evolutionär begründbares menschliches Bedürfnis (Baumeister & Leary, 1995).

Zurückhaltung, Vorsicht, Höflichkeit. Entsprechend basieren auch Aktionen von Beziehungsabbruch oder -verweigerung auf einer ganzen Reihe von Strategien und Ritualen, die sich ebenfalls evolutionär herausgebildet haben. Zumindest sollten Verweigerungsrituale als kulturell akzeptabel gelten und ethische Grenzen nicht verletzen. Studien zeigen, dass die Absicht einer sozialen Zurückweisung und/oder Beziehungsverweigerung in den meisten Fällen zurückhaltend indirekt und ambivalent vorsichtig kommuniziert wird (Baxter, 1985; Metts et al., 1992) – eine Beobachtung, die sich auch im Verhalten von Personen beobachten lässt, die nach Trennung oder Beziehungsverweigerung Opfer von Stalking werden (Dunn, 2002).

Vielleicht liegt es an Verhaltensmustern der zurückhaltenden Höflichkeit, dass Verfolger diese ambivalent vorsichtigen Botschaften missdeuten und sich daraufhin in fortgesetztem Werbungsverhalten engagieren, das allmählich zu einer belästigenden Verfolgung und damit zum Stalking werden kann. Nicht von ungefähr gehören entsprechende Ambivalenzen und ein mehrfaches Abklären von Erwartungen auf immer höherer Stufe mit immer neuer Ablehnung und Zustimmung zum allgemeinen menschlichen Werbungsverhalten. Stellt sich die Frage, warum Ambivalenzen und Höflichkeiten der Opfer und das Verfolgungsverhalten so ungemein lange persistieren. Geschieht dies vielleicht, weil sich beide Seiten in einer Falle kulturell vorgegebener Rituale und Stereotypien verstricken, die für ambivalente Trennungssituationen vorgesehen scheinen und die sich ungünstig wechselseitig bekräftigen? Diese Hypothese ist von einigen Autoren angedacht worden (Baumeister et al., 1993; Bratslavsky et al., 1998; Spitzberg & Cupach, 2001).

8.2.4 Kulturelle Stereotypien und Mythen

Dass mit penetrantem Werbungsverhalten letztendlich doch das Objekt der Begierde zu gewinnen sei, entspricht einem weit verbreiteten Stereotyp, vielleicht sogar der Beobachtung und Selbsterfahrung. Ausdauer und Geduld im Werben um Zuneigung zahlen sich gelegentlich tatsächlich aus. Jedenfalls wird dieser Mythos, wenn er denn einer ist, erheblich verstärkt durch Fiktionen, die in Filmen und Romanen weite Verbreitung finden. Es sind die nie abgeschlossenen Serien mit nie endenden Werbungen und Trennungen und erneuten Werbungsversuchen, die in Hollywood in Serie aufbereitet werden, um die Zuschauer für die Werbeaktionen der Wirtschaft immer wieder an die Fernseher zu locken. Es sind aber auch die Macho-Mythen der harten Kerle im Kino, die die Schöne im Ballsaal ohne Rücksicht auf Widerspruch in die Arme reißen, die vor allem für selbstunsichere Männer zum Rollenstereotyp werden können. Die Schöne sagte Nein und meinte Ja – sollte es bei uns denn anders sein!?

Penetrante Zuneigung und Liebe. Was die gelegentlich liebestrunken handelnde Untergruppe von Stalkern angeht, so kann man sich zusätzlich auf die Sexualforschung beziehen (Munroe & Gauvain, 2001). Es scheinen auch sexuelle Wünsche und Bedürfnisse in der Lage zu sein, eine für die Betreffenden gelegentlich selbst „unglaubliche" Triebkraft und Intensität auszulösen, so dass sie sich von ihrem sexuellen Drang nicht mehr frei machen können – und dies vor allem deshalb nicht, weil sie keine Befriedigung erlangen. Nichts scheint so intensiv wie unerfüllte Liebe (Salter, 1997). Erklärbar sind viele der durch Zuneigung und Liebe motivierten Verfolgungen wohl auch biologisch, angeregt durch endokrin stimulierte atavistische Instinktmechanismen, nie jedoch unabhängig von kulturellen Einflüssen. Und natürlich auch nicht losgelöst von persönlichen Erfahrungen und Kompetenzen – unethisches Verhalten lässt sich nicht mit Evolution und Kultur entschuldigen.

Penetrante Abneigung und Bedrohung. Natürlich dürfen spiegelbildlich die feindseligen bis gefährlichen Seiten von Stalking beim Hinweis auf kulturelle Stereotype und Mythen nicht fehlen. Sie sind ein Lieblingsstoff der Medien, nicht nur die Stalking-Aktionen mit gewaltsamem oder tödlichem Ausgang, mit denen Fernsehzuschauer in 60-Sekunden-Spots in den Nachrichten oder mit zweistündigen Filmen das Gruseln gelehrt wird. Solche Aktionen werden durch andere Stereotype mit vorbereitet, etwa in Romanen und Filmen, in denen Ausdauer und Dominanz fast immer auf der Seite der Sieger zu finden ist, bei denen es sich zumeist um Männer handelt.

Diese Sicht entspricht nicht selten einer kulturell legitimierten Macht und Dominanz des Mannes, welche die gesamte Geschichte der Menschheit als Problem durchzieht, die offensichtlich erst in der Gegenwart und auch nur allmählich ihre Virulenz einzubüßen scheint (Brownmiller, 1975). Denn nach wie vor kommen soziologische Untersuchungen nicht darum herum, Zusammenhänge zwischen frauenfeindlichen Einstellungen in der Gesellschaft, dem damit einhergehenden Gefühl und medial vermittelten Bild männlicher Überlegenheit und Macht und der Häufigkeit häuslicher wie sexueller Gewalt zu dokumentieren (Sanday, 1981; Hale, 2003). Vielleicht findet sich in diesen distalen kulturellen Aspekten die Erklärung, warum die meisten Täter von Stalking Männer und die meisten Opfer Frauen sind.

8.3 Proximale Bedingungen: Beziehungsverweigerung und Verfolgung

Eine Beziehungsverweigerung oder vollzogene Trennung mündet erst dann in eine bedrohliche Krise, wenn eine beharrliche Verfolgung einsetzt, diese Dauerbelästigung im Erleben der Opfer übernachhaltig wird und eine besondere Qualität erreicht. Auf dem Weg dorthin gibt es, mit Ausnahme eindeutiger Straftatbestände, keine objektive oder sichere Grenze dafür, wo legitimes Werben endet und inakzeptable Aufdringlichkeit beginnt.

Fließende Grenzen. Viele Verhaltensweisen, die dem Stalking zugerechnet werden, gehören zu den alltäglichen Möglichkeiten von Entwicklung und Aufrechterhaltung einer freundschaftlichen oder intimen Beziehung. Das tägliche Versenden von Blumen, das Hinterlassen von Zuneigungsbotschaften hinter der Windschutzscheibe und das Ausspionieren privater Geheimnisse dürften genauso dazu gezählt werden wie das Erkunden von Örtlichkeiten, an denen sich das Objekt der Zuneigung gern aufhält, oder das Auskundschaften, welches Auto gefahren wird oder welche Restaurants besucht werden. Man tauscht Talismane aus, die nach außen hin Besitzansprüche markieren. Und es ist keine Frage, dass man bestehende Beziehungen vor Rivalen zu schützen sucht – dies insbesondere dann, wenn die Gefahr besteht, dass man am Ende allein übrig bleibt, aus einem Freundskreis ausgestoßen oder vom Arbeitsplatz verdrängt wird. Vieles gilt übrigens zumeist für beide Seiten, für spätere Täter wie spätere Opfer.

Diagnosogenik-Theorie. Stalking beginnt mit seiner Diagnose, also mit der definitorischen Feststellung, dass es sich um Stalking handelt. Vielleicht kann als grober Beginn für den Übergang zum Stalking angesehen werden, wenn Verhaltensweisen, die eine gewisse Zeit lang als angemessener Beweis für eine bedeutsame Beziehung angesehen wurden, von einer der beteiligten Personen im Verlauf der Entwicklung jetzt als belästigend, übergriffig oder bedrohlich erlebt werden.

Dabei bleibt zu bemerken, dass es offensichtlich einen beachtlichen Toleranzbereich in der Frage gibt, ab wann welches Werbeverhalten in welchem Ausmaß von Stalking-Opfern als unangemessen und belästigend erlebt wird (Dunn, 2002). Dass sich selbst die Gesetzgeber in Ländern mit Anti-Stalking-Gesetzen in ihren Definitionen uneins sind, ist nur ein Aspekt dieser komplizierten Materie. Minimale Einigkeit besteht eventuell in der Hinsicht, von Stalking dann auszugehen, wenn die Belästigungen und Verfolgungen trotz eindeutiger Beziehungsverweigerung eine obsessive Färbung sowie ängstigende oder bedrohliche Ausmaße annehmen.

8.3.1 Die Täter und die Psychodynamik obsessiver Verfolgung

Es sind im Wesentlichen proximale, also eng mit dem Stalking-Geschehen einhergehende Prozesse, die Erklärungen dafür liefern, warum ein übliches Werbeverhalten dem Werbenden entgleitet und bedrohlich werden kann. Wie anhand des Circumplex-Modells zur Stalking-Taxonomie (→ 7.3) verdeutlicht wurde, handelt es sich um ambivalent-wechselhafte Vorgänge und Ereignisabfolgen. Diese lassen sich nicht immer einem der vier vorgeschlagenen Klassifikationsbereiche „eindeutige Zuneigung" oder „eindeutige Abneigung" bzw. „vorhandene Verhaltenskontrolle" oder „fehlende Verhaltenskontrolle" zuordnen. Was jedoch allen Stalkern als gemeinsames Merkmal unterstellt werden kann, ist ein Mangel an Kompetenz, mit der Verweigerung einer Beziehung durch eine relevante Person auf verantwortliche und akzeptable Weise umzugehen. Kurz gesagt: Ihnen mangelt es zeitweilig oder grundlegend an sozial bezogener Autonomie (→ 8.2.2).

Fehlende sozial bezogene Autonomie. Wie bereits dargelegt, handelt es sich bei sozial bezogener Autonomie um einen für die Regulation zwischenmenschlicher Beziehungen bedeutsamen, jedoch spezifischen Anteil sozialer Fertigkeiten. Je nach Situation mag oder kann sich eine Person unter anderen Aufgabenstellungen durchaus sozial bezogen und autonom verhalten – oder auch nicht. Weiter wird erwartet, dass dieser Kompetenzaspekt in Abhängigkeit von der jeweiligen psychischen Befindlichkeit oder angesichts innerpsychischer Konflikte Schwankungen unterliegt. Bei vielen Verfolgern lassen sich zum Zeitpunkt ihrer Untersuchung psychische Störungen oder Persönlichkeitsstörungen diagnostizieren. Diese müssen für das Fehlen sozial bezogener Autonomie in Betracht gezogen werden. Andererseits finden sich beim Gros der Stalker keine psychischen Störungen. Und nicht allen der psychisch gesunden Verfolgern dürfte es persönlichkeitsbedingt an sozial bezogener Autonomie mangeln – mit Ausnahme einer fehlenden Bezogenheit gegenüber dem Stalking-Opfer.

Wie Gedanken und Gefühle handgreiflich werden. Spitzberg und Cupach (2001; Cupach et al., 2000) haben auf der Grundlage eigener und fremder Forschungsarbeiten herauszuarbeiten versucht, welche innerpsychischen Konstellationen beim Übergang von akzeptablem Werbeverhalten zu ethisch problematischem Verfolgen für das Fehlen sozial bezogener Autonomie verantwortlich gemacht werden könnten. Sie unterscheiden drei Prozesse (1) des obsessiven Grübelns, (2) der emotionalen Überflutung und (3) einer zunehmenden Rationalisierung. Diesen Aspekten werden hier weitere hinzugefügt (Fiedler, 2004a): einerseits (4) eine zunehmende Fantasietätigkeit, andererseits (5) das Einsetzen kognitiver Dekonstruktionen sowie (6) die Notwendigkeit, bei Vorliegen psychischer Störungen einige Besonderheiten der Verfolgungsdynamik zu beachten.

Obsessives Nachdenken und Grübeln

Jedermann kann ins Grübeln geraten und dabei die Erfahrung machen, dass längeres Nachdenken über ein Problem entweder Erleichterung oder Besorgnis auslöst. Wenn Besorgnisse und Ängste zunehmen, wird Grübeln jedoch mit Unbehagen verknüpft, falls keine Lösung des Problems in Sicht scheint. In Fällen zunehmender affektiver Besetzung der Inhalte gerät eine Grübelneigung in Gefahr, in Richtung überwertiger Ideen zu entgleiten. Diese sind affektiv mit einer bevorzugten Tendenz besetzt und erlöschen daher bei einer Problemlösung, welche die affektive Spannung abbaut.

Verletzte Ziele und frustrierte Bedürfnisse. Dennoch lösen nicht alle offenen Probleme und nicht erreichten Ziele überwertiges Grübeln aus. Zwingend gehört dazu, dass die Problemstellung für die Betreffenden eine außerordentlich hohe affektive Wertigkeit besitzt. So lösen Trennungen, die vom Partner ausgehen, bei den meisten Menschen zwar Enttäuschung oder Trauer aus, jedoch kein obsessives Verfolgen. Auch Versuche, Trennungsabsichten wieder rückgängig zu machen, gehören zunächst in den Bereich natürlicher Bestrebungen. Aber wenn der Beziehungsabbruch hoch bedeutsame Lebensziele der Abgewiesenen bedroht, kann das Werbeverhalten übernachhaltig werden.

Zum Stalking kommt es, wenn subjektiv hoch relevante Ziele und Bedürfnisse – wie z.B. das Lebensglück oder das Selbstwerterleben – vom Erreichen oder Fortbestehen einer Beziehung abhängig gemacht werden (McIntosh et al., 1995). Die Anstrengungen, eine Beziehungsverweigerung oder Trennung rückgängig zu machen, werden verdoppelt. Motive der Zuneigung können sich mit Motiven der Abneigung zum Ambivalenzerleben mischen. Schließlich werden einzig und allein das Erzwingen von Wiedergutmachung und Rachegefühle im Vordergrund stehen. Und im Stalking-Verhalten werden dann die gedanklich vorweggenommenen Lösungsmöglichkeiten nicht selten handgreiflich in die Tat umgesetzt.

Besonderheiten bei psychischen Störungen

Intrapsychische Ambivalenz steigert die affektive Besetzung zusätzlich und verhindert ihre Lösung – finden sich dann Aktionen, welche die Ambivalenzspannung einem angenehmen Ventil zuführen, können Obsessionen die Folge sein. Dabei gilt es einige Besonderheiten der innerpsychischen Dynamik bei psychischen Störungen zu beachten.

Angst, Depression, Zwang

Heftet sich die Ambivalenzspannung beispielsweise an unangenehme Inhalte, können Ängste und Zwangsstörungen daraus resultieren. Das sorgenvolle Grübeln über unangenehme Erfahrungen und Erwartungen ist inzwischen als Prozesseigenart bei der Entwicklung und Aufrechterhaltung einiger psychischer Störungen gut untersucht: als Mechanismus einer generalisierten Angststörung (z.B. Becker & Hoyer, 2004), bei depressiven Störungen (z.B. Hautzinger, 1998) sowie als Zwangsgedanken im Kontext einer Zwangsstörung (z.B. Ecker, 2001). Das ernüchternde Ergebnis vieler Forschungsarbeiten: Versuche der Betreffenden, ihr Grübeln zu unterbinden, haben einen gegenteiligen Effekt. Das Grübeln wird auf Grund der ambivalenten affektiven Besetzung durch seine absichtsvolle Unterdrückung eher verstärkt – und persistiert natürlich (Wegner & Zanakos, 1994).

Wahnhafte, schizophrene und bipolare Störung

Beim Verliebtheits-Stalking von Menschen mit wahnhaften, schizophrenen und manischen Störungen gilt es, einige weitere Spezifika zu beachten.
Wahnhafte Störung. In der paranoischen Verliebtheit führt ein noch unklarer neurophysiologischer Prozess über einen besonderen affektiven, eventuell sexuell getönten Spannungszustand zu einer besonderen Erwartung (z.B. romantische Liebeserwartung; Trema). Alle künftig ablaufenden Geschehnisse bekommen eine scheinbar besondere Bedeutung. Die Person sucht – wie jede andere auch – nach Erklärungen. Normalpsychologisch entwerfen und verwerfen wir Arbeitshypothesen. Im Trema gelingt das Verwerfen nicht mehr: Die Anspannung aber mindert sich schlagartig, wenn die Person eine „Erklärung" annimmt (Apophänie) – hier als Beziehungssetzung ohne objektiven Anlass, d.h. als Wahn, beispielsweise mit der festen Überzeugung, durch das Objekt der Liebe bereits geliebt zu werden.
Schizophrene Störung. Im Falle schizophrener Störungen entwickelt sich das Wahnthema parallel zur affektiven Gestimmtheit – ist diese eher beängstigend, resultiert Verfolgungswahn, ist sie dysphorisch, droht missmutiges Verfolgen, ist sie eher beglückend, finden wir die paranoische Verliebtheit. Da in der Schizophrenie weitere psychische Systeme (Wahrnehmung, Antrieb) betroffen sind, entstehen jedoch kaum vorherzusagende Kombinationen. Im für

▶

Stalking-Opfer günstigsten Fall mündet eine paranoische Verliebtheit bei gleichzeitiger Antriebslosigkeit in ein nicht sehr aktives Verfolgen ein.

Bipolare Störung. In manischen Episoden einer bipolaren Störung (v.a. einer stimmungsaufgehellten Manie geringer bis mittlerer Ausprägung) erlebt der Betroffene eine gesteigerte Libido und ein unreal gesteigertes Selbstwerterleben, die Stimmung überformt das übliche Verhalten – eine Verliebtheit wird jetzt unkritisch ausgelebt. Eine gereizte Manie kann natürlich auch zu gereizten Aktionen führen, v.a. wenn die Umgebung Widerstand leistet.

Persönlichkeitsstörungen

Beim Stalking kann davon ausgegangen werden, dass ein Großteil der Dauerbelästigungen in überwertigen Ideen und einem zugehörigen Nachdenken/Grübeln über eine narzisstische Kränkung wegen einer verweigerten Beziehung oder eines vermeintlichen (und daher objektiv nicht auszulöschenden) Unrechts ihre Wurzel hat. Insbesondere bei den Persönlichkeitsstörungen ergibt sich die Gefahr überwertiger Ideen aus jeweils über- oder unterentwickelten Persönlichkeitszügen. Die Ambivalenzminderung durch das aktive Verfolgen lässt den Stalker ein angenehmes Ventil (ebenfalls ohne objektive Auflösung) erleben, so dass sich Obsessionen ergeben. Steigt die Spannung weiterhin, steigt auch die Gefahr einer kompulsiven Lösung in einer das Opfer gefährdenden oder gar auslöschenden Aktion.

Erhöhte Verhaltenskontrolle. Wahnhafte Störungen können auch noch Anteil einer nicht sehr ausgeprägten schizophrenen Erkrankung, beispielsweise einer schizotypischen (Persönlichkeits-)Störung sein. Schließlich finden sie sich bei überwältigenden Affektzuständen, die aus besonderen Lebensumständen resultieren (Einsamkeit, existenzielle Krisen usw.). Spannungslösung durch Wahnbildung kann hier ebenfalls einsetzen (Leonhard, 1980). Der Wahn löst sich üblicherweise, wenn die Affektquelle erlischt. Besteht diese weiter, wird auch der Wahn persistieren (im Falle von Stalking: in Form von unverminderter Einsamkeit oder unbefriedigten oder frustrierten Lebensbedürfnissen). Wahrnehmung und Antrieb bleiben ungestört, so dass das Wahnthema verhaltensbestimmend werden kann („erhöhte Verhaltenskontrolle" in unserer Taxonomie; → 7.3).

Emotionale Überflutung

Wenn sich das Grübeln mit erlebten Frustrationen auseinander setzt, ist dies stets mit einem aversiven Erregungszustand verbunden. Werden grundlegende Bedürfnisse kontinuierlich frustriert, nehmen Anstrengungen zu, subjektiv wichtige Ziele einer Bedürfniskonstellation zu erreichen, schon um die mit Frustrationserfahrungen verbundenen negativen Gefühle zu beenden. Bleiben diese Bemühungen erfolglos, können negative Gefühle bei versagendem Coping übermächtig werden und die betreffende Person geradezu überfluten (Millar et al., 1998).

Stresserleben, Schuldgefühle, Eifersucht, Ärger und Wut erinnern die Person ständig daran, dass wichtige Ziele und Wünsche nicht erreicht wurden. Die Betreffenden geraten in einen sich aufschaukelnden Teufelskreis, in dem sich Episoden des grübelnden Nachdenkens, frustrierende Erfahrungen und negative Emotionen mit der Folge erneuten Grübelns usw. ständig wiederholen und verstärken. Schließlich kann das Handeln der Verfolger ausschließlich auf Vergeltung und Rache ausgerichtet sein – und zwar in dem Maße, wie sie realisieren, dass sich die Wünsche nach Beziehung oder Wiedergutmachung als illusorisch erweisen (Carson & Cupach, 2000).

Zuneigung und Verliebtheit. Nicht alle Stalking-Phänomene sind durch eine aversiv getönte Gefühlswelt motiviert. Viele Stalker werden fast ausschließlich durch positive Emotionen der Zuneigung und Verliebtheit angetrieben. Auch wenn die Gefahr gewalttätiger Übergriffe bei durch Zuneigung motiviertem Stalking als gering einzuschätzen ist, können diese gelegentlich durchaus zu sexuellen Übergriffen führen und sexuelle Gewalt implizieren (Fiedler, 2004a). Bei Verliebtheitsstalkern handelt es sich in den meisten Fällen um Personen mit geringer sozialer Kompetenz, denen es vor allem an sozial bezogener Autonomie mangelt.

Distal tragen häufig dysfunktionale Erziehungsumwelten wesentlich dazu bei, dass sich bei den Betreffenden keine solide Grundlage dafür einstellt, ein positives Selbstbild entwickeln und ausreichende soziale Verhaltensweisen erlernen zu können. Soziale Kontakte werden zunehmend vermieden. In diesem Zusammenhang entwickelt sich eine komplementäre Einstellung, von der sozialen Gemeinschaft abgelehnt und ausgegrenzt zu werden – was häufig mangels sozialer Kompetenz auch faktisch geschieht. Zunehmende Tagträumereien treten als Ersatz an die Stelle sozialer Beziehungen, die insbesondere in der Jugend und im jungen Erwachsenenalter vielen Gleichaltrigen die ersten wichtigen sexuellen Erfahrungen ermöglichen.

Sexuelle Fantasien und Verfolgung. Proximal ist das Verliebtheits-Stalking ebenfalls als ein spiralförmiger Aufschaukelungsprozess verstehbar, der jedoch weniger durch negative Emotionen und Grübeleien gekennzeichnet ist als durch ein Wechselspiel positiv-sexueller Fantasien und Gefühle. Isolation, soziale Ausgrenzung und Einsamkeit bewirken eine Ersatzsuche in sexualisierten Fantasien und setzen eine innere Systematik in Gang, die sich im weiteren Verlauf verselbständigen kann (Fiedler, 2004a). Mit reicher Fantasie und scheinbar frei von weiterer Zurückweisung und Ausgrenzung baut sich der Betreffende in einer Art mentalem Training seine eigenen erotischen Vorstellungen von intimen Begegnungen. Gebrauch und Missbrauch von Alkohol und Pornographie, sozial-phobische und affektive Störungen gelten in diesem Zusammenhang als enthemmende Risikofaktoren dafür, dass der spätere Wechsel von der Fantasie in die Wirklichkeit stattfinden kann. Ähnliche Entwicklungen können beim Erotomanie-Stalking beobachtet werden.

Rationalisierung und Dekonstruktion der Wirklichkeit

Natürlich kann den Stalkern im Verlauf ihrer Aktionen deutlich werden, dass ihre Bestrebungen um das (Wieder-)Herstellen einer Beziehung nicht gewünscht sind oder dass sie mit obsessiven Bemühungen um Wiedergutmachung und Vergeltung ethische wie rechtlich akzeptierbare Grenzen überschreiten. Angesichts zunehmender emotionaler Überflutung durch ambivalentes Grübeln und Fantasietätigkeit geht ihnen jedoch eine der Wirklichkeit entsprechende Verhaltenskontrolle verloren. Die meisten handeln im Hier und Jetzt, vollständig eingenommen von ihren beim Grübeln und in der Fantasietätigkeit vorweggenommenen Lösungsmustern.

Der Teufelskreis, in den die meisten dabei geraten, ist im Bereich sexuell motivierter Übergriffe und Stalking-Phänomene als „Mikromodell kognitiver Dekonstruktionen" gut untersucht (Ward et al., 1998; Fiedler, 2004a). Spitzberg und Cupach (2001) unterstellen einen Prozess zunehmender Rationalisierung für die Notwendigkeit, ethische und rechtlich bedenkliche Grenzverletzungen während der Stalking-Aktionen selektiv unaufmerksam ausblenden zu müssen. Baumeister (1991) hat diesen Teufelskreis treffend auch als fortschreitenden Prozess der Selbstentfremdung oder Flucht vor dem eigenen Selbst beschrieben.

Kognitive Dekonstruktionen

Das Mikromodell beschreibt, wie die Täter vor, während und nach ihren Stalking-Aktionen mit aufkommenden Gefühlen der Unsicherheit, Angst, Scham, Schuld, Wut oder Zorn umgehen. Viele „dekonstruieren" ihre unethischen Handlungen, indem sie ihre Aufmerksamkeit auf das unmittelbare Geschehen und kurze Zeiträume ausrichten: auf ihre Zuneigung und Liebe oder auf Ärger, Wut und das Nachsinnen über Vergeltung, auf die Antizipation des Erreichens aktueller Ziele oder die Befriedigung aktualisierter Bedürfnisse, auf die Wiederherstellung superiorer Positionen in der von Zurückweisung und Trennung bedrohten Beziehung usw. Auf diese Weise behindern sie Gefühle von Schuld, Scham oder Angst, die zu einer Unterbrechung des Stalking-Geschehens beitragen könnten – wie dies bei den meisten anderen Menschen mit sozial bezogener Autonomie auch der Fall wäre.

Stalker hingegen blenden aktiv (kognitiv rationalisierend) Gefühle aus, die auf langfristig negative Folgen ihres Verhaltens hindeuten. Schuld, Scham und Angst würden sie an unakzeptable Folgen ihres Verhaltens erinnern: an die Konsequenzen für sich selbst (Bestrafung, Gefängnis) wie für andere (Beeinträchtigungen des Opfers). Das Aufmerksamkeitsgeschehen läuft automatisch und rigide ab, so dass sich einige Täter zeitweilig wie in Trance handelnd erleben. Auf diese Weise geraten sie schließlich in den Zwang, Schuldgefühle auch noch in der Folge ihrer Taten dekonstruieren zu müssen, etwa indem sie Scham und Schuldgefühle mittels Rationalisierung externalisieren: „Sie/er ist selbst schuld!" – „Sie/er hätte ja bei mir bleiben können!" – „Sie/er hätte sich ja wehren können!" usw. (Ward et al., 1995).

8.3.2 Opfer und die Psychodynamik der Beziehungsverweigerung

Auch auf die späteren Opfer von Stalking treffen viele jener Beziehungsaspekte zu, die wir als distale Faktoren der Beziehungsaufnahme und Beziehungsverweigerung dargestellt haben. Opfer von Stalking ist man nicht unmittelbar, sondern eine Beziehungsverweigerung stellt sich als ein prozessuales Geschehen dar. Die betreffenden Personen wechseln in kurzer Zeit oder auch allmählich in die Opferrolle hinüber oder werden in diese hineingezwungen. Angesichts der dominierenden täterorientierten Stalking-Forschung gibt es bisher nur wenige Untersuchungen, in denen die Viktimisierung bei Stalking im Mittelpunkt steht. Eine Ausnahme stellt die soziologische Studie von Dunn (2002) dar, auf deren Ergebnisse hier zurückgegriffen wird. Die Autorin führte Untersuchungen und Interviews mit 123 Frauen durch, die Opfer von juristisch geahndeten Stalking-Aktionen wurden. Da männliche Opfer in dieser Studie fehlen, schränkt dies die Aussagekraft der Studie etwas ein; bedacht werden sollte jedoch, dass es sich bei den meisten Opfern von Stalking ohnehin um Frauen handelt (zwischen 70 und 80 Prozent je nach Studie).

Stalking-Erfahrungen. Die Verhaltensweisen der Verfolger der von Dunn untersuchten Frauen umfassten das gesamte Spektrum an Möglichkeiten: Ein Drittel der Täter handelte aus andauernder Verliebtheit, ein Drittel wurde vom Wunsch nach Wiederherstellung einer zerbrochenen Beziehung angetrieben, beim Rest stand die Erwartung nach Wiedergutmachung oder Vergeltung im Vordergrund. Über die Hälfte der Opfer musste direkte Verfolgungsaktionen, Nachspionieren und Beobachtungen aus der Ferne über sich ergehen lassen. Drei Viertel der Opfer wurden mit Tötungsabsichten bedroht, was viele letztendlich dazu bewog, polizeiliche Hilfe in Anspruch zu nehmen. Jeweils etwa 60 Prozent der Frauen berichteten von Sachbeschädigungen, aufdringlichen Hausbesuchen und lauten Beschimpfungen in der Öffentlichkeit. Bei 52 Prozent von ihnen dokumentierte die Autorin körperliche Übergriffe und Gewalthandlungen, bei 10 Prozent sexuelle Übergriffe. Andauernde Gewaltandrohungen mussten 46 Prozent erdulden, 30 Prozent wurden mit einer Waffe bedroht. Drei Viertel wurden kontinuierlich mit Telefonaten belästigt, viele auch mit dauernden Zusendungen und schriftlichen Botschaften, die auf unterschiedlichste Weise übermittelt wurden.

Paradoxien der Beziehungsverweigerung: Widerstehen oder Nachgeben?
Die Untersuchung von Dunn (2002) macht darauf aufmerksam, dass es sich beim Prozess der Viktimisierung nach Beziehungsverweigerung um ein sehr variantenreiches Geschehen der persönlichen und intensiven Auseinandersetzung mit andauernden Liebesbekundungen, Wiederaussöhnungswünschen oder Vergeltungsbekundungen der Verfolger handelt. Die Beziehungsmuster des Opfers zum Verfolger nehmen sich – von außen betrachtet – vielfach als unentschlossenes Hin- und Herschwanken zwischen Widerstehen und Nachgeben aus und las-

sen sich keinesfalls immer eindeutig unter dem Label „passives Opfer von Stalking" zusammenfassen (vgl. die Übersicht mit den Reaktionen der Opfer auf Stalking in → Tab. 8.1).

Dennoch werden im Verhalten der Frauen und wegen vieler Paradoxien im Prozess der Beziehungsverweigerung einige Gemeinsamkeiten deutlich: Verfolgte Frauen verhalten sich offenkundig auf eine recht gut antizipierbare und nachvollziehbare Weise, auch wenn ihre Reaktionen in den Augen anderer Menschen häufig Befremden auslösen.

Tabelle 8.1: Einzelne oder mehrfache Reaktionen von 123 weiblichen Opfern auf Stalking-Aktionen von Männern, die polizeilich geahndet wurden (Dunn, 2002, S. 61)

Nachgeben/Compliance

Telefonate annehmen, dabei mit dem Verfolger reden	61 %
Versuche, mit dem Verfolger vernünftig zu interagieren	38 %
bereits früher im Leben: Trennung rückgängig gemacht	28 %
die Tür für ein gemeinsames Gespräch öffnen	27 %
keine Anzeige erstatten	27 %
die Polizei bitten, den Verfolger nicht zu verhaften	19 %
den Verfolger ins Haus lassen	18 %
die Anzeige zurückziehen	16 %
von sich aus Kontakt zum Verfolger herstellen	10 %
sich an einem neutralen Ort treffen	09 %
während des Stalkings zum Verfolger zurückkehren	07 %
in eine sexuelle Beziehung einwilligen	04 %
den Verfolger im Gefängnis besuchen	03 %
dem Verfolger schreiben	03 %

Widerstand leisten

eindeutige Grenzen setzen	70 %
keinen Zutritt zur Wohnung gewähren	40 %
drohen, die Polizei anzurufen	27 %
sich körperlich zur Wehr setzen	25 %
am Telefon auflegen	23 %
mit dem Verfolger streiten	19 %
den Verfolger anschreien und beschimpfen	19 %

Kontaktvermeidung

Notieren aller Telefongespräche	40 %
Orte der Begegnung unmittelbar verlassen	40 %
bei Freunden und Familie Schutz/Unterschlupf suchen	37 %
sich verstecken	32 %
die Telefonnummer ändern	24 %
die Wohnung aufgeben und umziehen	22 %

Hilfe suchen

die Polizei anrufen	92 %
Anzeige erstatten/auf strafrechtlicher Verfolgung bestehen	37 %
auf Verhaftung drängen	30 %
Personenschutz beantragen	19 %
lautes Hilferufen in der Öffentlichkeit	11 %

Drohender Bindungsverlust. Obwohl sich das Stalking und seine Bedrohlichkeit häufig fernab jedes noch üblichen Werbeverhaltens bewegte, durchzog viele Interviews – wie sich Dunn (2002, S. 77) ausdrückte – „eine Sprache und Bilderwelt romantischer Liebesvorstellungen, und selbst Frauen, die von den Verfolgern in Angst und Schrecken versetzt wurden und die fest entschlossen einer gewalttätigen Beziehung ein Ende setzen wollten, schienen in besonderer Weise anfällig für den Gesang der Sirenen". Die initiierte Beziehungsverweigerung aktiviert bei vielen betroffenen Opfern offenkundig eine zunehmende Angst des Bindungsverlustes, die verstärkt wird durch gemeinsame Erfahrungen aus besseren Zeiten und die Erinnerungen daran.

Die rituelle Macht des Umworbenwerdens. Viele Verfolger greifen offenkundig auf Taktiken und Rituale zurück, mit denen sie auch in den Phasen der ersten Beziehungsaufnahme das geliebte Objekt umworben haben. Nicht zu übersehen ist, dass annähernd 30 Prozent der Opfer bereits im Vorfeld des aktuellen Stalkings einen oder mehrere Trennungsversuche vom gleichen Partner hinter sich haben und zurückgekehrt sind. Und 7 Prozent sind sogar kurzzeitig während des aktuell laufenden Stalking-Geschehens zum Partner zurückgekehrt, gelegentlich darum bemüht, eine bereits erfolgte Anzeige zurückzunehmen. Obwohl die letzte Gruppe nur neun Frauen umfasste, bekundeten sechs dieser Frauen, dass sie zurückgekehrt seien, weil der Ex-Partner ausdrücklich und erneut seine Liebe bekundet habe. Vier Prozent ließen sich zu sexuellen Kontakten überreden. Drei der 141 Frauen willigten in der Hoffnung ein, damit weiteren Bedrohungen zu entgehen.

Auch in den sich weniger dramatisch ausnehmenden Fällen eines Nachgebens gegenüber dem Stalker gibt über die Hälfte der Frauen an, dass sie auch die erneuten Liebesbezeugungen zum Nachgeben motiviert hätten. Nur etwas mehr als ein Drittel der Frauen schien in der Lage, erneuten Liebesbezeugungen keinerlei Beachtung mehr zu schenken. Dennoch gibt es auch bei diesen Frauen Episoden des Eingehens auf Forderungen der Stalker – in diesen Fällen, um der angedrohten Gewalt zu entgehen oder angekündigte Sachbeschädigungen zu vermeiden.

Nachgeben/Compliance: Gefahren für die Glaubwürdigkeit

Die Hoffnungen, die sich mit dem jeweiligen Nachgeben verbanden, stellten sich im Nachhinein meist als trügerisch heraus. Bereits ein Blick auf die erwähnten Stalking-Aktionen zeigt, dass Liebeswerben und Bedrohungen häufig ambivalent fluktuierten und dass mehr als die Hälfte der Opfer Gewalthandlungen über sich ergehen lassen musste.

Im Verlauf des Stalkings kam für alle nachgebenden Frauen ein weiteres Problem hinzu: Ein Nachgeben gegenüber dem Verfolger kann einen Schatten auf die Glaubwürdigkeit des Opfers werfen, dies insbesondere dann, wenn die bisherigen Vorfälle bereits polizeilich registriert und Absprachen getroffen wurden, zukünftige Kontakte strikt zu vermeiden. Obwohl die meisten Frauen um den möglichen Verlust ihrer Glaubwürdigkeit wussten, waren es schließlich weit mehr als die Hälfte, die Telefonate mit dem Verfolger führten, und mehr als ein Drittel versuchte wiederholt, anstehende Probleme auf sachliche Weise zu klären. Ein Viertel öffnete den Verfolgern die Tür, und annähernd 20 Prozent gewährte ihnen Zutritt ins eigene Haus.

Das häufigste Motiv: endlich Frieden. Es bleibt für die zukünftige Behandlung von Stalking beachtenswert, dass die überwiegende Mehrheit der Opfer (annähernd 90 Prozent in der Studie von Dunn) im Verlauf des Stalkings wenigstens eine Compliance-Strategie (zumeist mehrmals) in Anwendung bringt. Etwa 60 Prozent berichten über drei oder mehr Möglichkeiten des Nachgebens, und immerhin 12 Prozent nutzten sechs und mehr der als Compliance tabellierten Varianten. Aus den Interviews von Dunn ist ablesbar, dass mit dem Nachgeben nicht immer einem erneuten Werbeverhalten der Verfolger entsprochen wurde, wenngleich das auch der Fall sein konnte. Dennoch: Die meisten wollten mit einem Nachgeben erreichen, dass die Stalking-Aktionen nachließen und das Stalking-Geschehen zum Erliegen kam. Oder sie wollten vermeiden, dass Unbeteiligte in die Stalking-Aktionen hineingezogen werden.

Fallbeispiel

Eine Betroffene berichtete, dass ihr Ex-Ehemann draußen im Auto saß und kontinuierlich die Hupe des Autos betätigte. „Das konnte nur die gesamte Nachbarschaft alarmieren. Ich rief die Polizei an. Dann ging ich nach draußen, nur um ihn zu beruhigen. Als er mich auf das Auto zukommen sah, stellte er ▶

das Hupen ein. Er rief mir entgegen: ‚Ich will dir nichts tun, nur mit dir reden!' Ich wollte ihn bitten, schnellstmöglich abzuhauen, nur kurz reden mit ihm, um ihn ruhig zu bekommen. Ich war es leid, war unendlich müde, wollte endlich meine Ruhe. Wegen des Lärms waren bereits die Nachbarskinder auf die Straße gelaufen. Und weil mir das peinlich war, stieg ich schnell zu ihm ins Auto.

Sowie ich im Auto saß, schlug er auf mich ein. Ich war wie gelähmt. Ich kann mir nicht erklären, warum ich nicht gleich wieder aus dem Auto gesprungen bin. Es war wohl wie immer. Früher, als er mich schlug, habe ich auch immer alles über mich ergehen lassen, nur um ihn ruhig zu stellen. Erst als die Polizei in der Ferne sichtbar wurde, stieg ich aus. Und er fuhr sofort davon. Zu seinem Glück, denn die Polizisten wollten erst einmal meine Schilderung des Vorfalls hören. Als Erstes wollten sie wissen, warum ich zu ihm ins Auto gestiegen sei …“ (Dunn, 2002, S. 89f.).

Bittere Enttäuschung als Folge. Insbesondere, wenn dem Beziehungswunsch der Verfolger trotz zeitweiligen Nachgebens nicht weiter entsprochen wird, setzt die Verfolgung erneut ein, und es drohen weitere Belästigungen und Gefahren. Immerhin waren zwei Drittel der hier einbezogenen Stalker bereits in der vorausgegangenen Beziehung gewalttätig, 71 Prozent waren bereits vorher infolge anderer krimineller Handlungen polizeilich registriert worden. Wenn Stalking-Opfer nicht schon von Anfang an andere Handlungsmöglichkeiten gewählt haben, weichen sie spätestens mit der Erkenntnis, dass mit Nachgeben/Compliance der feste Entschluss einer Beziehungsverweigerung nicht durchzuhalten ist, auf andere Strategien aus.

Widerstand: Selten langfristig erfolgreich
Strategien, dem Stalker aktiv die Stirn zu bieten, kommen zwar weniger häufig vor, sind jedoch nicht unüblich. Für die meisten Betroffenen stellt die aktive Gegenwehr einen wichtigen Schritt in Richtung Autonomie und Unabhängigkeit dar, wenngleich sie sich häufig in ihr Gegenteil verkehrt und kaum eine Verminderung der Stalking-Aktionen zur Folge hat. Weiter ist aktiver Widerstand im Kontext eines Werbungsverhaltens (erneute Liebesbekundungen durch die Verfolger, Entschuldigungen für partnerschaftliche Verfehlungen) für die meisten, weil häufig „entwaffnend“, nicht ganz leicht umzusetzen; jedenfalls nicht, wenn – wie schon früher – Gegengewalt erwartet werden muss. Die aktive Gegenwehr wird von den Betroffenen häufig und zusätzlich als ambivalent, sozial unerwünscht und damit als schuld- und schambehaftet erlebt. Ferner sind Widerstandsaktionen mitnichten immer unmittelbar erfolgreich. Sich etwa argumentativ oder sogar körperlich zur Wehr zu setzen, birgt insofern eine Reihe unmittelbarer Probleme und Gefahren, als dies sofort auch Gegengewalt und eine Zunahme der Bedrohlichkeit des Stalking-Szenarios insgesamt auszulösen vermag.

Im Interview gab ein Opfer folgende Episode bei der Polizei zu Protokoll:
„Mitte Juli stand Calvin vor meinem Appartement und beschimpfte mich auf
unflätige Weise. Er schrie durch die Tür, er wisse, dass ich gerade mit einem
anderen schlafe und dass er uns beide umbringen werde. Ich schrie durch die
Tür zurück, dass er abhauen solle. Daraufhin schlug er mit aller Gewalt auf die
Tür ein. Aber ich wollte die Tür nicht mehr öffnen. Ich rief den Polizeinotruf
an und erzählte, was los war.

Als ich heute mit dem Auto nach Hause kam, wartete Calvin bereits auf
dem Parkplatz. Er schrie mich an und nannte mich eine Hure. Ich schrie laut
zurück, dass er mit dem Schreien aufhören und endlich verschwinden solle.
Ich lief in mein Appartement und schloss schnell die Tür. Er lief laut schreiend
hinter mir her und hämmerte mit seinen Fäusten auf die Tür ein. Ich schrie
laut zurück, dass ich jetzt die Polizei rufen würde, erzielte damit aber kaum
eine Wirkung." (Dunn, 2002, S. 74)

Kontaktvermeidung: Zeitaufwendig und kostspielig

Strategien der aktiven Kontaktvermeidung werden insgesamt von mehr als der
Hälfte der Stalking-Opfer gewählt. Sie erscheinen ihnen als eine Möglichkeit, unerwünschte Interaktionen mit dem Verfolger deutlich zu verringern. Häufig sind
sie indes mit erheblichen Kosten und einem beträchtlich Zeitaufwand verbunden
und gar nicht immer erfolgreich durchzuhalten.

Bericht eines weiblichen Stalking-Opfers über die Versuche und Konsequenzen, sich dem Verfolger durch Vermeidungsstrategien zu entziehen:
„Ich packte meine Sachen zusammen und ließ mich und meinen Hund mit
dem Polizeiauto für eine Nacht zu einer Freundin bringen. Am nächsten Tag
ging ich nicht zur Arbeit. Ich rief die Telefongesellschaft an, um eine nicht öffentlich registrierte neue Telefonnummer zu bekommen. In den Gelben Seiten
suchte ich mir ein Rechtsanwaltsbüro in der Nähe und rief dort an, um mich
über meine rechtlichen Möglichkeiten zu informieren. Ich ging nur noch
außer Haus, wenn dies unbedingt notwendig war, und führte den Hund dort
aus, wo wir noch nie gewesen waren. Ich änderte alle regelmäßigen Termine in
meinem Kalender. Zur Arbeit fuhr ich auf völlig neuen Wegen. An der Arbeitsstelle war ich telefonisch nicht mehr direkt erreichbar, sondern nur noch über
die Zentrale, die nur noch jene Gespräche durchstellte, die unbedingt angenommen werden mussten usw. ..."

Am Schluss der deutlich längeren Ausführungen fügte die Frau noch hinzu:
„Ich habe inzwischen den Kontakt zu den meisten Menschen eingeschränkt

▶

oder abgebrochen, worunter ich sehr leide. Schließlich gab ich sogar meine Arbeit auf. Dabei liebe ich meinen Job, denn die Leute, mit denen ich dort zusammenarbeitete, waren immer meine Familie. Mich von allen, die wir [mein Ex-Partner und ich] gemeinsam kannten, plötzlich fern zu halten und alles jetzt allein unternehmen zu müssen, das fällt mir nicht leicht." (Dunn, 2002, S. 62)

Kontaktvermeidungsstrategien werden von allen Opfern als wichtig und sinnvoll betrachtet. Trotzdem bergen die in → Tabelle 8.1 aufgeführten Vermeidungsversuche ebenfalls die Gefahr, dass Ärger und Wut auf Seiten der Verfolger zunehmen und sich in zornigen Aktionen Bahn brechen können.

Suche nach externer Hilfe und Unterstützung

Die von Frauen eingesetzten Strategien beinhalten zumeist die Ausschöpfung juristischer und polizeilicher Möglichkeiten (→ Tab. 8.1). Für die Hilfesuchenden selbst ist dies durchaus ein zeitaufwendiger und beschwerlicher Weg, auf dem viele weitere Fallstricke lauern können. Die Ermittlungen bei der Polizei beginnen nämlich zumeist mit intensiven Befragungen der Opfer. Und in den Augen der aufklärenden Instanzen lassen sich Handlungen oder Phasen des Nachgebens, innerer Ambivalenzen der Opfer oder sogar das zeitweilige Aufgeben der Beziehungsverweigerung nur schwer mit Kriterien in Übereinstimmung bringen, nach denen der Tatbestand von Stalking sich in juristischen Definitionen erfüllt.

Der Wechsel vom ehemaligen Liebesobjekt oder Ehepartner, Freund oder Arbeitskollegen zum Opfer von Stalking findet nicht in einem Vakuum statt. Die Auswirkungen der Viktimisierung, insbesondere auch das öffentliche Coming-out durch den Einbezug der Justiz und der Öffentlichkeit, sind für eine vollständige Analyse und Erklärung des Stalkings genauso bedeutsam wie alle anderen psychologischen Phänomene, die dem Stalking als bis dahin „privates" Problem zweier Menschen vorausgehen und es begleiten.

Insbesondere wenn ehemalige Intimpartner, Freunde oder Arbeitskollegen mit Stalking beginnen, kommt wohl kaum ein Betroffener daran vorbei, sich Fragen folgender Art zu stellen: Wem kann ich von den Belästigungen erzählen? Darf ich das überhaupt? Bin ich nicht mitschuldig an allem, weil ich es war, der die Beziehung aufgekündigt hat? Sollte oder kann ich nicht besser mit dem Problem allein fertig werden? Soll ich etwa polizeiliche oder juristische Hilfe in Anspruch nehmen? Hat die Polizei nicht anderes zu tun, als sich in die Beziehungskisten von uns Bürgern einzumischen?

Fragen dieser Art sind nicht immer leicht zu beantworten. Die Bewältigung von Stalking ist harte emotionale Arbeit. Vielfach stellen sich weitere und tiefer gehende Fragen: nach der Gestaltung der Zukunft, der Suche nach einer neuen Identität und einer neuen Rolle. Dass all dies mit Ambivalenzen und Konflikten verbunden ist, und zwar selbst dann, wenn vom Verfolger gefährliche und gewalttätige Übergriffe zu erwarten sind, sollte anhand der vorausgehenden Abschnitte deutlich geworden sein.

8.4 Stalking wird offiziell: Viktimisierung und Kriminalisierung

Ist der Entschluss gefasst, öffentliche Hilfe bei der Polizei oder in einem Anwaltsbüro zu suchen, werden viele Opfer möglicherweise nochmals mit der „Wirklichkeit" konfrontiert – besser: mit einem neuen Blick auf die „Wirklichkeit", den sie in dieser Art und Weise ebenfalls nicht unbedingt erwartet hätten. Eine Hilfestellung von Seiten der Öffentlichkeit und insbesondere der Justiz erfolgt nur dann, wenn das Opfer die Kriterien erfüllt, die für eine offizielle Gewährung von Rechtsbeistand angesetzt werden.

8.4.1 Viktimisierung: Kritische Fragen, peinliche Antworten

Zur Klärung dieses Sachverhalts muss die Hilfe suchende Person zunächst eine Reihe peinlicher Fragen über sich ergehen lassen – und zwar nicht nur einmal, sondern gelegentlich viele Male. Peinliche Fragen deshalb, weil sie sehr persönlich sein oder intime Angelegenheiten betreffen können. Peinliche Fragen für viele auch, weil sie sich unversehens in einer Rolle wiederfinden, die viele Betroffene für sich nicht unmittelbar akzeptieren: nämlich offiziell in allen öffentlich geführten Dokumenten als „Opfer von Stalking" bezeichnet zu werden. Der Prozess gewollter oder nicht gewollter Viktimisierung beginnt.

Wie sich schnell herausstellen kann, ist das „Erlernen" einer offiziell angemessenen Opferrolle für viele Betroffene kein leichtes Unterfangen. Die Serie wiederholter Fragen könnte beispielsweise in einer Beratungsstelle für Stalking-Opfer beginnen, sich dann bei der Polizei fortsetzen, sich anschließend bei einem Rechtsanwalt, vielleicht auch noch bei einer Untersuchung des Gesundheitszustandes bei einem Arzt oder Psychologen wiederholen. Diesen Weg über eine Opferberatungsstelle zu beginnen, ist zumeist klug gewählt, weil man dort auf die nachfolgenden Befragungen in aller Regel vorbereitet wird. Dort erhält man etwa den Rat, auf bestimmte Fragen nicht zu vorschnell, sondern nur mit Bedacht zu antworten, weil nämlich die Gefahr besteht, die eigene, von expliziten wie impliziten Kriterien abhängige Glaubwürdigkeit als ‚tatsächliches Opfer von Stalking' zu untergraben.

Der offizielle Zwang, einer Opferrolle zu entsprechen. Das Opfer sieht sich plötzlich gezwungen, die Ernsthaftigkeit einer Bedrohung oder Verängstigung eindrücklich belegen zu müssen. In der Konsequenz muss es eine Rolle einnehmen, die den öffentlich-rechtlichen Erwartungen an eine Opferrolle auch entspricht.

Mit Blick auf die Gesetzeslage heißt dies, soweit das angesichts der Heterogenität gesetzlicher Vorschriften überhaupt zu überblicken ist:

▸ Versuche einer Verängstigung und Bedrohung müssen durch die Opfer möglichst glaubhaft vorgebracht werden;
▸ Versuche einer bedrohlichen Einschüchterung und Dauerbelästigung müssen zweifelsfrei belegt und dokumentiert werden;
▸ die Opfer dürfen für Stalking-Aktionen nicht mitverantwortlich sein, vielmehr nachweisen, dass sie selbst schuldlos darin verstrickt sind;
▸ polizeilich-rechtliche Maßnahmen setzen grundsätzlich die Kooperation der Opfer voraus.

Diese Anforderungen sind nicht immer leicht zu erfüllen. Das Opfer muss nämlich neben der jetzt offiziell von ihm erwarteten neuen Rolle auch noch andere Rollen weiterführen, die mit dem im Hintergrund ablaufenden Stalking-Szenario mehr oder weniger zusammenhängen: Es muss weiterhin auch Erwartungen in der Familie oder an der Arbeitsstelle gerecht werden, die sich nicht nur gegenüber offiziellen Erwartungen, sondern auch noch untereinander unterschiedlich ausnehmen können. Und das Opfer muss die unvorhersehbar weiterlaufenden Stalking-Aktionen bewältigen: zeitgleich also versuchen, Denken und Fühlen dem Verfolger gegenüber in den Griff zu bekommen, ja vielleicht sogar die Intentionen und Gefühle des Stalkers selbst gut im Auge zu behalten, damit diese nicht in Handgreiflichkeiten ausarten.

8.4.2 Erlernen oder Verweigern einer sozial konstruierten Opferrolle

Einige problematische Aspekte, mit denen Opfer von Stalking in offiziellen Befragungen ihre Glaubwürdigkeit einbüßen könnten, wurden bereits angedeutet (→ 8.3.2): Fast alle Strategien zeitweiliger Nachgiebigkeit gehören dazu, Versuche einer sachlichen Problemklärung mit dem Stalker, das Verabreden gemeinsamer Treffen wie auch aktive Widerstände und laute Streitgespräche. Stalking setzt die vollzogene Trennung voraus, und offizielle Hilfe kann offenkundig nicht erfolgen, wenn ein Trennungsprozess noch nicht abgeschlossen ist. Weiter erfüllen nicht alle Aktionen und Belästigungen von Verfolgern die gesetzlichen Vorgaben einer strafbaren Handlung: Blumen, Liebesbekundungen, das Erbitten einer Aussprache, Versuche, einen Konflikt zu bereinigen oder vollzogene Trennungen rückgängig zu machen etc. Da sich die Anti-Stalking-Gesetze von Land zu Land unterscheiden, haben Stalking-Opfer in den USA eine andere „Opfer-Rolle" zu lernen als in den Niederlanden, und dort wiederum eine völlig andere als Stalking-Opfer in Deutschland.

„Echte Opfer" geben nicht leichtfertig nach

Wie die Interviews von Dunn (2002) mit weiblichen Stalking-Opfern zeigen, wendeten diese in bis zu 90 Prozent der Fälle eine oder mehrere der in Tabelle 8.1 aufgelisteten Compliance-Strategien des Nachgebens gegenüber dem Verfolger an. Die Motive hierfür reichen von der Hoffnung, doch noch eine sachliche und vernünftige Lösung herbeizuführen, bis hin zum subjektiv erlebten Zwang, auf diese Weise Bedrohung, Gewalt oder öffentliche Beschämung abwenden zu können – auch wenn sich die meisten dieser Erwartungen später als illusorisch herausstellen, was in vielen Fällen auch schon im Voraus absehbar war.

In den Augen der Öffentlichkeit und der Polizei büßen Opfer mit solchen Aktionen nicht selten an Glaubwürdigkeit ein, auch wenn ihre Motive gelegentlich gut nachvollziehbar sind. Nicht nur von Seiten der aufklärenden Instanzen (Polizei, Anwälte), sondern auch in der eigenen Familie und bei Freunden wie auch gelegentlich durch die bereits informierte Presse werden kritische Fragen laut, warum denn „in aller Welt" die betreffende Person (wieder einmal) dem Kontaktansinnen des Verfolgers nachgegeben habe.

Bruch eines verordneten Kontaktverbots. In den meisten Ländern ist es bei bestimmten Dauerbelästigungen (auch bei bereits vorliegenden Anti-Stalking-Gesetzen) möglich oder (bei Fehlen solcher Gesetze wie zurzeit noch in Deutschland) sogar notwendig, in minder schweren Fällen zunächst zivilrechtlich eine Unterlassung der weiteren Verfolgung zu erwirken. Danach kann vom Opfer direkte polizeiliche Hilfe in Anspruch genommen werden. Ist ein solches Kontaktverbot gerichtlich angeordnet worden, wird jedoch nicht nur vom Täter, sondern auch vom Opfer strikt erwartet, dass keinerlei Kontaktaufnahme mehr zwischen beiden erfolgt. Sollte diese Kontaktverbotsregel vom Opfer gebrochen werden, bringt es sich in die Gefahr, dass ihm Hilfe und Unterstützung künftig versagt wird.

Zweifel an der Opferrolle. Ist Beziehungsverweigerung ernst gemeint, dann darf es offenkundig kein Nachgeben mehr geben, auch nicht zeitweilig, jedenfalls „offiziell". Konflikte und Ambivalenzen in der Motivlage der Opfer, etwa der Wunsch nach „zeitweiliger Ruhe" oder „kurzfristigem Frieden", spielen in diesem Zusammenhang eine eher untergeordnete Rolle. Bis in die Gerichtsverhandlung hinein müssen Opfer damit rechnen, wiederholte Male immer wieder gleichartigen Fragen – spätestens seitens der Verteidigung des Verfolgers – ausgesetzt zu sein, ob es nicht doch Gelegenheiten gab, zu denen Briefe und Geschenke des Verfolgers angenommen wurden, einvernehmliche Gespräche stattfanden, Zuneigungsbekundungen entsprochen wurde usw. Compliance gegenüber dem Täter und Non-Compliance gegenüber der Anordnung gilt als Einbruch in der Standfestigkeit und teilweises Eingeständnis von Mitschuld und wirft erhebliche Zweifel an der Viktimisierung auf.

„Echte Opfer" schlagen nicht zurück

Compliance ist nur eine der Strategien, die von Opfern zur Bewältigung der Stalking-Erlebnisse eingesetzt werden. Andere sind z.B. standhaftes Widerstehen, gelegentliches lautstarkes Mitstreiten und -schreien oder sogar Verteidigungsversuche unter Einsatz körperlicher Abwehr und Gegengewalt. Auch für solche Fälle dokumentierte Dunn (2002) einige Beispiele, in denen es vor Gericht seitens der Verteidigung des Verfolgers gelang, die Glaubwürdigkeit jener Frauen zu erschüttern, die sich nicht alles von ihren Verfolgern gefallen ließen. In einem dieser Beispiele argumentierte ein Anwalt des Angeklagten, dass von Schuld seines Mandanten nur gesprochen werde könne, „wenn die Anklägerin große Angst vor körperlicher Verletzung gehabt hätte. Ich habe nicht den Eindruck gewonnen, dass sie Entsprechendes vorgetragen hat. Im Gegenteil, sie hat immer lautstark mitgestritten und gelegentlich zurückgeschlagen" (Dunn, 2002, S. 95).

Opfer haben Angst und sind eingeschüchtert. Aktiver Widerstand verletzt offenkundig die normativen Erwartungen, die sich öffentlich und offiziell mit einer „echten" Opferrolle verbinden. In dieser Hinsicht scheint es jedoch geschlechtsspezifische Unterschiede zu geben. Insbesondere von Frauen wird erwartet, dass sie durch Verfolgungen von Männern in Angst und Schrecken versetzt werden. Leisten Frauen hingegen aktiv und unter Einsatz aller Kräfte Widerstand, wirkt es, als wollten sie an einer „aktiven Aufrechterhaltung der Beziehung festhalten". Sie scheinen sich als Opfer insbesondere dann zu disqualifizieren, wenn es bereits in der vorbestehenden Beziehung zu ähnlich „kriegerischen" Auseinandersetzungen gekommen war (Ferraro, 1993).

Fallbeispiel

Gelegentlich scheint es schon problematisch, wenn betroffene Frauen selbstbewusst und selbstsicher vor Gericht aufzutreten versuchen. Deshalb geben Verbände, die den Opfern Schutz gewähren und sie auf die Gerichtsverhandlungen vorbereiten, gelegentlich strategische Empfehlungen, wie sich die Opfer vor Gericht am geschicktesten präsentieren. So wurde einer Frau empfohlen, ausdrücklicher auch auf ihre Gefühle der Angst, der Ärgers und der Frustration im Zusammenhang mit den Verfolgungsaktionen einzugehen und bei der Darstellung ihrer mutigen Selbstverteidigungsaktionen eher Zurückhaltung walten zu lassen. Die Betreffende fragte zurück: „Sie meinen, ich sollte mich etwas empfindsamer darstellen?" Die Antwort lautete: „Genau!" In den Notizen der Beraterin über dieses Gespräch fand sich später die Notiz: „Ich glaube, das dürfte ihr sehr schwer fallen und kaum gelingen" (Dunn, 2002, S. 96).

Aktiver Widerstand ist nicht nur eine häufig gewählte, sondern hin und wieder auch eine angemessen motivierte Strategie, etwa im Falle einer Abwehr von bzw. einer Notwehr bei drohenden Gewalthandlungen. Nach außen hin scheint dies gelegentlich die öffentliche Opferrolle zu diskreditieren, insbesondere die von Frauen. Dabei wird häufig vorschnell übersehen, welchem massiven psychologischen Druck viele Opfer angesichts einer Monate, wenn nicht Jahre währenden Verfolgung ausgesetzt sind.

Zusätzliche Kriminalisierung der Täter. Bei vielem, was die Opfer in dieser langen Zeit unternehmen, um mit den Dauerbelästigungen emotional oder rational fertig zu werden, werden sie möglicherweise zusätzlich davon überfordert, nach außen hin auch noch das passende Bild eines echten Stalking-Opfers verkörpern zu müssen. Offensichtlich dürfen sich „echte Opfer" weder zu passiv noch zu aktiv um die eigene Sicherheit bemühen. Wie immer das auch aussehen mag, hier scheint die beste Strategie: immer schön eingeschüchtert und ängstlich!

Dass sich auf diese Weise fast unmerklich auch das Bild des Verfolgers ändert, dass auch dessen Handlungen zunehmend auf eine Passung an „Straftatbestände" zugeschnitten werden, ist nur konsequent. Keinesfalls soll damit auf eine Entschuldigung für unerwünschte Dauerbelästigungen hingewirkt werden. Das geschieht durch Verteidigungsanwälte vor Gericht. Aber weil das eben geschieht, müssen auch an dieser Stelle schon der Vollständigkeit halber psychologische und soziale Prozesse einer Viktimisierung so dargestellt werden, dass auch die Kehrseite dieser Entwicklung, nämlich eine zunehmende Kriminalisierung der Täter, das Ergebnis sozial und offiziell konstruierter Rollen sein kann.

„Echte Opfer" unternehmen nichts allein, ohne zu übertreiben

Viele Opfer scheuen sich aus unterschiedlichsten Gründen, überhaupt öffentliche oder polizeiliche Hilfe in Anspruch zu nehmen. Bei vielen stehen Scham und Schuldgefühle im Vordergrund, insbesondere nach dem Versuch, eine einstige Intimbeziehung mit ihren ja durchaus auch positiven Seiten zu beenden. Offensichtlich ist es besonders schwierig, eine Werbung um Zuneigung und Liebe zurückzuweisen (→ 8.3.2). Der Schritt in die Öffentlichkeit erweist sich dann als besonders schwierig, wenn man nach einer Trennung im Familien- und Freundeskreis nur Kopfschütteln und Ablehnung erntet. In der Konsequenz versuchen viele, eher für sich allein und unauffällig mit dem Problem fertig zu werden – was in nicht wenigen dieser Fälle mit einem Desaster enden kann. Die Betreffenden müssen sich bei einem späteren Hilfeersuchen bei offiziellen Stellen auch noch den Vorwurf gefallen lassen, zu lange gewartet zu haben.

Unzufriedenheit mit offizieller Hilfe. Eine zweite Gruppe jener, die das Stalking auf eigene Faust zu bewältigen versuchen, ist von den bisherigen Kontakten zur Polizei überfordert oder enttäuscht – weshalb die Betroffenen es nach einiger Zeit unterlassen, weiterhin öffentliche Hilfe in Anspruch zu nehmen. Einerseits werden sie von der Strafverfolgungsbehörde aufgefordert, möglichst alle Vorgänge genau zu dokumentieren und zu melden. Andererseits befinden sie sich zunehmend in der Situation, mit ihren dauernden Kontakten den betreuenden Beamten und Anwälten real oder vermeintlich zur Last zu fallen.

Stigma Stalking. Unter der Überschrift „Da ist diese Frau ja schon wieder!" hat Dunn (2002, S. 98ff.) anschaulich dargestellt, welchen Beurteilungs- und damit Stigmatisierungsgefahren die untersuchten Frauen insbesondere bei lang andauerndem Stalking ausgesetzt waren. Um die geäußerten Vorbehalte von Frauen gegenüber offiziellen Stellen abzusichern, konnte die Autorin in Interviews mit Beamten und Anwälten der von ihr untersuchten Fälle feststellen, dass den Frauen bereits nach wenigen Kontakten schablonenhaft bestimmte Charaktereigenschaften zugeordnet worden waren, offensichtlich um den „offiziellen Umgang" mit ihnen zu erleichtern. Die am häufigsten dokumentierten Charakterisierungen waren: nachgiebig, sprunghaft, borderline, histrionisch, geduldig, verantwortungsbewusst, nervig, anstrengend, nicht kooperativ, glaubwürdig, harmlos, widerständig, überlebenswillig, echtes Opfer, noch Opfer, übertriebenes Opfer, kein typisches Opfer. Die Beamten und Anwälte versuchten ihre Kontakte vor allem mit jenen Opfern auf ein Minimum zu beschränken, die sie mit einer „Borderline-Persönlichkeitsstörung" stigmatisierten.

Fehlender Verhaltenskodex im Umgang mit Opfern. Aus den Opfer-Interviews von Dunn (2002) wird ersichtlich, dass den Frauen dieses mögliche Schubladendenken bei offiziellen Stellen keinesfalls verborgen bleibt. Es lässt sich schlicht aus der Art ablesen, wie die Ansprechpartner ihre zwischenmenschlichen Kontakte gestalten. Natürlich wurden die Interviews zu einer Zeit durchgeführt, als professionelle Stellen gerade dabei waren, sich auf neue Anforderungen durch die junge Anti-Stalking-Gesetzgebung einzustellen. Stalking-Geschehnisse erstrecken sich jedoch über sehr viel längere Zeiträume als die Vergehen, mit denen Polizei und Anwälte üblicherweise zu tun bekommen.

So bleibt nur zu hoffen, dass sich ein Verhaltenskodex im Umgang mit Stalking-Opfern herausbildet, der die oben genannten Personenbeurteilungen als (unfaire und untaugliche) Hilfe zur Beziehungsgestaltung mit den Opfern nicht mehr benötigt. Vorschläge und Ausbildungskonzepte für jene, die mit Betroffenen zusammen als „Stalker der Stalker" eingesetzt werden, sind inzwischen mehrfach publiziert worden (z.B. Danto, 2001; Davis, 2001c; Wells & Maxey, 2001; Oehmke, 2004; Lapsien, 2005).

„Echte Opfer" zeigen kein Mitleid mit dem Verfolger

Eine entscheidende weitere Wende im subjektiven Erleben der Opfer kann sich einstellen, wenn der ehemalige Partner, Freund oder Kollege von der Polizei verhaftet wird bzw. eine Gefängnisstrafe antreten muss. Das wird sicher nicht immer so sein. Aber bei einigen Opfern können all diese Geschehnisse (Verhaftung, Verhandlung, Haft) erhebliche Schuldgefühle aktivieren, insbesondere wenn es sich um früher geliebte oder bis zum Stalking geschätzte Personen gehandelt hat. Bei einigen der von Dunn (2002) untersuchten Frauen trat diese Schuldgefühle aktivierende Ambivalenz des eigenen Anteils an der Bestrafung erst angesichts peinlicher Fragen vor Gericht auf.

Fallbeispiel

Caity wurde vor Gericht vom Verteidiger ihres Ex-Freundes aufgefordert, laut einen Abschnitt aus einem Brief vorzulesen, den sie ihm geschrieben hatte, nachdem sie wegen zunehmender Gewalttätigkeiten die Trennung vollzogen

▶

hatte, worauf er mit seinen bedrohlichen Stalking-Aktionen begann. „Lieber Tom, ich habe dir nichts mehr zu sagen, außer dass mir alles schrecklich Leid tut", las sie vor. „Bitte glaube mir, ich liebe dich, und du wirst auch immer in meinem Herzen bleiben. In Liebe, Caity." Sie machte eine Pause und suchte verzweifelt dem Anwalt, dem Gericht und den Zuhörern gegenüber nach einer Antwort:

„Also, Sie ... also ... Sie verstehen den Kontext nicht. Die Bedeutung des Briefes ist eine andere als die, die Sie hier jetzt gern haben wollen. Und deshalb fällt es mir schwer, jetzt alles richtig zu erklären – ich kann es nicht erklären, weil Sie mir das auch wieder falsch auslegen werden. Ich meine, Tom fühlte sich wirklich durch die Trennung verletzt, und ich erlebte ihn plötzlich von einer Seite, die ich bis dahin noch nie an ihm wahrgenommen hatte. Bei der Trennung sah ich plötzlich in Augen, die ich nie zuvor so gesehen hatte. Und was mir Leid tat, war, dass es überhaupt so weit kommen musste, dass sich so viel in unserer Beziehung geändert hatte. Und ich merke jetzt, wie Sie das hier in einem angenehmeren Licht darstellen wollen, als es von mir mit dem Schreiben intendiert war. Er war mein bester Freund, dass es so jedoch nicht weiterging, war sehr traurig. Nur das war's." (Dunn, 2002, S. 117f.)

Caitys Brief war an einen Mann gerichtet, den sie angezeigt hatte, weil er ihr Gewalt angetan hatte und mit seinen Verfolgungen dabei war, ihr Leben zu zerstören. Dennoch empfand sie Mitleid für ihn und hoffte, mit ihrem Brief seinen Schmerz lindern zu können. Nicht nur der Prozess der Beziehungsverweigerung und des Stalkings, sondern auch der weitere Prozess der Viktimisierung stellt sich psychologisch als ein dornenreicher Weg dar, voller Ambivalenzen zwischen Zuneigung und Abneigung, Nachgeben und Verweigerung.

Nachwehen der Beziehungsverweigerung. Selbst das erfolgreiche Bestehen einer öffentlichen Überprüfung der Glaubwürdigkeit der Opferrolle ist ein Vorgang voller Ambivalenzen – zwiespältige Nachwehen eines gelegentlich durch langwierige Verfolgungen und Untersuchungen sehr in die Länge gezogenen Prozesses der Beziehungsverweigerung. Selbst ein „offizieller Sieg" des Opfers über den Verfolger hat zwei oder mehr psychologisch bedeutsame Gesichter: Immerhin hatten 19 Prozent der von Dunn (2002) untersuchten Frauen die Polizei gebeten, den Verfolger nicht zu verhaften, 16 Prozent eine Anzeige wieder rückgängig gemacht und 4 Prozent ihre Ex-Partner im Gefängnis besucht (→ Tab. 8.1). Ob und wie sich diese Zwiespältigkeit in der zukünftigen Weiterentwicklung und Auslegung von Anti-Stalking-Gesetzen und dem offiziellen Umgang damit angemessen berücksichtigen lassen wird, ist wohl eine der größten Herausforderungen für alle von offizieller Seite Beteiligten.

8.4.3 Wirren der Viktimisierung bei Stalking

Frauen als Opfer – und beim Stalking sind die meisten Opfer weiblichen Geschlechts – haben es besonders schwer, den Weg der sozial erwarteten Opferrolle zu finden und zu gehen. Sie können dieser Rolle offensichtlich am besten entsprechen, wenn es ihnen gelingt, Öffentlichkeit, Polizei und Gericht von ihren Ängsten zu überzeugen, denn die Ängste vor Bedrohung gelten als entscheidende Voraussetzungen für die Glaubwürdigkeit eines Hilfeersuchens bei Stalking. Wenn sie den Forderungen der Verfolger auch nur ansatzweise nachgeben, ergibt sich eine Diskrepanz zu den Erwartungen, die sich mit dem Stereotyp einer „echten Viktimisierung" verbinden. Die Betreffenden vermitteln, selbst wenn sie dies persönlich anders begründen, den Eindruck von Bereitwilligkeit, auch weiterhin an einer zwar komplizierten bis pathologischen, jedoch „offiziell" weiter bestehenden Beziehung aktiv mitzuwirken. Nachgiebigkeit geht indes einher mit einem Verlust an Glaubwürdigkeit im erwarteten Rollenverhalten.

Wenn wir das Bisherige weiter zusammenfassen, entsteht dieser Eindruck auch, sobald sich ein Opfer der Opferrolle widersetzt. Wiederum sind es vor allem Frauen, die in dieser Hinsicht von Erwartungen an eine Viktimisierung abweichen. Leisten sie Widerstand, zetteln ihrerseits lautstarke Streitereien an oder schlagen sogar zurück, dann mangelt es ihnen offenkundig an hinreichender Passivität und weiteren angeblichen Kompetenzen, die sich mit den normativen Erwartungen an eine Opferrolle verbinden. Aktiver Widerstand kann sich mit Blick auf die Glaubwürdigkeit in der Opferrolle als Bumerang erweisen. Streitereien und Schlägereien in Beziehungen können ebenfalls als Fortbestehen einer komplizierten, gelegentlich auch als pathologisch zu bezeichnenden Beziehung missverstanden werden.

Die Folgen der Verweigerung einer Viktimisierung
Erst wenn Opfer eine hohe Bereitschaft mitbringen, die offiziellen Statusmerkmale eines „Stalking-Opfers" zu erfüllen, können sie sich öffentlicher Hilfe sicher sein. Dazu muss bis heute vielerorts auch noch die Kunst beherrscht werden, im Zusammenhang mit der detaillierten Dokumentation aller Stalking-Vorfälle bei den offiziellen Instanzen (Polizei, Anwälten und sonstigen Helfern) nicht zu aufdringlich zu wirken oder zu viel Hilfe einzufordern oder sogar den Ärger angesichts unzureichender Hilfe zu zügeln – andererseits kann man auch von dieser offiziellen Seite versteckte bis offene Ablehnung erfahren. Dies haben übrigens auch einige Betroffene erfahren, die sich weigerten, den in offiziellen Kontakten und Dokumenten benutzten Begriff „Opfer" für sich zu akzeptieren (Dunn, 2002, S. 111f.) – etwa als sie darum baten, nur mit Namen und nicht durch den Zusatz „Opfer" in den Akten geführt zu werden. Ein solches Ansinnen löste nicht nur Verwunderung und Kopfschütteln aus, sondern in einem Fall sogar die Verweigerung weiterer Hilfe.
Ablehnung der Opferrolle. Ist jemand erst einmal offiziell als „Opfer" akzeptiert, scheinen sich viele weitere Interaktionen unmittelbar zu ändern. Viele offizielle

Helfer sehen in den Betreffenden urplötzlich über alle Maßen leidende und wehrlose Wesen, die aller erdenklichen Hilfe bedürfen, weil sie offenkundig nicht mehr zu eigenständigen Entscheidungen und Handlungen fähig scheinen. Diese Haltung konnte Dunn (2002) in Opferhilfevereinen beobachten. Viele betroffene Frauen hatten plötzlich den Eindruck, als Menschen betrachtet zu werden, die möglicherweise schon ihr ganzes Leben lang auf Leid und Elend zurückblicken, vielleicht früher schon Opfer von Übergriffen und Verfolgung gewesen seien. Natürlich gehört es in den Bereich der Opferberatung, auch solche Fragen zu stellen. Werden solche Aspekte zurückgewiesen oder aus Schuld und Scham ausgeklammert, kann dies zur Folge haben, dass man dem Bild eines „echten Opfers" nur teilweise entspricht – und zwar, weil das Leben bis zum Stalking weitgehend ohne derartige Sorgen und besondere Vorkommnisse verlaufen ist.

Rollenspaltung. Viele Betroffene, die sich der Opferstigmatisierung verweigern, wollen schlicht, dass man sie als Persönlichkeit und nicht als leidendes Opfer behandelt. Sie widersetzen sich damit der stereotypen Viktimisierung, was bei helfenden Instanzen Unsicherheiten (im einfachsten Fall) bis Ablehnung von Hilfe (im ungünstigsten Fall) mit sich bringen kann. In ihrem Dilemma zwischen offizieller Opferrollenerwartung und dem persönlichen Finden einer Rolle im Umgang mit dem Stalking-Erleben entscheiden sich einige Frauen schließlich, *zwei* Rollen zu leben. Der Umgang mit offiziellen Instanzen wird (wie dies eine Frau in den Aufzeichnungen von Dunn, 2002, S. 112, zum Ausdruck brachte) „als logistisch zu behandelndes Problem" angesehen, während man im Umgang mit dem Verfolger von Moment zu Moment entscheidet, was das Richtige ist.

Ähnlich „logistische" Rollenaufteilungen scheinen einige Opfer auch in privaten Beziehungen vorzunehmen, wenn ihnen beispielsweise wegen der Beziehungsverweigerung und Trennung Vorhaltungen gemacht werden. Eine solche Doppelrolle kann durchaus klug gewählt sein. Private und öffentliche Sympathie und Zuwendung erfährt in der Regel nur der, dem etwas Schreckliches oder Leidvolles widerfährt. Andererseits muss man mit dem Konflikt so umgehen lernen, dass später nicht einige oder mehrere Aktionen im Umgang mit dem Stalker ihrerseits als „Devianz" stigmatisiert oder gebrandmarkt werden, sollten diese auch nur den Anschein des Nachgebens oder einer Sympathiebekundung gegenüber dem Verfolger beinhalten.

8.4.4 Viktimisierung und Kriminalisierung

Zum Prozess der Viktimisierung gehört – wie bereits erwähnt – spiegelbildlich dazu, dass auch das Handeln des Verfolgers in jene Schablonen passen oder zunehmend so in diese eingefügt werden muss, dass es den „offiziellen" Kriterien für Stalking als Straftatbestand hinreichend entspricht. Jede aktive Veränderung der Rolle einer verfolgten Person zwecks Optimierung der Viktimisierung beinhaltet das dialektische Phänomen einer zunehmenden Kriminalisierung der Täter. Damit soll hier nicht (auch nicht ansatzweise) eine Exkulpation der Täter und ihrer Taten angedeutet werden, sehr wohl aber die Notwendigkeit ihrer gerechten Behandlung.

Was uns jedoch in diesem Zusammenhang noch wichtiger ist: Es geht auch um die Kennzeichnung einer weiteren psychologischen Last, mit der sich das Opfer auseinander setzen muss. Die verfolgte Person wird nämlich gelegentlich bemerken, dass sie im Prozess ihrer zunehmenden Viktimisierung auch am möglichen Prozess der zunehmenden Kriminalisierung des Verfolgers beteiligt ist oder wird.

Viele Ambivalenzen im konsequenten Durchhalten der offiziell gewünschten Opferrolle mögen darin eine Erklärung finden, dass das geforderte Rollenverhalten nicht oder nicht ganz den Bedürfnissen und Interessen von Opfern entspricht – und zwar unabhängig davon, ob diese Eigeninteressen der Opfer sich für eine offizielle Behandlung von Stalking als günstig erweisen oder gar zum erwähnten Bumerang werden. → Tabelle 8.1 konfrontiert den Forscher nur mit der Faktizität und den Paradoxien von Stalking, die es im Prozess der hilfreichen Behandlung von Opfern zwingend mitzubedenken gilt, einschließlich des Problems einer ungerechtfertigten Überkriminalisierung der Täter auch zu Lasten der Opfer.

Die subjektive Sicht von Bedrohlichkeit. Zum Schluss dieses Kapitels lohnt es sich deshalb, den Bogen zurück zum Beginn zu spannen. Bei dem Prozess der Kontaktsuche oder der beharrlichen Beziehungsaufnahme angesichts einer Beziehungsverweigerung handelt es sich in den meisten Fällen um ein lang andauerndes Geschehen. Dabei lassen sich Entwicklungen beobachten, die rasch oder auch ganz allmählich aus dem Bereich der Normalität in den Bereich der Devianz und Kriminalität hinüberwechseln. Die Verhaltensmuster des Erzwingens einer Beziehung und der Beziehungsverweigerung lassen sich grob auf einem Kontinuum anordnen.

Auf der einen Seite dieses Kontinuums sind Grenzverletzungen anzusetzen, die vom betroffenen Interaktionsteilnehmer selbst als eher geringfügig und wenig übergriffig definiert werden. Auf der anderen Seite finden sich jene, die von ihren Opfern ausdrücklich als bedrohlich oder gefährlich eingestuft werden. Forschungsarbeiten zu dieser Frage legen es nun nahe, dass die Einordnung eines nicht erwünschten Beziehungsverhaltens auf diesem Kontinuum davon abhängig ist, ob und wie eine Verletzung der Beziehungsgrenzen vom Adressaten selbst erlebt und definiert wird (Cupach & Spitzberg, 2000). Wichtig zum Verständnis dieses Anteils von Stalking ist es, dass eine Einordnung nicht zwingend vom Ausmaß oder von der Eigenart der Beziehungsverweigerung abhängig ist.

Courting Disaster: Desaster einer Zweierbeziehung

In den Studien zu Grenzverletzungen und gewalttätigen bzw. sexuellen Übergriffen in Beziehungen wurden zumeist Frauen untersucht (vgl. Spitzberg, 1998). Ein auffälliges Ergebnis aller Studien ist, dass viele bedrohliche Verhaltensweisen, die einige Frauen unmittelbar als verletzend und unerwünscht betrachten, von anderen Frauen (noch) nicht als solche angesehen werden. Letzteres scheint selbst dann der Fall zu sein, wenn die Übergriffe in der Partnerschaft dramatischere Szenarien wie Anschreien, Türzuschlagen oder Geschlagenwerden beinhalten – vorrangig, wenn diese Aktionen in Intimpartnerschaften geschehen. Frauen erleiden offensichtlich nicht nur mehr Leid durch ihre Intimpartner, sie tolerieren es auch häufiger (Gelles & Straus, 1988; Stanko, 1993; Jackman, 1994; Gardner, 1995).

Zwischen Gefühl und Vernunft. Die meisten Autoren erklären sich die Akzeptanz von Bedrohlichkeit und Gewalt in Intimbeziehungen zumeist mit kulturellen Normen, nach denen ein gewisses Ausmaß von Bedrohung und Gewalt in engen Beziehungen tolerabel erscheint. Dunn (2002) kommt auf der Grundlage ihrer Interviews zu der Einschätzung, dass die Akzeptanz von Übergriffen in Intimbeziehungen in einem schwer auflösbaren Spannungsfeld unterschiedlicher Gefühle ihre Ursache hat.

In der häufig stattfindenden Verquickung von Liebe, Leidenschaft und Gewalt scheinen die Betreffenden nur sehr schwer angemessene, d.h. vernunftgeleitete Lösungen zu finden. Entscheiden sie sich nach langem Hin und Her dennoch, den Schritt der Trennung vom Partner zu gehen, finden sie häufig auch in Familie und Freundeskreis wenig Zustimmung und bleiben mit dieser schwerwiegenden Entscheidung allein. Als böse Überraschung kommt schließlich das hinzu, was Mahoney (1991) als Trennungsgewalt (*separation assault*) bezeichnet hat: Ein bedrohliches Stalking durch Intimpartner beginnt.

Courting Disaster: Desaster vor Gericht und in der Öffentlichkeit

Wie die Ausführungen in diesem Kapitel verdeutlichen sollten, lässt sich das Stalking angesichts vielfältiger Entwicklungsprozesse, Konflikte und Ambivalenzen sowie angesichts seiner psychologischen, sozial-medialen und rechtlichen Konstruktionen nicht einfach als zwischenmenschliches „Kipp-Phänomen" behandeln (entweder/oder; Stalking ja oder nein). Es handelt sich dabei auch nicht nur um „Obsessionen in engen und privaten Beziehungen" (Spitzberg & Cupach, 2001) noch nur um eine von vielen Möglichkeiten „alltäglicher Gewalt" (Stanko, 1993) oder nur um einen Aspekt vielfältig möglicher „öffentlicher Belästigungen" (Gardner, 1995).

Stalking als zwischenmenschliches Ritual. Stalking ist ein eigenständiges Phänomen der Beziehungsaufnahme und Beziehungsverweigerung zwischen Menschen, welches das Grundrecht auf Privatheit und Privatsphäre eines der beiden Beteiligten auf ungebührliche Art durch einen oder mehrere andere verletzt. Versuche, sich diesem Phänomen mit psychologischen oder anderen wissenschaftlichen Erklärungen anzunähern, dürfen die kontextuellen, öffentlich-rechtlichen und kulturellen Prozesse nicht außer Acht lassen.

Sich in der Wissenschaft vom Menschen nur mit dem Täter und seinen Motiven und Handlungen oder sich nur mit den Opfern und der Schadensbegrenzung und Behandlung von Folgeschäden auseinander zu setzen, wäre gleichermaßen kurzsichtig wie die Formulierung von Gesetzen und Ausführungsbestimmungen ohne einen Blick auf die Psycho- und Soziodynamik, die sich im Stalking-Verlauf entfalten kann. Jede Einseitigkeit im Umgang mit Stalking könnte in einem „Desaster" enden, wie dies heute gelegentlich im Prozess seiner Viktimisierung und Kriminalisierung beobachtbar ist. Dies ansatzweise herauszuarbeiten, war eine maßgebliche Leitlinie bei der Anfertigung dieses Kapitels.

9 Prävention und Krisenmanagement

Seitdem Stalking in den 1990er Jahren ins Licht der Öffentlichkeit gerückt ist, haben sich weltweit engagierte Personen und vormalige Stalking-Opfer zu Vereinen und Selbsthilfegruppen zusammengeschlossen, um aktuell von Stalking betroffene Menschen zu beraten und zu unterstützen. Da die häufigsten Stalking-Vorfälle in Folge von Trennungsversuchen aus ehemaligen Intimpartnerschaften einsetzen, wurden diese Aufgaben vielerorts von Hilfsorganisationen übernommen, die sich bereits zuvor dem ebenfalls weltweit diskutierten Problem der Gewalt in Ehe und Partnerschaft angenommen hatten (Opferschutzinitiativen in der BRD: vgl. Tholen, 2004; Pilath, 2004).

Gleichzeitig nehmen auch professionelle Initiativen zu, die vorhandenen Kenntnisse zur Frühintervention in laufenden Stalking-Prozessen zu bündeln und Interventionsansätze zu evaluieren. Dies geschieht im Bereich der anwaltlichen Unterstützung von Opfern (in der BRD: vgl. Pechstaedt, 2004, 2005) und mit der Einrichtung spezieller Arbeits- und Interventionsgruppen bei der Polizei (in der BRD beispielsweise das Projekt Bremen: Oehmke, 2004; Lapsien, 2005). Schließlich beteiligen sich verschiedene universitäre Forschergruppen an diesen Aktivitäten, führen epidemiologische Studien durch und begleiten Interventionsprojekte (in der BRD beispielsweise: Dreßing & Gass, 2005; Voß & Hoffmann, 2003; Bettermann & Feenders, 2004; Seifert et al., 2004).

Interdisziplinäre Zusammenarbeit. Wie fortgeschrittene Interventionsansätze in den angloamerikanischen Ländern zeigen, lassen sich Stalking-Vorfälle am ehesten durch ein koordiniertes Zusammenwirken verschiedener Stellen zu einem für das Opfer befriedigenden Ende bringen. Solche Koordinationsprojekte befinden sich im deutschsprachigen Raum erst im Aufbau. Dabei ist es hilfreich, wenn dem Opfer regional eine Institution als öffentlicher Ansprechpartner für ein Krisenmanagement zur Verfügung steht. Dort kann dann entschieden werden, welche zusätzlichen Ansprechstellen kontaktiert werden sollten. Je nach Einzelfall können dafür, so sie nicht selbst das Krisenmanagement leiten, Opferschutzeinrichtungen, Polizei, Psychologen, Psychiater, Sozialarbeiter, Anwälte, Arbeitgeber oder Betriebsräte in Frage kommen.

Bevor auf die Voraussetzungen und Vorgehensweisen eines koordinierten Krisenmanagements bei laufenden Stalking-Vorfällen eingegangen wird, sollen zunächst Möglichkeiten der Primärprävention angesprochen werden: Was kann man tun, damit man erst gar nicht zum Stalking-Opfer wird?

9.1 Prävention: Stalking vermeiden und verhindern

Um sich den Strapazen von Stalking nicht aussetzen zu müssen, gilt es, rechtzeitig dafür Sorge zu tragen, dass es erst gar nicht dazu kommt. Diejenigen, die sich bereits in den Netzen von Stalking verfangen haben, stellen sich im Nachhinein oft die Frage, ob sie etwas falsch gemacht haben oder ob sie etwas anderes hätten tun können oder sollen. Auch wenn eine Verneinung dieser Fragen dazu beitragen kann, Schuldgefühle und Selbstvorwürfe abzumindern – sie erleichtert damit nicht die neuen Probleme, die mit dem Stalking eingesetzt haben und sich auszuweiten drohen. Dennoch gibt es inzwischen eine Reihe von Merkmalen, anhand derer sich die Risiken für bedrohliches Stalking frühzeitig abschätzen lassen. Die nachfolgenden Ausführungen zur Primärprävention, also zu den Möglichkeiten, kein Opfer von Stalking zu werden, orientieren sich an der Zusammenstellung einiger Leitlinien von Pathé (2002).

9.1.1 Früherkennung: Merkmale für ein virulentes Stalking-Risiko

Jeder Stalking-Vorfall hat seine eigene Geschichte, weshalb potenzielle Stalker nur selten alle Risikomerkmale auf sich vereinigen. Die geringsten Möglichkeiten einer Vorbeugung bestehen gegenüber Stalkern, denen die Opfer zuvor nicht bekannt waren. Bestanden oder bestehen andererseits persönliche Beziehungen, seien dies intime, berufliche, formal-dienstliche oder auch nur formlose Beziehungen einer Freundschaft oder Vereinsmitgliedschaft, dann gibt es einige markante Merkmale, die man nicht übersehen sollte.

Eine Kriminalitätsneigung im Vorleben, etwa in der Form, dass der Stalker bereits früher durch Belästigung und Verfolgung auffällig geworden ist, gilt natürlich als eines der wichtigen Risikomerkmale. Andererseits: Bei nur wenigen Stalkern war das in ihrem bisherigen Leben der Fall. Und jene mit positiver Anamnese werden neue Belästigungen eventuell auf ein Minimum einschränken, um nicht erneut straffällig zu werden, wenngleich auch das Gegenteil nicht auszuschließen ist (→ 6.2.2).

Merkmale von Partnern in Intimbeziehungen. In eher engen Beziehungen gehören vermeintliche Besitzansprüche auf den Partner sowie exzessive Eifersucht zu den Risikomerkmalen, die bei Trennungsabsichten Umsicht erfordern. Auch ein stark manipulatives Verhalten und Auftreten gilt als risikoreich, wie beispielsweise unangemessene und andauernde Versuche, die Beziehung zu kontrollieren – etwa bei der Auswahl der Freunde des Partners mitzubestimmen oder bei der Kleiderwahl oder bei der Planung gemeinsamer Aktivitäten immer das letzte Wort haben zu wollen. Es gilt als Risikofaktor, wenn die Person bereits zu Beginn der Beziehung ein unrealistisch hohes Maß an Zustimmung einfordert oder strikt die Erfüllung/Übernahme von Verpflichtungen bzw. bei vermeintlichen Verfehlungen unbedingte Entschuldigung/Wiedergutmachung erzwingt.

Persönlichkeitsmerkmale. Was die charakterlichen Eigenarten eines potenziellen Stalkers angeht, so finden sich häufig typische Borderline-Merkmale: ein Muster emotional instabiler Verhaltensweisen, die durch den permanenten Wechsel zwischen den Extremen einer idealisierenden Verliebtheit einerseits und einer extrem verärgerten Entwertung andererseits auffallen. Eine weitere größere Gruppe zeichnet sich durch soziale Unsicherheiten unter Vermeidung sozialer Kontakte mit Ausnahme ganz weniger Menschen aus, d.h., dass außerhalb der Beziehung keinerlei weitere Freundschaften gepflegt werden. Daneben listet Pathé (2002, S. 58) einige weitere für potenzielle Stalker typische Persönlichkeitsmerkmale auf:

▸ Geringe Frustrationstoleranz,
▸ Überempfindsamkeit,
▸ exzessive Abhängigkeit,
▸ soziale Unsicherheit und ein geringes Selbstwertgefühl,
▸ Zeit fressende Leidenschaften und Obsessionen.

Da es sich bei allen genannten Merkmalen um spezifische Indikatoren handelt, sollten bei ihrem Auftreten – so die Empfehlung von Pathé (2002, S. 58) – „die Alarmglocken läuten". Denn je weniger sich eine Beziehung, wie sie bis hierher beschrieben wurde, in ihrem Verlauf beeinflussen lässt und je länger sie toleriert wird, umso mehr Schwierigkeiten können sich ergeben, wenn sie, aus welchen Gründen auch immer, irgendwann einmal zu Ende geht.

9.1.2 Beziehungsverweigerung und die Beendigung einer Beziehung

Viele Menschen, die sich mit unerwünschten Annäherungsversuchen eines Bekannten oder Fremden konfrontiert sehen, fühlen sich in der Lage, ein solches Ansinnen zurückzuweisen. Dies jedoch gelingt bei weitem nicht allen Menschen und schon gar nicht immer auf eine eindeutige Weise. Die Motive für fehlende Eindeutigkeit der Verweigerung wurden im vorausgehenden Kapitel ausführlich diskutiert (→ 8.3): Dabei handelt es sich um emotionale Hemmungen, sich einem Liebesverlangen zu entziehen. Weiter üben sich viele Menschen in Höflichkeit und Rücksichtnahme, um mit ihrer Beziehungsverweigerung nicht allzu verletzend, aggressiv oder schroff zu erscheinen. Andererseits – und darin liegt das Problem – können Unklarheiten und Unsicherheiten im Verhalten falsch verstanden und missdeutet werden und Stalking induzieren. Denn bei den meisten Stalkern handelt es sich um Personen, denen es an Empathie und Respekt mangelt, sozial angemessen auf feinsinnige und höfliche Ablehnungssignale zu reagieren und diese zu tolerieren (→ 5.3.4; → 8.2.2).

Hinweis

Wenn kein Interesse an einer Beziehung besteht, sollte man sich niemals aus Mitleid zu einem Rendezvous einladen lassen. Dieser Rat ist auch dann strikt zu beachten, wenn der Stalker mit Selbstmord droht, falls man sich nicht auf ein Treffen einlässt. Gibt man dem Ansinnen nämlich nach, kann dies als Werbungsverhalten und Bereitschaftserklärung zur Beziehungsaufnahme ausgelegt werden – und das Stalking kann beginnen oder intensiviert weitergehen.

Eindeutige Zurückweisung unerwünschter Kontakte. Ist das Lieswerben oder ein anders motivierter Beziehungswunsch durch eine andere Person nicht erwünscht, sollte die Zurückweisung klar, zweifelsfrei und eindeutig erfolgen. Dass man keine Beziehung aufnehmen möchte, bedarf keiner weiteren Erläuterung und schon gar nicht einer Entschuldigung. Jede längere Diskussion über das Für und Wider der Beziehungsverweigerung könnte eher den Eindruck von Unsicherheit oder gar Unentschlossenheit vermitteln und zum Stalking motivieren. Jeder Versuch, den Stalker von den „guten Gründen" für eine Ablehnung zu überzeugen, kann dieser zum Anlass nehmen, vielfältige Gegenargumente ins Feld zu führen – und durch den bleibenden Eindruck, nicht richtig verstanden worden zu sein, eine Flut weiterer Liebesbezeugungen und Zuneigungsbekundungen über sein Opfer ausschütten. Selbst die schlagkräftige Begründung, dass man bereits in einer festen Partnerschaft lebe, hat in Einzelfällen dazu geführt, dass auch die Partner in das Stalking einbezogen wurden.

Eindeutige Lösung aus vorbestehender Beziehung. Ähnliches gilt für die Auflösung bestehender Intimpartnerschaften, beruflicher oder freundschaftlicher Beziehungen. Ist der Entschluss zur Beendigung einer Beziehung gefallen, sollte dieser sachlich und klar vertreten werden – und ebenfalls eindeutig ist anschließend zu bekunden, dass über die Gründe der vollzogenen Trennung keine weitere Kommunikation und Auseinandersetzung erwünscht ist. Das notwendige Weitere sollte auf sachlich-formaler Ebene geklärt werden (z.B. im Rahmen einer Scheidungsmediation, mit Hilfe von Schlichtern im Betrieb oder auch mit Hilfe von Anwälten).

Keine Diskussionen. Eigene Gefühle des Ärgers und der Wut sollten unterdrückt werden, um Gegenreaktionen zu vermeiden, die in Zorn, Gewalttätigkeit oder Vergeltungsversuche umschlagen könnten. Telefongespräche oder das Schreiben von Briefen zur weiteren Beziehungsklärung oder um sein Gegenüber von der Sinnlosigkeit seiner Handlungen zu überzeugen, sollten unterbleiben. Diskussionen und schriftliche Erklärungen bieten dem Stalker immer die Möglichkeit, Gegenargumente aufzubauen, um diese dann seinerseits mitzuteilen – wiederum verbunden mit der Gefahr neuer Missverständnisse, die dann weitere Belästigungen veranlassen, um eben endlich richtig verstanden zu werden. Der Drang nach weiterer Beziehungsklärung wird dringlicher, wenn man das Schreiben auf den

„letzten" Erklärungsversuch erneut beantwortet. Besser ist es also, gar nicht erst mit zusätzlichen Erklärungen zu beginnen.

Hinweis
Pathé (2002, S. 59) empfiehlt den Opfern einer beginnenden Verfolgung Folgendes: Sollte es in der Folge eindeutiger Beziehungsverweigerung oder vollzogener Trennung zum Stalking kommen, kann dies zumeist als sicherer Beweis genommen werden, dass die getroffene Entscheidung richtig war, sich nämlich nicht (weiter) auf diese Beziehung einzulassen. Stalking als das fortgesetzte Belästigen und Bedrohen einer Person sollte nicht, auch nicht ansatzweise, als „normales" Verhalten toleriert werden, wenn eine Beziehung eindeutig verweigert oder beendet wurde.

9.1.3 Der Schutz persönlicher Informationen

Angesichts immer neuer Kommunikationsmöglichkeiten und zunehmender Vernetzung ist es wichtiger geworden, die eigene Privatsphäre zu wahren und persönliche Informationen zu schützen. Ob jedoch bereits im Stadium einer „nichts ahnenden Unschuld" das Weitergeben von Adresse und Telefonnummern auf ein absolutes Minimum eingeschränkt werden sollte, wie dies von vielen als „erste und beste" Vorbeugemaßnahme empfohlen wird, mag man unterschiedlich werten. Die Tradition der Visitenkartenweitergabe sollte nicht zwingend auf dem Altar des Stalkings geopfert werden.

Angesichts drohender Belästigung und Verfolgung. Andererseits nutzen und missbrauchen Stalker in der Tat persönliche Informationen und Daten, wie sie beispielsweise im Internet, in Vereinsmitteilungen oder auf Aushängen im Betrieb leicht zugänglich sind. Der Schutz persönlicher Informationen jedenfalls wird spätestens dann notwendig, wenn sich der Eindruck verdichtet, dass jemand Opfer von Stalking werden könnte oder bereits geworden ist. Angesichts drohender Dauerbelästigung und Verfolgung sollte die Veröffentlichung privater Informationen wie Geburtsdaten, Hobbys usw. auf den Webseiten oder Mitteilungsblättern von Betrieben und Vereinen zurückgenommen werden oder nur mit großer Zurückhaltung erfolgen. Wird Stalking zur Gewissheit, können vielfältige Schutzmaßnahmen notwendig werden: Eine Änderung von Privattelefonnummern, E-Mail-Adressen oder Faxnummern ohne deren Veröffentlichung in öffentlichen Verzeichnissen gehört gleichermaßen dazu wie ein Briefkasten, der verschließbar und für Unbefugte nicht zugänglich ist.

Prominente Mitbürger. Für Schauspieler, Fernsehmoderatoren sowie Menschen in herausragender Stellung und Bürger in öffentlicher, politischer und beruflicher Verantwortung sollte es hingegen in der Tat von Anbeginn an zur Pflichtübung werden, berufliche und private Informationen strikt zu trennen – auch gegenüber Klienten oder Patienten, mit denen man beruflich und dienstvertraglich Verpflichtungen eingegangen ist. Insbesondere in Interviews für Printmedien oder bei Auftritten in Rundfunk und Fernsehen sollte das Erfragen und Weitergeben persönlicher Informationen strikt unterbunden werden. Auch wenn Stalking-Vorfälle durch leidenschaftliche Fans oder fanatische Kritiker eher selten sind: Auszuschließen sind sie nie.

Kontaktsuche. Umsicht ist eine wichtige Maxime, sollte der Wunsch nach Partnerschaft bestehen und dazu der Weg über Kontaktanzeigen oder Partnerschaftsagenturen gewählt werden. Auch das Internet stellt viele Möglichkeiten zur Verfügung, Kontakte zu anderen Menschen zu knüpfen oder den Wunschpartner fürs Leben zu finden. Stalking kann aus beliebigen Kontakten – freundschaftlich oder beruflich motiviert, brieflich, im Internet oder telefonisch aufgenommen, nur einmalig oder häufiger gepflegt – hervorgehen, wenn beispielsweise eine von beiden Seiten einen späteren Kontaktabbruch durch die andere Seite nicht toleriert.

Gefahren im Internet. Überhaupt bleibt zu beachten, dass es sich beim Internet nicht um einen sicheren Ort der Verschwiegenheit und des Vertrauens handelt. Bei einer Teilnahme an Diskussionen in Chatrooms oder Internetportalen sollte grundsätzlich nur mit neutralem Code-Namen kommuniziert werden. Auch sollte man sich nicht auf vermeintlich harmlose Flirts oder Online-Streitereien einlassen. Intimität oder Feindseligkeit selbst auf vermeintliche Distanz kann sich als Bumerang erweisen. Aus jeder auch nur ansatzweise aufdringlich oder feindselig werdenden Interaktion sollte man sich unmittelbar ausklinken – und abschalten, schon um der Gefahr des gegenwärtig um sich greifenden Cyberstalkings vorzubeugen (Lucks, 2001; Burgess & Baker, 2002).

Ist einem Stalker die E-Mail-Adresse oder sogar der Zugang zum Rechnersystem der Zielperson bekannt, kann das unangenehme Folgen haben. Gass (2005) macht u.a. folgende Vorschläge: Jeglicher E-Mail-Kontakt sollte nur mit Vorsicht aufgebaut werden. Wenn man im Internet verfolgt wird, sollte man frühzeitig den Administrator des Serviceproviders oder der Internetplattform kontaktieren und in schwereren Fällen die Polizei einschalten. Beweismaterial sollte außerhalb des PCs auf CDs gesichert werden. Im Internet selbst gibt es die sog. CyberAngels, einen Zusammenschluss von Tausenden von Freiwilligen in über 30 Ländern. Diese Organisation versucht das Internet zu überwachen und untersucht jährlich mehr als 10.000 Klagen über Nötigung und Verfolgung. Diese globale „Überwachung der Nachbarschaft im Netz" vertreibt ein Manual mit Ratschlägen und Maßnahmen, wie mit Cyberstalkern umzugehen ist (www.cyberangels.org).

9.2 Krisenmanagement bei Stalking

Beim Stalking handelt es sich nicht um ein einheitliches Verhaltensmuster, und ebenso wenig werden alle Verfolger von gleichartigen Motiven angetrieben. Entsprechend gibt es auch keine einheitliche Strategie, mit deren Hilfe sich die Dauerbelästigungen unterbinden lassen. Jeder einzelne Fall erfordert eine genaue Analyse der jeweils gegebenen Umstände einschließlich der Eigenarten einer eventuell vorbestehenden gemeinsamen Geschichte der Beteiligten: Durch welche Handlungen und Aktionen sind rechtlich akzeptierbare Grenzen überschritten worden? Wurden Drohungen ausgesprochen und besteht ein Gewaltrisiko? Wie ist es um den aktuellen Gesundheitszustand des Stalkers bestellt? Liegt eine psychische Störung vor? Lassen sich die Motive des Stalkers einschätzen?

Inzwischen gibt es eine umfängliche Literatur zum Krisenmanagement bei Stalking-Vorfällen, wobei die meisten Autoren in vielen ihrer Empfehlungen weitgehend übereinstimmen (White & Cawood, 1998; Boles, 2001; Danto, 2001; Davis et al., 2001; Ugolini & Kelly, 2001; Kropp et al., 2002; Pathé, 2002; Gass, 2005; Hoffmann et al., 2005). Die nachfolgenden Ausführungen stellen eine Synopse der wichtigsten Strategien im Umgang mit Opfern und Tätern dar. Nicht alle Empfehlungen gelten dabei gleichermaßen für alle Stalking-Vorfälle. Auf der Grundlage sorgsamer Fallanalysen sollten eventuell jeweils eigene Schwerpunkte gesetzt oder unterschiedliche Maßnahmen zeitgleich oder sukzessive in Anwendung gebracht werden.

9.2.1 Sicherheit für das Opfer

In den meisten Fällen dürfte in semiprofessionellen Organisationen oder in offiziellen Beratungskontexten dem Opfer ein Ansprechpartner zur Verfügung stehen und/oder mit dem Fallmanagement beauftragt sein. Diesem wird es zunächst darum gehen, mit der betroffenen Person einen Konsens über Ziele und Möglichkeiten einer beratenden Unterstützung herzustellen. Dieser Aspekt bedarf besonderer Beachtung, da die Motive der Opfer für den persönlichen Umgang mit dem Stalker und die Empfehlungen der Helfer deutlich divergieren können (hierzu insbesondere → 8.4). Gemeinsamkeiten und Unterschiede in den möglichen Zielen des Krisenmanagements sollten wiederholt sachlich angesprochen und geklärt werden, damit sich zunehmend ein Teamgeist wie in einem funktionierenden Team einstellt und erhält – einem Team, zu dem im Laufe der Arbeit weitere Helfer unterschiedlicher Professionen hinzugezogen werden können, wenngleich dies nicht in jedem Fall notwendig sein wird.

Minimierung des Gefahrenrisikos. Die Beurteilung und Minimierung des Gefahrenrisikos für das Opfer sollte als erstes und handlungsleitendes Ziel des Krisenmanagements im Vordergrund stehen. Die Einschätzung des möglichen Gefahrenrisikos für das Opfer sollte ergänzt werden durch eine Suche und Beurteilung von sog. protektiven Faktoren. Es bleibt kritisch zu beachten, dass Risikoanalysen häufig subjektive und spekulative Prozesse darstellen, die ein hohes Maß an Sachverstand und Diskretion erfordern. Da brauchbare diagnostische Instrumente für Stalking kaum vorliegen, kommen Helfer gegenwärtig nicht daran vorbei, die Gefährdung auf der Grundlage vorläufiger Forschungsbefunde abzuschätzen (→ 6; → 7.3).

Risikofaktoren. Gewisse Anhaltspunkte für ein erhöhtes Gefahrenrisiko bietet beispielsweise die bisherige Kriminalitätsbelastung der Täter, etwa in einer allgemeinen Neigung zu Gewalttätigkeiten in der bestehenden Beziehung zum Opfer oder gegenüber Familienmitgliedern. Ein weiteres Risikomerkmal ist eine verminderte psychosoziale Anpassung und fehlende Integrationsbereitschaft in normative Gefüge (wiederholte Verletzung schulischer, beruflicher oder freundschaftlicher Verpflichtungen). Als Risikomerkmale der physischen oder psychischen Verfassung der Täter gelten insbesondere eine Neigung zu Substanz-/Alkoholmissbrauch, Androhung von Suizid- oder Tötungsabsichten, Fanatismus oder psychische Störungen mit wahnhafter Symptomatik. Insbesondere obsessive und kompulsive Verhaltensmuster, die auffällig fluktuieren (etwa zwischen Zuneigung und Hass), könnten auf das Vorhandensein einer Persönlichkeitsstörung hindeuten (paranoid, zwanghaft, dissozial, narzisstisch, Borderline).

Motivanalyse. Zur Abschätzung des Gefahrenrisikos sollte die Taxonomie von Stalking-Vorfällen herangezogen werden (→ 7). Danach lassen sich grob vier Motivkonstellationen mit jeweils ansteigendem Gefahrenrisiko unterscheiden: obsessives Erstreben einer Beziehung oder das Erzwingen eines Kontaktes, Bedrohung nach vermeintlichem Unrecht oder Gefährdung zwecks Vergeltung und Rache. Es ist immer notwendig, sich das Gefahrenpotenzial der Motivlage für Stalking bzw. Intentionen und Ziele der Verfolgung ausdrücklich aus der Perspektive des Stalkers zu erschließen. Dazu können folgende vier Fragen weiterhelfen (Ugolini & Kelly, 2001): Womit könnte der Stalker bedrohliche, gefährliche oder gewalttätige Handlungen rechtfertigen? Gibt es aus Sicht des Verfolgers (überhaupt) noch Alternativen zur Gewalttätigkeit, um seine Ziele zu erreichen? Überblickt der Stalker die (ethischen, rechtlichen) Konsequenzen seiner Handlungen oder agiert er stimmungsabhängig und mit verminderter Impulskontrolle? Geht der Stalker davon aus, mit Drohungen und Gewalt die Intentionen bzw. Ziele seiner Verfolgung auch tatsächlich zu erreichen?

Kontinuierliche Beobachtung. Schon um Veränderungen und Eskalationen im Stalking-Geschehen angemessen einzuschätzen, sind kontinuierliche Kontakte zwischen dem Opfer und dem zuständigen Fallmanagement erwünscht. Die Fallberater sollten gut erreichbar sein, um unmittelbar auf dramatische Entwicklungen reagieren zu können.

Auch wenn dies von außen betrachtet zunächst fremdartig anmutet, kann es nicht immer als oberste Regel angesehen werden, dem Verfolger starr jeglichen Kontakt mit dem Opfer zu verbauen. Briefe des Stalkers könnten zwar Irritationen auf Seiten der Opfer bewirken, andererseits wichtige Hinweise auf Motive oder weitere Absichten im Stalking offen legen. Krisenintervention zielt auf das Verhindern gefährlicher Handlungen, nicht unbedingt auf das Verwehren postalischer Sendungen. Botschaften des Stalkers sind gelegentlich aufschlussreicher als mühevolle andere Arten der Untersuchung. Sie dienen später zugleich als Beweismaterial. Davon unabhängig gilt natürlich die Regel, dass der Stalker keinerlei Informationen darüber erhalten darf, ob seine Botschaften das Opfer auch tatsächlich erreicht haben.

Andererseits gilt aber auch, dass keiner der hier unterbreiteten Vorschläge ohne Ausnahme bleibt. Beispielsweise könnten Telefonanrufe nach Trennung oder Scheidung von einem Stalker vorrangig mit dem Ziel eingesetzt werden, die ehemalige Partnerin durch verbale Dauerbelästigungen und Bedrohungen in Angst und Schrecken zu versetzen. Hier könnte die Empfehlung lauten, eine neue, nicht veröffentlichte Telefonnummer für private Zwecke einzurichten, den bisherigen Telefonanschluss jedoch beizubehalten und auf eine Mailbox umzuschalten, so dass dem Stalker die Möglichkeit bleibt, Botschaften auf Band zu hinterlassen. Um die verfolgte Person vom Anhören der Nachrichten zu entlasten, könnte eine dritte Person beauftragt werden, die aufgezeichneten Telefonate abzuhören und zu dokumentieren.

9.2.2 Empfehlungen für ein Fallmanagement

Auch wenn dies zunächst gewisse Widerstände bei betroffenen Opfern auslösen könnte, sollten sie ermutigt werden, sich ihrerseits (beispielsweise über entsprechende Fachlektüre) mit der Dynamik und Beeinflussbarkeit von Stalking-Vorfällen gut vertraut zu machen. Eine solche Begleitlektüre kann die Möglichkeiten und Kompetenzen der Opfer im Umgang mit den bisherigen und zu erwartenden Aktionen verbessern. Im englischsprachigen Raum gibt es inzwischen ein exzellentes Lehr- und Lernbuch für Opfer, „Surviving Stalking" (Pathé, 2002), das schwer zu übertreffen sein dürfte. Im deutschsprachigen Raum kann man gegenwärtig auf Vorschläge zurückgreifen, die von der Polizei und Opfervereinigungen im Internet veröffentlicht wurden.

Kontinuierliche Aufklärung und Information. Es ist klar, dass sich die Krisen- bzw. Fallmanager hinreichend Zeit nehmen müssen, um gemeinsame Perspektiven und Ziele mit den Opfern zu entwickeln. Die Ratsuchenden sollten über sämtliche Ergebnisse der (professionellen) Fallbeurteilung und der Abschätzung des Gefahrenrisikos in Kenntnis gesetzt werden. Stets sollte das Bemühen im Vordergrund stehen, auf einen Konsens bei der Ausarbeitung von Plänen für ein Krisenmanagement hinzuwirken. Zugleich sollte das Problem angesprochen werden, dass alle Versuche, die Opfer vor weiterer Verfolgung zu schützen, leider auch natürliche Grenzen haben. Nur so lässt sich dafür Sorge tragen, dass sich Opfer auf ihrer Suche nach offizieller Hilfe und Unterstützung nicht in falscher Sicherheit wähnen. Um dies zu vermeiden, sollten sämtliche Folgen und Risiken diskutiert werden, die mit getroffenen Entscheidungen und vollzogenen Handlungen im Prozess der Beeinflussung des Stalking-Geschehens verbunden sind.

Keine Kontakte mit dem Stalker. Opfer können nur wenig unternehmen, um das Verhalten ihrer Stalker direkt zu beeinflussen. In jedem Fall jedoch können sie das eigene Verhalten ändern. Jeglichen Kontakt mit einem Stalker zu unterbinden, ist in fast allen Fällen der entscheidende Ausgangspunkt aller Bemühungen, darauf wurde bereits eingegangen (→ 9.1.2). Die einmal erfolgte klare Positionierung und eindeutige Aussage gegenüber dem Stalker, keinen wie auch immer gearteten Kontakt zu wünschen, ist per se hinreichend und bedarf keiner weiteren Begründung, da dies nur zur Darstellung von Gegenargumenten und Gegenaktionen Anlass gäbe.

Wie jedoch in → Kapitel 8.4 dargestellt, ist strikte Kontaktvermeidung für viele Betroffene ein nicht einfach zu bewältigender Schritt. Für in Scheidung befindliche Paare und die, die sie schon hinter sich haben, lassen sich gelegentlich Kontakte nicht vermeiden, z.B. bei Treffen vor Gericht oder wenn sich beide das Sorgerecht für Kinder teilen müssen. Gespräche dieser Art sind auf das Problem, um das es geht, und auf das Notwendigste zu beschränken. Die meisten solcher Kontakte können dennoch gänzlich vermieden werden, wenn Dritte (z.B. Sozialarbeiter) die Funktion als Übermittler übernehmen.

Berater sollten die mit unbedachten Beziehungsdiskussionen verbundenen Fallstricke klar herausarbeiten. Hat man beispielsweise 40-mal den Telefonkontakt unmittelbar und damit erfolgreich sofort unterbunden, und lässt man sich beim nächsten Mal doch auf ein kurzes Gespräch ein, dann hat man den Stalker nur wieder in seiner Hartnäckigkeit und Ausdauer (in diesem Fall: 41 Anrufe) bestärkt und darin bekräftigt, nur ja nicht vorschnell vom Objekt der Begierde oder Rache abzulassen (Pathé, 2002).

Die Entwicklung eines Frühwarnsystems. Die Opferberatung zielt auch darauf ab, eine Sensibilität für zukünftige Stalking-Situationen zu entwickeln, um rechtzeitige Vorkehrungen für Gegenmaßnahmen zu treffen. Besonders sensible Bereiche stellen Wege dar, die das Opfer in der Öffentlichkeit zurücklegen muss (vom Haus zum Auto, vom Parkplatz zur Arbeitsstelle, beim Einkaufen, zum Berater, zur Polizei usw.). Für jede dieser Situationen lassen sich Alternativen bedenken und Vorkehrungen planen. Weiß beispielsweise der Stalker, dass sein Opfer ebenfalls zu seiner Anhörung vor Gericht als Zeuge geladen ist, sollte der Zugang zum Gebäude über einen nicht öffentlichen Bereich ermöglicht werden. Wann immer möglich, sind ähnliche Arrangements vorzusehen, etwa am Arbeitsplatz mit Zeitplänen, veränderten Parkmöglichkeiten oder beim Eintritt oder Verlassen eines Werksgeländes.

Alle Sicherungsmaßnahmen, insbesondere jene, die im Umfeld und in der eigenen Wohnung, der Garage und dem Auto vorgenommen werden, sollten jedoch auch realistisch bleiben und keine unnötig teuren Installationen umfassen. Bei der Polizei lassen sich entsprechende Informationen und Ratschläge einholen, einschließlich einer kostenfreien Inspektion der privaten Umgebung.

Dokumentation und Beweisführung. Das Sammeln von Beweismaterial und eine sorgsame Dokumentation sind mit erheblichem Zeitaufwand verbunden. Andererseits sind es zwei der wichtigsten Waffen, um dem Stalking etwa durch Einschalten der Polizei Einhalt zu gebieten und um bei eventuellen gerichtlichen Auseinandersetzungen erfolgreich zu prozessieren. Jedes Stalking-Opfer sollte ständig Schreibzeug bei sich tragen. Auf der Grundlage dokumentierter Aktionen sowie brieflicher und telefonischer Mitteilungen können eine Einschätzung des Gefahrenrisikos erfolgen und polizeiliche Untersuchungen in die Wege geleitet werden. Mitteilungen auf der Mailbox oder mittels E-Mail lassen sich speichern. Gibt es Zeugen für Stalking-Vorfälle, sollten diese um Mithilfe gebeten werden – dann sind auch neben Datum und Vorfall deren Anschriften zu notieren, falls sie bereit sind, sich als Zeuge zur Verfügung zu stellen.

Auch bei Unsicherheiten mit der Dokumentation können Anfragen bei der Polizei weiterhelfen: Welche Nachweise sollen wie erbracht werden? Gelegentlich lassen sich die Aktionen der Stalker fotografisch oder per Video festhalten. Auf Fotos sollten alle Sachbeschädigungen, Wandschmierereien oder Paket- oder Blumenzusendungen festgehalten werden. Postalische Zusendungen sollen der Beweisführung dienen und schon deshalb nicht zurückgeschickt werden – einmal abgesehen davon, dass jede Rücksendung zu neuen Stalking-Aktionen veranlassen kann. Der Stalker sollte vielmehr im Unklaren darüber gelassen werden, dass und wie seine Aktionen beim Opfer ankommen oder wirken.

Andere über das Stalking informieren. „Make your problem a public event" ist eine häufig zu lesende Empfehlung an die Opfer. Eine solche Herstellung von Öffentlichkeit erfüllt mehrere hilfreiche Funktionen. Einerseits bleibt das Opfer nicht mehr mit dem Problem allein, sondern kann in den meisten Fällen Zuspruch und Unterstützung finden, nicht nur im Familienkreis, sondern auch bei Freunden und Kollegen. Üblicherweise kann das Sprechen in Gegenwart eines empathischen Zuhörers eine Stressreduktion bewirken und damit psychischen Störungen vorbeugen helfen (→ 10). Andererseits können angemessene Gegenaktionen mit einem wohlwollenden Zuhörer sorgsam durchdacht und ihre Konsequenzen abgeschätzt werden. Das offizielle Krisenmanagement ist nicht die einzige Instanz, von der Unterstützung und Hilfe zu erwarten ist.

Es ist übrigens bemerkenswert, dass eine Vielzahl von Stalking-Vorfällen nicht durch das Opfer, sondern durch Angehörige oder Bekannte zur Anzeige gebracht wurden (→ 3.3.3). Es sind nicht wenige Betroffene, die den Weg in die Öffentlichkeit aus unterschiedlichsten Motiven scheuen, weil sie das Stalking als Privatangelegenheit betrachten, weil sie von Scham oder Schuldgefühlen geplagt werden oder weil sie einen bekannten Täter – schlicht aus Mitleid – wegen vorbestehender Kriminalitätsbelastung nicht erneut in eine schwierige Situation bringen möchten.

Das Informieren anderer Personen ist insbesondere in jenen Fällen unverzichtbar, in denen diese ihrerseits in Stalking-Aktionen verwickelt werden könnten (weil sie zur Familie des Opfers gehören, in der Nachbarschaft wohnen oder mit dem Opfer den Arbeitsplatz teilen). Schließlich sind informierte Dritte als Zeugen wichtig, beispielsweise wenn Stalker versuchen, zwar das Opfer heimlich zu beobachten, ihre Gegenwart dabei anderen jedoch nicht verbergen. Nachbarn könnten die Wohnung des Opfers im Auge behalten, wenn es tagsüber nicht anwesend ist oder sich auf eine längere Reise begibt. Gleichfalls sollten Personen im Umfeld gebeten werden, keine persönlichen Informationen und Auskünfte an Fremde zu erteilen oder Briefe und Nachrichten für das Opfer anzunehmen.

Telefonische Dauerbelästigung. In Deutschland kann nach einem Grundsatzurteil des Bundesgerichtshofes andauernde Telefonbelästigung als Körperverletzung verfolgt und bestraft werden. Das Telefon ist die häufigste Form von Belästigung, der sich Stalking-Opfer ausgesetzt sehen. Von den Betreffenden selbst können bereits eine Reihe von Sicherheitsmaßnahmen getroffen werden, um diese Störungen zu begrenzen oder zu unterbinden. Dazu gehört als Erstes, den Kontakt unmittelbar zu beenden und dann auch nicht mehr ans Telefon zu gehen, wenn es unmittelbar danach (eventuell mehrmals) erneut klingeln sollte. Moderne Telefonanlagen und Handys ermöglichen es, bereits vor dem Abheben zu erkennen, wer am anderen Ende einen Kontakt herzustellen versucht (sofern die Nummer nicht unterdrückt ist). Zudem sind viele Telefone bereits mit der Möglichkeit ausgestattet, Anrufe von bestimmten (auch anonymen) Telefonnummern nicht zuzulassen. Sollte der Stalker von einem nicht öffentlich registrierten Telefon aus anrufen, müsste er erst diesen Schutz aufheben, um sein Opfer zu erreichen.

Es wurde bereits angedeutet, dass der schlichte Wechsel zu einer nicht öffentlich registrierten Telefonnummer nicht in jedem Fall Erfolg verspricht, weil clevere Stalker auch diese Hürde zu nehmen verstehen. Vielmehr sollte für längere Zeit der vorherige Anschluss mit einer Mailbox zur Beweissammlung erhalten bleiben. In ersten telefonischen Bedrohungsfällen (z.B. durch einen Unbekannten) kann die Polizei um Mithilfe gebeten werden, etwa um mittels einer Fangschaltung des Täters habhaft zu werden.

9.2.3 Weitere Aspekte und Rahmenbedingungen

In einigen Ländern (wie beispielsweise Deutschland) sind in Ermangelung an Anti-Stalking-Gesetzen derzeit die Möglichkeiten einer strafrechtlichen Verfolgung eines Stalkers noch sehr begrenzt (→ 1.2.2; → 2.3). Ein allgemeiner Schutz der Privatsphäre und damit das strafrechtliche Verfolgen auch von komplexen Stalking-Aktionen dürfte erst möglich werden, wenn die dazu angekündigten Gesetzesänderungen realisiert sind (vgl. Pechstaedt, 2004, 2005). Polizeiliche Interventionen können also zum gegenwärtigen Zeitpunkt erst erfolgen, wenn es tatsächlich zu Körperverletzung, Sachbeschädigungen, Hausfriedensbruch, Nötigung oder Bedrohung gekommen ist. Viele Stalking-Phänomene, die die Opfer durchaus in Angst und Schrecken versetzen, liegen jedoch unterhalb dieser Straftatbestände, nicht zuletzt weil die Täter um die Gesetzeslage wissen. Dennoch lohnt es sich in vielen Fällen, dass sich Betroffene auch dann einer anwaltlichen Unterstützung versichern – gelegentlich kommen sie um diese Maßnahme gar nicht herum. Denn einige Stalker nehmen sich ihrerseits einen Rechtsbeistand, um auf diese Weise den Druck auf die Opfer zu erhöhen. Stalker dieser Art handeln oft in der Absicht, die Wiedergutmachung eines vermeintlich erfahrenen Unrechts gerichtlich zu erstreiten.

Unterlassungsklagen und ihre Ambivalenz. Sind die genannten Straftatbestände nicht Teil der Stalking-Belästigungen, können die betroffenen Opfer mit anwaltlicher Hilfe ein zivilrechtliches Verfahren anstreben, um ein Unterlassungsurteil gegen den Stalker zu erwirken. Mit einem derartigen Urteil als Voraussetzung lässt sich dann die Hilfe der Polizei zur Durchsetzung des Urteils in Anspruch nehmen. Ein solches Vorgehen kann für die Betroffenen jedoch mit erheblichen Kosten verbunden sein. Ferner zeigen weltweite Erfahrungen, dass das Instrument der Unterlassungsauflagen insgesamt als nicht sehr wirksam einzuschätzen ist (vgl. Ugolini & Kelly, 2001). Es besteht nämlich nicht nur das Problem, dass sich Täter nicht an entsprechende Auflagen halten, vielmehr kann sich auch das Risiko erhöhen, dass sich ein Stalker zu (gewalttätigen) Vergeltungsaktionen hinreißen lässt.

Opfer sollten, bevor sie das Mittel der Unterlassungsklage in Erwägung ziehen, auf die mit einem solchen Vorgehen verbundenen Risiken ausdrücklich aufmerksam gemacht werden, schon damit sie sich danach nicht in falscher Sicherheit wiegen. Entsprechend ist es eine Maxime vieler Krisenzentren und Opferberatungsstellen, zunächst auf eine Distanzierung von Opfer und Täter hinzuarbeiten, bevor polizeiliche oder gerichtliche Unterstützung in Betracht gezogen wird – dies jedoch nur so lange, wie eindeutige Straftatbestände nicht erfüllt sind. Die Unterlassungsanordnung hat sich übrigens dann als wirksames und probates Mittel erwiesen, wenn sie im Zusammenhang mit einer gerichtlichen Verurteilung des Täters – etwa als Teil einer Bewährungsstrafe – ausgesprochen wurde (Ugolini & Kelly, 2001).

Vergrößerung der Distanz zwischen Täter und Opfer. Die wiederholt angesprochene Notwendigkeit der Unterbindung jeglichen Kontakts stellt insbesondere in betrieblichen Kontexten eine besondere Schwierigkeit und Herausforderung für ein Fallmanagement dar. Üblicherweise suchen die in Betrieben mit Stalking/ Mobbing betrauten Personen nach Wegen, die Distanz zwischen verfolgter und verfolgender Person zu vergrößern, etwa durch Versetzung eines der beiden Beteiligten. Damit soll zugleich die Möglichkeit offen gehalten werden, dass Verfolger und Verfolgte doch noch unter Wahrung ihrer Würde voneinander loskommen können.

Eine direkte oder indirekte Konfrontation des Verfolgers mit seinem Opfer oder mit seinem Stalking-Verhalten, etwa durch Vorgesetzte im Betrieb, wird nicht empfohlen (Ugolini & Kelly, 2001). Auch wenn es gelegentlich günstige Wirkungen zeigen kann, gibt es hinreichend Beispiele dafür, dass eine zu harsche Zurechtweisung der Verfolger unter Androhung von Folgen (z.B. Kündigung, Anzeige) zu einer Verschärfung und Eskalation im weiteren Stalking-Verlauf führen kann. Selbst eine vorschnelle Kündigung des Täters scheint nicht in jedem Fall das Mittel der Wahl, nicht zuletzt weil eine Kündigung vielleicht nur den Spielraum an Zeit vergrößert, den der Stalker für seine Aktionen benötigt.

Einweisung in eine psychiatrische Klinik. Eindeutig psychisch gestörte Täter (etwa mit einer schizophrenen, wahnhaften oder manischen Störung) sollten, notfalls ebenfalls mit Hilfe der Polizei, aufgefordert werden, sich einer psychiatrischen Untersuchung zu unterziehen. Eine solche Aufforderung könnte sich insbesondere dann als wirksam erweisen, wenn die Betreffenden in der Vorgeschichte bereits häufiger in psychiatrischen Kliniken in Behandlung waren und Kliniken von innen kennen. Sollten sich psychisch gestörte Stalker einer freiwilligen Untersuchung verweigern, kann in schwerwiegenden Fällen eine Zwangseinweisung in die Psychiatrie erwogen werden (geregelt in Deutschland in den sog. Gesetzen der Bundesländer über Hilfen und Schutzmaßnahmen für psychisch Kranke; kurz: Psychischkrankengesetz, PsychKG).

Insbesondere im Falle einer perakuten Gefahr oder Gefährdung kann (entsprechend der PsychKG-Regularien) jeder Arzt eine sofortige Einweisung gegen den Willen des Betroffenen veranlassen, wenn hinreichende Voraussetzungen zur Unterbringung vorliegen. Aber auch die vom Stalking Betroffenen oder Angehörige der Täter haben die Möglichkeit, eine Zwangseinweisung zu erwirken, indem die Unterbringung beim Ordnungsamt oder über einen Psychiater beim Gesundheitsamt beantragt wird. Diese Option gilt für den Fall, dass keine akute Gefahr und kein Zeitdruck besteht. Es versteht sich jedoch von selbst, dass eine Unterbringung und Untersuchung gegen den Willen des stalkenden Patienten eine Ultima Ratio darstellt, die wirklich nur erwogen werden sollte, wenn alle Möglichkeiten privater, polizeilicher oder sonstiger professioneller Einflussnahme ausgeschöpft wurden, den seelisch erkrankten Stalker von der Notwendigkeit einer Behandlung zu überzeugen.

Therapeutische Hilfsangebote für die Opfer. Lang andauerndes Stalking kann bei den Opfern einen erheblichen Leidensdruck erzeugen einschließlich suizidaler Krisen und der Entwicklung psychischer Störungen. Signalisieren die um Hilfe nachsuchenden Opfer große Verzweiflung und auffällige Hilflosigkeit, sollte eine Opferberatung und Krisenintervention immer die Empfehlung beinhalten, psychotherapeutische Hilfe in Anspruch zu nehmen. Viele Opfer begegnen der Möglichkeit, neben der Opferrolle auch noch eine Patientenrolle einzunehmen, durch die sie noch mehr Helfer beschäftigen würden, mit Ambivalenzen, Scham und Schuldgefühlen. Es sollte in solchen Fällen verdeutlicht werden, dass dieser Vorschlag nicht mit einem Schritt in eine weitere Abhängigkeit gleichzusetzen ist (vgl. Gass, 2005). Vielmehr könnten sich mit psychotherapeutischer Unterstützung weitere Möglichkeiten eröffnen, sich aus den psychischen Zwängen der chronischen Dauerbelastung und Einengung durch Stalking zu befreien. Darauf wird im nächsten → Kapitel 10 ausführlicher eingegangen.

Selbsthilfegruppen. Andererseits gibt es inzwischen in vielen Städten Selbsthilfegruppen auch für Stalking-Opfer, die Betroffenen mit Informationen, Einzelberatungen und dem Angebot, sich mit anderen Betroffenen in Gruppen auszutauschen, weiterhelfen (vgl. Tholen, 2004). Hilfen dieser Art sollten in ihrer Wirkung nicht unterschätzt werden, stellen sie doch eine wichtige Möglichkeit dar, insbesondere in lang andauernden Stalking-Vorfällen Verständnis, Unterstützung und Hilfe zu finden. Bedacht werden sollte jedoch, dass sie bei bereits bestehenden psychischen Störungen der Opfer nicht immer die richtige Anlaufstelle sind und nicht als Ersatz für psychotherapeutische Hilfe in Frage kommen. Für sich genommen bieten sie dennoch eine wichtige Chance, der möglichen Einsamkeit als Stalking-Opfer zu entkommen und ein aus den Fugen geratenes Leben wieder zu stabilisieren.

10 Psychologische Beratung und Therapie für die Opfer

Stalking ist für viele Opfer mit der Gefahr verbunden, dass es im Verlauf zur Entwicklung einer psychischen Störung kommen kann (→ 4). Im Vordergrund stehen Ängste und Phobien, depressive sowie den Folgen einer Posttraumatischen Belastungsstörung analoge Entwicklungen. Ob es bereits dazu gekommen ist, sollte in jeder Art Krisenmanagement mit den Betroffenen sachlich besprochen oder vorgeklärt werden. Im Zweifelsfall sollte den Stalking-Opfern zugeraten werden, sich zur weiteren Abklärung an einen sachkundigen Psychotherapeuten zu wenden. In der Folge einer psychologischen Untersuchung kann entschieden werden, ob zusätzlich zu den bisher in Anspruch genommenen Hilfen (durch eine Opferberatungsstelle, eine Selbsthilfevereinigung, einen Anwalt oder die Polizei) eine psychotherapeutische Behandlung indiziert ist.

10.1 Psychotherapie ist keinesfalls immer indiziert

Dass Stalking bei den Betroffenen zu Hilflosigkeit, Gefühlen des Kontrollverlustes und zu einem erhöhten Stresserleben führt, ist für sich genommen noch kein Grund, einen Psychotherapeuten aufzusuchen. Bei Stress und Hilflosigkeitserleben handelt es sich in vielen Fällen um meist nachvollziehbare Belastungsreaktionen. Sie signalisieren, dass den Betroffenen aktuell keine oder nur wenige als wirksam erlebte Handlungsmöglichkeiten zur Verfügung stehen. Und im Falle von Stalking fehlt es den meisten Betroffenen zunächst an Wissen und Kompetenzen, den Dauerbelästigungen und Verfolgungen Einhalt zu gebieten. Dass sie deshalb in Hilflosigkeitsstress geraten, ist also nicht verwunderlich.

Erst wenn der Kreislauf permanenter Bedrohung und stressreicher Handlungsunfähigkeit anhält oder wenn sich die Betreffenden von Gewalt und Tötungsabsichten bedroht fühlen, können sich psychische Störungen entwickeln, die einer fachkompetenten Behandlung bedürfen. Ein erhöhtes Störungsrisiko besteht gelegentlich auch, wenn Betroffene sich selbst zu helfen versuchen, sich die gewählten Strategien jedoch als nicht hilfreich herausstellen, gelegentlich sogar zu einer Eskalation im Stalking-Verlauf beitragen. Darauf soll zunächst eingegangen werden, bevor nachfolgend protektive Faktoren und Möglichkeiten der Prävention und Behandlung psychischer Störungen dargestellt werden.

10.1.1 Nicht empfehlenswerte Selbsthilfeversuche

Repräsentative Erhebungen und Interviewstudien (→ 3; → 8) verdeutlichen, dass viele Opfer aus den unterschiedlichsten Gründen meinen, mit dem Stalker und seinen Verfolgungen allein fertig zu werden. Ohne fremde Unterstützung dem Stalking die Stirn zu bieten, mag in einzelnen Fällen durchaus wirksam sein und erfolgreich enden, in der überwiegenden Zahl der Fälle jedoch eher nicht. Schon deshalb nicht, weil die Studien ebenfalls zeigen, dass unklug gewählte Aktionen im Umgang mit dem Stalker nicht nur das Gefahrenrisiko erhöhen, sondern auch die Entwicklung psychischer Störungen begünstigen können. Auf einige häufiger von Opfern gewählte, jedoch nicht empfehlenswerte Selbsthilfeversuche soll hier kurz eingegangen werden.

Das Erlernen von Kampfsportarten. Der Eintritt in eine Sportvereinigung zum Erlernen von Selbstverteidigungstechniken, um sie eventuell später bei einem übergriffigen Stalker in Anwendung zu bringen, ist ein widersprüchlich zu beurteilendes Unterfangen. Zwar kann das Erlernen von Kampfsportarten deutlich zu einer Stärkung des Selbstvertrauens beitragen und entsprechend eine bestehende Hilflosigkeit und Verletzbarkeit vermindern. Dennoch ergeben sich bedenkenswerte Nachteile und Risiken. Einerseits ist erhebliche Zeit einzukalkulieren, bis man die Selbstverteidigungstechniken in einer für den „Gegner" ungefährlichen Weise beherrscht; andernfalls könnte man selbst der Körperverletzung bezichtigt werden, sollte man nicht eindeutig in Notwehr gehandelt haben. Schließlich verdeutlichen Fallberichte, dass sich mit dem Einsatz körperlicher Gewalt gegen Stalker zukünftige Stalking-Aktionen kaum oder gar nicht vermindern lassen. Das Gefahrenrisiko kann sich durch Gegengewalt im Gegenteil eher deutlich erhöhen (Dunn, 2002; Pathé, 2002).

Verzicht auf Waffen. Die meisten Autoren warnen eindringlich vor dem Erwerb und dem Mitführen von Waffen, insbesondere von Handfeuerwaffen (z.B. Pathé, 2002; Gass, 2005). Einmal abgesehen davon, dass das Mitführen einiger Waffen der amtlichen Genehmigung bedarf, besteht immer das Problem, dass man dadurch Unschuldige einschließlich sich selbst in Gefahr bringen kann, insbesondere, wenn man in Panik gerät. Skrupellose Stalker könnten möglicherweise ein mit der Waffe drohendes Opfer überwältigen und die Schusswaffe selbst zum Einsatz bringen, nicht nur gegen das Opfer, sondern auch gegen sich selbst. Bei extremer Gewaltdrohung sollte man sich der Schutzmaßnahmen bedienen, die in solchen Fällen seitens der Polizei möglich sind. Prominenten Mitbürgern stehen zumeist besondere Schutzmöglichkeiten zur Verfügung, einschließlich der Dauerbewachung durch Bodyguards, auch wenn solche Maßnahmen kostspielig und lästig sind.

Problematische Selbstbehandlungsversuche. Viele Opfer neigen während lang andauernder Stalking-Belästigungen dazu, Symptome von Angst, Stress und Hilflosigkeit mit Hilfe von Alkohol, Beruhigungs- und Schmerzmitteln, Nikotin und sonstigen Drogen selbst zu „behandeln" (Kühner & Weiß, 2005). Mit solchen Hilfen lässt sich in der Regel nur kurzfristig eine stressmindernde Wirkung erreichen. Nach aller Erfahrung verstärken diese Maßnahmen die psychischen Probleme und Belastungen der Betroffenen noch. Am Ende finden diese sich in einem Teufelskreis der Entwicklung substanzbedingter psychischer Störungen wieder, einschließlich der eventuellen Notwendigkeit, sich in der Folge auch noch wegen Suchtmittelmissbrauchs oder einer Abhängigkeitserkrankung behandeln zu lassen.

10.1.2 Protektive Faktoren

Wie bereits in → Kapitel 4.2.4 dargestellt, haben sich einige beachtenswerte Aspekte ergeben, mit denen sich das Risiko der Entwicklung psychischer Störungen offensichtlich vermindern lässt (z.B. Blaauw et al., 2002a). Dazu gehören zuvorderst Initiativen und Handlungen, die von den Betroffenen selbst eingeleitet und ausgeführt werden können, andererseits als kaum oder nicht problematisch gelten. Drei konvergente Faktoren, die das Risiko der Entwicklung psychischer (v.a. depressiver) Störungen deutlich minimieren können, seien hier kurz wiederholt und erläutert:

▶ wenn die Opfer von sich aus und aktiv mehrere unterschiedliche Gegenmaßnahmen ergreifen und/oder
▶ wenn die Opfer Unterstützung in der Familie, im Freundeskreis oder bei Arbeitskollegen suchen und bekommen und/oder
▶ wenn sie die Hilfe eines Krisenmanagements für Stalking-Vorfälle oder eine entsprechende Unterstützung durch die Polizei in Anspruch nehmen.

Aktives Handeln. Als vielleicht wichtigster protektiver Faktor gilt das aktive Suchen und Handeln, also das selbstbewusste Ergreifen von geeigneten Gegenmaßnahmen. Dabei ist bedeutsam, dass sich Betroffene im Verlauf eines Stalking-Geschehens nicht nur auf eine einzige Gegenmaßnahme verlassen, sondern unterschiedliche Aktionen unternehmen. Es handelt sich um Möglichkeiten, von denen im vorausgehenden → Kapitel 9 ausführlich die Rede war. Dabei sind natürlich die mit jeder Maßnahme verbundenen Risiken und Konsequenzen genau einzuschätzen und zu berücksichtigen. Aus Forschungsarbeiten zu den Möglichkeiten der persönlichen Belastungs- und Stressreduktion lässt sich zudem ableiten, dass sich die Betreffenden trotz lästigen Verfolgtwerdens auch ein davon unabhängiges, möglichst hohes Maß an Freiheitsgraden, Handlungsspielräumen und Lebensqualität bewahren sollten.

Suche nach sozialer Unterstützung. Weiter scheint es von protektiver Bedeutung zu sein, wenn Betroffene soziale Unterstützung in der Familie, im Freundeskreis oder bei Arbeitskollegen/Vorgesetzten suchen und, wenn sie sie erhalten, auch nutzen. Auch dieser Aspekt des Herstellens einer mithelfenden Öffentlichkeit wurde bereits angesprochen. Dabei gilt es natürlich, von Fall zu Fall zu differenzieren. Nicht immer ist die eigene Familie hilfreich, etwa wenn es Angehörige gibt, die mit einer vollzogenen Trennung (wie eben auch der stalkende Ex-Partner) nicht einverstanden sind. In diesem Fall könnten Freunde oder Nachbarn weiter helfen. Finden die Dauerbelästigungen des Ex-Partners auch an der Arbeitsstelle statt, könnte man sich Hilfe suchend an jene Personen wenden, die im Betrieb mit der Beilegung von Stalking-/Mobbing-Vorfällen betraut sind – womit der dritte Protektionsfaktor benannt ist.

Beratung durch Personen, die mit Stalking vertraut sind. Auch wenn Beratungsstellen für Stalking-Opfer und entsprechend vorbereitete Anlaufstellen bei der Polizei vielerorts erst im Aufbau begriffen sind, sollte diese Möglichkeit, wo sie bereits gegeben ist, auf jeden Fall ebenfalls in Anspruch genommen werden. Denn die Unterstützung durch Rat und Tat jener Personen, die sich mit Stalking-Vorfällen gut auskennen, hat sich ebenfalls als Faktor erwiesen, mit dem sich das Risiko der Entwicklung psychischer Störungen verringern lässt. Mit dem Stalking vertraute Person können bei der Suche nach geeigneten Reaktionsmöglichkeiten neue Perspektiven entwickeln, und sie werden darauf achten, dass zu spontane und risikoanfällige Gegenmaßnahmen auf ein Minimum beschränkt bleiben.

10.2 Prävention und Behandlung depressiver Entwicklungen

In den allermeisten Fällen dürfte aktives Handeln der Betroffenen einschließlich sozialer Unterstützung und der Versuch, sich von kundigen Fachleuten beraten zu lassen, hinreichen, um Selbstsicherheit und Selbstwirksamkeit in einem laufenden Stalking-Geschehen wiederzuerlangen und beizubehalten. Ein kluges Krisenmanagement, in dem man nicht allein bleibt, sondern sich der Mithilfe anderer Personen bedient, ist offensichtlich die beste Voraussetzung, im Kreislauf der Dauerbelästigungen und Krisen eine einigermaßen akzeptable innere Stabilität und psychische Gesundheit zu bewahren – und auf diese Weise vor allem einer depressiven Entwicklung entgegenzuwirken. Hilfsorganisationen, Opferberatung und professionelles Stalking-Management spielen also nicht nur bei der Supervision von Stalking-Verläufen eine wichtige Rolle. Sie können auch mit ihrem Krisenmanagement erheblich dazu beitragen, dass sich bei den Opfern keine behandlungspflichtigen psychischen Störungen entwickeln.

10.2.1 Psychologisch-psychotherapeutisches Krisenmanagement

Andererseits sollten die professionellen wie semiprofessionellen Ansprechpartner für Stalking-Opfer gut auf diese zusätzliche Funktion der Prophylaxe psychischer Störungen vorbereitet sein. Zum Management bei akutem Stalking gehört mehr als ein Suchen nach Lösungen und Handlungsvarianten für den Umgang mit dem Verfolger. Auch wenn Letzteres natürlich im Vordergrund steht, sollte sich ein Krisenmanagement an psychologischen Beratungskonzepten orientieren. In diesen steht „Hilfe zur Selbsthilfe" und damit eine Anleitung zum Aufbau von Selbstverantwortung und Selbstwirksamkeit im Vordergrund (vgl. Kropp et al., 2002; Pathé & Mullen, 2002). Entsprechende Konzepte sollten auch in zukünftigen Ausbildungen von Beratern für Stalking-Opfer ausdrücklich Berücksichtigung finden.

Prävention und Behandlung depressiver Störungen. Mit den angesprochenen „Aktivierungsstrategien" lassen sich die zu befürchtenden depressiven Entwicklungen günstig beeinflussen. Entsprechend gelten die hier vorgeschlagenen Empfehlungen auch für den Fall, dass Stalking-Opfer sich mit ihren Problemen gleich der Hilfe eines Psychotherapeuten versichert haben und nicht den Weg/Umweg über eine Opferberatungsstelle gegangen sind. Typische, doch von Fall zu Fall unterschiedliche Probleme depressiver Patienten sind (Hautzinger, 2005):

► geringe Rate positiv verstärkender Aktivitäten und Erfahrungen,
► hohe Rate aversiver (für Stalking-Opfer geradezu prototypischer) Ereignisse und Aktivitäten,
► Defizite in den Sozialkontakten, im Interaktions- und Sozialverhalten,
► fehlende oder ungünstige Bewältigungstrategien,
► zu hohe bzw. extreme Anspruchshaltungen,
► gedankliche Fehleinschätzungen bei der Wahrnehmung und Verarbeitung von Erfahrungen.

In aller Regel erfordern diese Aspekte vom Helfer oder Therapeuten ein recht pragmatisches Vorgehen und eine ermutigende wie stützende Haltung, bis deutliche Weichen für eine Neuorientierung gestellt sind. Abhängig vom Einzelfall lassen sich entsprechend einige wichtige Wege der Beeinflussung depressiver Entwicklungen formulieren:

► Schaffung einer Balance von angenehmen und verstärkenden Aktivitäten und Pflichten mit den Notwendigkeiten, aversive Erfahrungen im Stalking-Prozess zu bewältigen,
► Steigerung positiv erlebter Erfahrungen,
► Überwindung der sozialen Defizite durch eine Verbesserung der interaktionellen und kommunikativen Kompetenz,
► Korrektur überzogener Einstellungen, Erwartungen und Ansprüche.

10.2.2 Psychologisches Beratungsziel: Selbstbehandlung

Allgemeines Ziel der persönlichen Unterstützung des Opfers im depressiogenen Krisenerleben von Stalking ist die Unterstützung der Fähigkeiten des Betroffenen und seiner sozial stützenden Bezugspersonen, sich selbst zu helfen. Nicht der Ersatz von Verlorenem oder die Verleugnung der schmerzlichen Realität, sondern die Stütze und das Mitgefühl (Empathie) sowie die Ermutigung, Gefühle von

Trauer, Schmerz, Feindseligkeit und Aggression zu zeigen, sind weitere Aufgaben von Beratern oder Therapeuten. Die Beziehung zum Opfer sollte diesem Sicherheit bieten durch Vermittlung von Präsenz, Verständnis, Hilfsbereitschaft und Zuversicht. Ein Kernaspekt dieses psychologischen Teils des Krisenmanagements besteht einerseits in der Entlastung von emotionalem Druck durch Aussprechen und Besprechen von Ängsten und Gefühlen der Hilflosigkeit, und zwar aus einer behutsamen Reflexion des Krisenerlebens im Stalking und der damit verbundenen persönlichen Konsequenzen heraus.

Selbstverantwortung aufbauen und stärken. Gleichzeitig erfolgt durch konkrete Beratung und Anleitung eine Förderung der Eigeninitiative zu vielen notwendigen Schritten, die ausführlich in → Kapitel 9 beschrieben wurde. Im Krisengeschehen andauernder Belästigungen ist die Rat suchende Person in aller Regel viel abhängiger von Helfern und Unterstützung von außen als zu jeder anderen Zeit. Bedacht werden sollte aber, dass es sich bei einer Vielzahl von Betroffenen um Personen mit dependenten Persönlichkeitsstilen handelt (vgl. Dreßing, 2005). Es besteht also leicht die Gefahr, nicht nur alles für den Betroffenen zu tun, sondern auch noch an seiner Stelle. Letzteres wird den Klienten jedoch eher entmutigen und ihn in seinem Abhängigkeitsbedürfnis bestärken.

Empathie und geduldige Beratung

Grundlage für eine gute Balance zwischen Empathiestrategien und psychoedukativer Hilfe zur Bewältigung der depressiogenen Stalking-Erfahrungen ist ein gleichermaßen problemzentriertes und lösungsorientiertes Vorgehen eines freundlichen, unterstützenden, erklärenden, didaktisch geschickten und aktiven Beraters oder Therapeuten. Durch Beratung oder Therapie sollen vor allem neue Erfahrungen gemacht werden und das Erlernen neuer und hilfreicher Strategien stattfinden.

Das größte Hindernis für eine erfolgreiche Beratung oder Behandlung von sich depressiv entwickelnden Patienten ist die Ungeduld der Therapeuten (Hautzinger, 2005). Motivation muss gelegentlich erst durch den Therapeuten aufgebaut werden und ist bei depressiven Menschen zunächst meist kurzlebig. Vom Berater oder Therapeuten werden Geduld, Frustrationsbereitschaft und die Fähigkeit zum graduellen Vorgehen in kleinsten Schritten erwartet. Auch wenn es zeitweilig scheint, dass der Behandlungsprozess stagniert, sollte der Berater/Therapeut kleinste Veränderungen und Erfolge erkennen und seine Anerkennung zum Ausdruck bringen können. Und die Betroffenen selbst sollten lernen, Zeichen der Überforderung zu registrieren, und dem Impuls entgegensteuern, Aktivitäten ohne Rücksicht auf die eigenen momentan verfügbaren Kräfte und Ressourcen unbedingt durchhalten zu wollen.

10.3 Psychotherapeutische Behandlung von Angst und Traumatisierung

Symptome von Angststörungen und Beschwerden analog den Folgen einer Posttraumatischen Belastungsstörung lassen sich neben depressiven Entwicklungen am häufigsten bei Stalking-Opfern beobachten. Sind Symptome dieser beiden Störungsbereiche bereits zu Beginn des Krisenmanagements gravierend ausgeprägt bzw. gehen im Verlauf der Beratungen nicht zurück, sollten psychologisch bzw. psychotherapeutisch nicht ausgebildete Berater den Opfern empfehlen, sich zwecks diagnostischer Abklärung zusätzlich an einen Psychotherapeuten zu wenden. Eine solche Empfehlung sollte schon deshalb erfolgen, um das weitere Krisenmanagement nicht zu gefährden.

10.3.1 Auffällige Symptomatik und Ziele der Behandlung

Da sich die meisten Behandlungsansätze bei Traumastörungen und Ängsten/Phobien recht ähnlich ausnehmen, werden sie hier zusammenfassend behandelt. Beide Störungen können nach belastenden Ereignissen auftreten und das Ergebnis kontinuierlicher Stalking-Erfahrungen sein (→ 4.2). Zentrale Indikatoren der diagnostischen Abklärung sind folgende Merkmale und Symptome (Maerker, 2005):

▶ Sich wiederholt aufdrängende schmerzliche Erinnerungen an die belastenden und traumatischen Erfahrungen,
▶ belastende Träume und Alpträume,
▶ phobische Reaktionen und Ängste mit zunehmendem Vermeidungsverhalten (z.B. nicht mehr außer Haus zu gehen),
▶ emotionale Erstarrungs- oder Taubheitszustände,
▶ die Unfähigkeit, sich zu entspannen,
▶ Schlafstörungen,
▶ Konzentrations- und Gedächtnisschwierigkeiten,
▶ Schreckhaftigkeit und Erregbarkeit.

Oft geht die Symptomatik einher mit erheblicher Interesselosigkeit bezüglich zuvor ausgeübter Tätigkeiten. Die Betroffenen fühlen sich anderen und der Welt um sie herum entfremdet. Bei Opfern von Stalking kann es auch zu hartnäckigen Schuldgefühlen kommen, für die Verfolgung mitverantwortlich zu sein.

Bei aktuellem Stalking: Keine Exposition!
Einleitend muss auf einen wichtigen Unterschied der Behandlung einer Trauma-/Angstsymptomatik in der Folge von Stalking gegenüber dem allgemein üblichen Vorgehen aufmerksam gemacht werden. Das Kernelement der meisten Trauma-/Angsttherapien stellt die Exposition der Patienten in den Angst ▶

auslösenden Situationen mit den traumatischen Faktoren dar. Beispielsweise soll mit einer therapeutisch geleiteten Wiedererinnerung angstvoller Erfahrungen eine Habituation, also eine Abnahme der mit den Erinnerungen verbundenen Angstreaktionen erfolgen (vgl. Fiedler, 2001b). Zumeist wird dies durch eine imaginative Visualisierung der Trauma-/Angsterfahrungen unterstützt. Ein ähnliches Vorgehen wird mit der Blickfolge-Desensibilisierung in der sog. EMDR-Behandlung zu erreichen versucht.

Es bleibt unbedingt zu beachten, dass eine solche Vorgehensweise nicht angewendet werden darf, wenn das Trauma noch anhält bzw. wenn von der Quelle der Angst weiterhin eine reale Gefährdung ausgehen kann, was hier möglicherweise noch der Fall ist. Kognitiven und narrativen Strategien, die nachfolgend dargestellt werden, ist in solchen Fällen der unbedingte Vorrang einzuräumen, weil mit ihrer Hilfe der Exposition vergleichbare Wirkungen erreicht werden können (zu weiteren Problemen und Nachteilen einer Trauma-Exposition: Fiedler & Sachsse, 2005).

10.3.2 Kognitive und narrative Psychotherapie

Statt eines imaginativen Wiedererinnerns können ähnliche, ebenfalls habituative Wirkungen dadurch erreicht werden, dass man den Patienten hinreichend Möglichkeiten gibt, die Erfahrungen und den bisherigen Umgang mit den Stalking-Aktionen narrativ zu verarbeiten, um auf diese Weise Erleichterung zu finden. Symptome der Angst und Traumatisierung werden als Ergebnis einer Unfähigkeit gesehen, die früheren Überzeugungen und Einstellungen miteinander zu integrieren – ein Vorgang, der allgemein auch als Ergebnis einer Demoralisierung von Moral- und Wertvorstellungen aufgefasst werden könnte (Fiedler, 2001b). Stalking-Opfer befinden sich häufig in einem Zustand, der durch Vernunft nicht mehr erklärt und beeinflusst werden kann. Auch die verbleibenden Gefühle von Hilflosigkeit, Stress, Angst, Scham und Schuld bieten kaum mehr hinreichende Möglichkeiten einer Orientierung. Beim Stalking sind zumeist fünf Bereiche betroffen, bei denen bisherige kognitiv-affektive Schemata gestört sind, was Entscheidungen und zielgerichtetes Handeln erschwert oder unmöglich macht:

▶ das Wissen und Gefühl um die eigene Sicherheit,
▶ das Vertrauen in andere Menschen,
▶ der Verlust von Einfluss und Macht in sozialen Kontexten,
▶ die Verringerung von Selbstachtung und Selbstwirksamkeit,
▶ Unsicherheiten im Bereich intimer zwischenmenschlicher Interaktionen.

Das allgemeine Ziel kognitiver Therapiestrategien ist demzufolge, dass die Betroffenen im Gespräch mit dem Therapeuten eine ausgeglichenere Selbst- und Weltsicht wiedererlangen und dass sie Mut schöpfen, notwendige Veränderungen in ihrem Leben vernünftig zu planen und aktiv umzusetzen.

Narrative Psychotherapie. Ganz allgemein hat sich bei Traumatisierten, die – wie Stalking-Opfer – durch Menschenhand Bedrohung und Gewalt erfahren haben, das therapeutische Gespräch als wirksame Möglichkeit und Alternative zur Expositionsbehandlung erwiesen. Patienten werden dazu angeleitet, mit Hilfe des Therapeuten ihre Stalking-Erfahrungen zu wiederholen und bei sich wiederholenden Erfahrungen diese auch immer und immer wieder zu erzählen. Damit sollen einerseits habituative Prozesse in Gang gesetzt und andererseits eine kognitive und vernunftgeleitete Verarbeitung und Bewältigung traumatischer Erfahrungen angeregt werden. Dazu unterstützt der Therapeut die Betroffenen, eine neue Sprache für Erfahrungen zu finden, die z.B. nicht mehr die Sprache der schuldzuweisenden Täter ist oder die einer wenig verständnisvollen Umwelt. In diesem Zusammenhang spielt es eine wichtige Rolle, dass die Patienten von ungerechtfertigter Schuld und Scham direkt und unmissverständlich freigesprochen werden.

Was die habituative Wirkung narrativer Therapie und die Erhöhung eines Selbstwirksamkeitserlebens der Betroffenen angeht, so sollten Therapeuten im therapeutischen Gespräch drei wichtige Ziele zusätzlich und kontinuierlich im Auge behalten:

▶ Elaboration bzw. Differenzierung der traumatischen Erfahrungen, um sie der kognitiven und damit bewussten Kontrolle durch Neubewertung zugänglich zu machen;

▶ Veränderung problematischer Interpretationen und Bewertungen der Stalking-Erfahrungen und/oder ihrer Konsequenzen, indem beispielsweise neue Möglichkeiten des Umgangs damit besprochen werden;

▶ Veränderung der für eine Bewältigung von Stalking-Aktionen dysfunktionalen Verhaltensweisen und kognitiven Strategien durch Entwicklung alternativer Sichtweisen und Handlungsmöglichkeiten, wie sie ausführlich in → Kapitel 9 dargestellt wurden.

Information und Aufklärung. Eine hinreichende und sorgsame Aufklärung der Patienten über das Therapierationale sollte in jeder Trauma-/Angstbehandlung am Anfang stehen und auch während der gesamten Therapie immer wieder einmal eingefügt werden. Informationsmangel auf Seiten der Patienten kann nämlich als Stressor besonderer Art angesehen werden, der in seiner Wirkung häufig den Belastungen aus der Unbestimmbarkeit psychischer Störungen nahe kommt und die vorliegende Symptomatik weiter verstärken kann. Inzwischen ist empirisch gut belegt, dass Informiertheit nicht nur bessere Voraussetzungen zur aktiven und eigenverantwortlichen Mitarbeit der Patienten an therapeutischen Maßnahmen schafft, sondern dass Informationen für sich bereits hochgradig therapeutische Wirkungen entfalten (Fiedler, 2004b).

In der Behandlung von Trauma- und Angststörungen ist es deshalb ratsam, die den Störungen zugrunde liegenden psychologischen und biologischen Mechanismen und Lernvorgänge genau zu erläutern. Die Patienten sollten wissen, dass etwa ein intrusives Wiedererleben nach Traumaerfahrungen nicht bedeutet, dass etwas mit ihnen nicht stimmt, sie gar „verrückt" sind oder auch künftig nicht mehr mit ihrem Leben zurechtkommen. Zur Verminderung genau dieser Art von Befürchtungen haben sich sachliche Aufklärung und Information auch über die neurobiologischen Ursachen von Traumastörungen als hilfreich und deshalb unverzichtbar erwiesen (Fiedler, 2001b).

Narrative Wiederholung. Viele Patienten haben zu Beginn der Behandlung und angesichts eines möglicherweise bereits längeren Stalking-Geschehens das Gefühl, dass ihr Leben stehen geblieben sei – dies zumal dann, wenn sie außer der Beschäftigung mit dem Stalking alltägliche Interaktionen oder Aktivitäten eingestellt haben. Behutsam und kontinuierlich wird während der gesamten Behandlung zur Wiederaufnahme alltäglicher Handlungsmuster und vielfältiger zwischenmenschlicher Interaktionen angeregt. Es kann davon ausgegangen werden, dass die Behandlung einer Stalking-Traumatisierung Zeit benötigt und sich nicht in wenigen Stunden realisieren lässt. Dies sollte zwingend beachtet werden. Entsprechend ist auf die Sinnhaftigkeit und das Rationale der wiederholten narrativen Beschäftigung mit dem Stalking-Erleben zum Aufbau eines neuen Selbst- und Moralsystems und zur Entwicklung vernunftgeleiteter Handlungsmöglichkeiten hinzuweisen.

10.3.3 Extreme Krisen und Strategien der Stabilisierung

Viele Stalking-Opfer leben bei Behandlungsbeginn noch unter Bedingungen, in denen bedrohliche Dauerbelästigungen durch Stalking-Aktionen allgegenwärtig sind. Dieser Aspekt erfordert besondere Aufmerksamkeit, da anhaltende Bedrohungen und existenzbedrohliche Lebensumstände in der Tat mit Gefahren für Gesundheit und Leben der Betroffenen wie für andere Menschen verbunden sein können. Selbstgefährdung, Suizidalität, Suizidfantasien und selbstverletzende Verhaltensweisen können durch eine Traumasymptomatik, insbesondere durch dissoziative Störungen ausgelöst werden oder mit ihnen zusammenfallen. Das Gleiche gilt für vermutbare Fremdgefährdung, Aggressionsneigung, Tötungsfantasien und für weitere Extremstörungen der Impulskontrolle (Fiedler, 2002).

Folgerichtig steht in der Behandlung posttraumatischer Störungen eine kontinuierlich vorzunehmende diagnostische Einschätzung des möglichen Ausmaßes oder der Wahrscheinlichkeit für eine Selbstgefährdung, die Gefährlichkeit von Stalking-Aktionen, die mögliche Existenzbedrohung usw. an vorderster Stelle. Dies gilt auch dann, wenn diese Aspekte nur bei einer geringen Zahl von Betroffenen anzutreffen sein dürften. Dies ist weiter auch deshalb erforderlich, weil ein Vorhandensein jeglicher Art von „Gefährlichkeit" erheblichen Einfluss auf die Gestaltung aller Therapiemaßnahmen hat.

Stabilisierung vor Symptombehandlung

Für das diagnostisch-therapeutische Vorgehen hat es sich deshalb als sinnvoll erwiesen, im Prozess der beginnenden wie laufenden Behandlung folgende zwei Aspekte immer im Auge zu behalten, um das Vorgehen in der laufenden Therapie zeitweilig vom allgemeinen Therapieplan abweichend in Richtung Stabilisierung abzuändern. Stabilisierende Therapiestrategien sind z.B. vorrangig einzusetzen, wenn sich schwere, möglicherweise gefährliche Probleme der Selbst- und Fremdgefährdung oder Störungen der Impulskontrolle andeuten. Gemeint sind damit z.B. gegebene Suizidalität, Gewaltneigung, Alkohol- und Drogenmissbrauch, selbstverletzendes Verhalten, aber auch sexuelle Gefährdung oder das Leben in gefahrvollen Umgebungen usw.

Im Verlauf vieler Stalking-Vorfälle gibt es Kränkungen, Gewaltübergriffe, plötzlich eingetretene Notlagen oder viele andere Ereignisse mehr, in deren Folge die Betroffenen zumeist ihre Selbstsicherheit wie die Kontrolle über ihr eigenes Handeln verloren haben. Es kann zu Störungen der Impulskontrolle kommen, die ihrerseits eng mit Trauma-/Angststörungen verbunden sein können. Liegen Impulskontrollstörungen oder Probleme der Selbst- bzw. Fremdgefährdung vor, ist besonderer Wert darauf zu legen, dass der Patient möglichst rasch die Kontrolle über sein Verhalten wiedererlangt. Der Behandlung von Suizidalität, Selbstschädigung oder Fremdgefährdung ist unter allen Umständen absoluter Vorrang einzuräumen.

Sachliche Klärung und direkte Hilfe. Besondere Beachtung verdient der Aufbau und Behalt einer tragfähigen Therapiebeziehung. Dafür werden zumeist sehr direkte, vor allem die Person stützende und kontinuierliche Krisengespräche notwendig. Dazu können die Therapeuten in eine sachliche Exploration einsteigen, mit der sie sich mittels einfacher Nachfragen über die den Problemen zugrunde liegenden Bedingungen möglichst genau informieren. Auf keinen Fall dürfen gefühlsaktivierende Interventionen erfolgen. Nur die sachbezogene Exploration kann zu einer Problemklärung und dadurch zu einer emotionalen Beruhigung beitragen.

Wichtige helfende Funktionen erfüllt, wer den Betroffenen für die Zeit extremen Krisenerlebens aktiv zuhört und dabei offen das Pro und Kontra ihrer Argumente auf realistischer Ebene diskutiert, bezüglich praktisch gegebener Probleme Vorschläge unterbreitet und die Patienten bittet, Probleme und mögliche Lösungen an den Tatsachen zu überprüfen.

Die Notwendigkeit direkter Intervention. Bei der Beruhigung und Stabilisierung von Patienten kommen die Therapeuten nicht umhin, klare Hilfestellungen zu geben und den Patienten konkret bei der Lösung akuter Lebensprobleme mit Rat und Tat zur Seite zu stehen. Therapeuten könnten dann in einigen Fällen noch etwas weiter gehen und z.B. durchaus aktiv eine Modellfunktion für eine sachbezogene Problemlösung übernehmen. In besonders gravierenden Fällen sind sie möglicherweise gezwungen, zeitweilig *stellvertretend für den Patienten* und/oder möglichst noch in seiner Gegenwart erste Schritte zur sachlichen Problemlösung einzuleiten. Sie verfolgen dabei immer das Ziel eines möglichst raschen, effektiven und ethisch verantwortbaren psychosozialen Problem- und Konfliktmanagements.

Zeitgleich im Vordergrund steht die mittelfristige Etablierung und Sicherung grundlegender psychosozial stabilisierender Faktoren, wie z.B. die Einbeziehung von Angehörigen/Freunden/Kollegen, die Beachtung der beruflichen Einbindung oder auch die Sicherung der existenziell notwendigen finanziellen wie materiellen Grundlagen. Es wäre in vielen Fällen nämlich völlig abwegig zu erwarten, dass ein Patient, der im Verlauf von Stalking sämtliche materiellen oder ideellen Existenzgrundlagen verloren hat und der persönlich keinerlei Ansatzpunkte für einen Neubeginn erkennt, auch nur ansatzweise von einer ausschließlich symptomorientierten Behandlung der Trauma-/Angststörungen profitieren wird.

Stationäre Behandlung. Gelegentlich können sich psychische Störungen von Stalking-Opfern als besonders gravierend, multipel und schwer ausnehmen, so dass eine stationäre Behandlung erwogen werden muss. Dabei bleibt zu beachten, dass die erfolgte Einweisung eines Patienten in eine psychiatrische Klinik selbst ein gravierendes Lebensereignis darstellt, dem als solches besondere Aufmerksamkeit zuteil werden sollte. Eine Psychiatrieeinweisung kann gelegentlich selbst wie ein Trauma wirken. Es sollte auch davon ausgegangen werden, dass ein Psychiatrieaufenthalt heute leider immer noch einschneidende Wirkungen auf die Einbindung des Patienten in seine alltäglichen zwischenmenschlichen Beziehungen zur Folge haben kann. Probleme dieser Art sollten ebenfalls offen, sachlich und perspektivisch mit den Patienten besprochen werden.

11 Perspektiven für eine Behandlung der Täter

Den prototypischen Stalker und das prototypische Stalking gibt es nicht. Wohl nicht zuletzt deshalb gibt es bis heute nur wenige Behandlungskonzepte, in denen Vorschläge speziell für die Behandlung der Stalker ausgearbeitet wurden. Gemeint sind Therapiekonzepte, die zum Einsatz gebracht werden könnten, *nachdem* man der Täter habhaft wurde und sie im Gefängnis, in der forensischen Psychiatrie oder im Kontext einer Bewährungsstrafe für eine therapeutische Behandlung in Frage kämen. Im Vordergrund der meisten Behandlungsansätze steht die Frage, wie man einen laufenden Stalking-Prozess unterbrechen und zum Abschluss bringen kann. Nur wenige Autoren nähern sich der Frage eines Krisenmanagements unter ausdrücklich psychotherapeutischer Perspektive (z.B. Kropp et al., 2002; Hoffmann et al., 2005); und selbst wenn Titel dieser Arbeiten Therapieperspektiven für die Täter versprechen, bleiben konkrete Vorschläge nur angedeutet oder werden ganz ausgespart.

Es finden sich kaum brauchbare Überlegungen, ob und wie mit Stalkern nach dem Stalking weiter zu verfahren ist und ob etwa eine psychologische Therapie sinnvoll wäre. Vielleicht ist dies angesichts der unterschiedlichen Ätiologie der vielfältigen Stalking-Phänomene auch nicht verwunderlich. Voraussetzung für die Entwicklung eines Behandlungskonzeptes für Stalker wäre in der Tat, wenn dem Stalking gemeinsame Grundmuster zugrunde lägen, die für eine sinnvolle Ableitung therapeutischer Maßnahmen in Frage kämen.

11.1 Die schwierige Suche nach übergreifenden therapeutischen Zielen

Vermeintlich Gemeinsames findet man nur in Untergruppen, indem man z.B. versucht, die Stalker hinsichtlich ihrer Verfolgungsmotive zu klassifizieren. In → Kapitel 7 wurde ein solcher Taxonomie-Vorschlag ausgearbeitet, auf dessen Grundlage sich Stalker danach einteilen ließen, ob sie eine (intime) Beziehung erstreben oder erzwingen wollen bzw. ob sie auf Wiedergutmachung oder Vergeltung für vermeintlich erlebtes Unrecht aus sind. Unsere Taxonomie zielte daher darauf, eine syndromale Beurteilung des Gefährdungsgrades im Rahmen einer Prognose des Kurzzeitverlaufs zu ermöglichen. Doch bei der Zuordnung einzelner Täter zu Motivklassen, die vielen gegenwärtigen Klassifikationsansätzen zugrunde liegen, muss man vorsichtig sein. Die Motivlagen können im fortgesetzten Stalking-Geschehen wechseln, oder es können unterschiedliche Motive gleichzeitig verfolgt werden oder miteinander in Konflikt treten. Auch dies wurde im Taxonomie-Kapitel (→ 7) ausdrücklich herausgearbeitet und dadurch kenntlich gemacht, dass unterschiedliche Tätergruppen in unterschiedlichen Motiv-klassen wiederholt aufgeführt wurden.

11.1.1 Klassifikation: Sackgasse für therapeutische Entscheidungen

Selbst eine Einordnung nach vorbestehendem Bekanntheitsgrad zwischen Opfer und Täter kann nur sehr begrenzt weiterhelfen, auch wenn sich von einer solchen Aufteilung die meisten Autoren die besten Perspektiven für Prävention und Be-handlung erhoffen (z.B. Dreßing & Gass, 2005). Zwar werden die meisten Stal-king-Aktionen von Ex-Partnern durchgeführt, die zumeist jene verfolgen, die sich zuvor von ihnen getrennt haben. Dennoch: Auch in diesen Fällen finden sich unterschiedliche Motivlagen, Ambivalenzen und Konflikte. Solche Ordnungsver-suche haben bisher einen Sinn, wo es darum geht, Opfern beim aktuell laufenden Stalking-Geschehen hilfreich mit Rat und Tat zur Seite zu stehen. Im differenziel-len Fallmanagement macht es durchaus einen praktischen Unterschied, ob es sich bei Verfolgern um Ex-Partner, um Kollegen am Arbeitsplatz oder um Unbe-kannte handelt, die es auf Prominente abgesehen haben. Ob sich der Bekannt-heitsgrad zwischen Täter und Opfer auch für die differenzielle Begründung von postventiven, also dem erfolgreichen Krisenmanagement folgenden Behand-lungsansätzen eignet, sei hier also in Zweifel gezogen (vgl. Badcock, 2002).

Ist Stalking eine Zwangsstörung? Um in der Frage der Therapiekonzepte voran-zukommen, haben einige Autoren die Idee angedacht, dass dem Stalking eine ei-gene psychische Störung zugrunde liegen könne. Als viel diskutiertes Konstrukt wurde „obsessives Verfolgen" vorgeschlagen, das dem Bereich der Zwangsstörun-gen zuzuordnen wäre. Ein solcher Vorschlag wurde von Zona und Mitarbeitern (1993, 1998) in einer Klassifikation von Stalkern in der forensischen Psychiatrie erwogen, und Meloy (1998) versuchte die Plausibilität dieses Vorschlags mit Hil-fe der DSM-IV-Diagnostik (APA, 1994) zu begründen. Andererseits wurde dieser monoätiologische Ansatz einer gründlichen Kritik unterzogen (→ 5.2; ergänzend → 8.3.1): Immerhin finden sich bei bis zu 10 Prozent aller Stalker unterschiedli-che psychische Störungen, von denen nur wenige den Zwangsstörungen zuzu-ordnen sind. Auch mit den Persönlichkeitsstörungen, die bei einer Vielzahl von Stalkern diagnostizierbar sind, lässt sich eine prinzipielle Nähe des Stalkings zu den Zwangsstörungen kaum begründen.

Sackgasse: Klassifikation. Es scheint aus methodischen Gründen aber auch frag-lich, ob ätiologische Klassifikationen a priori geeignet sind, der Entwicklung the-rapeutischer Konzepte linear vorgeordnet zu werden, etwa getreu dem Motto: „Bei Patienten mit der Diagnose X nehme man Behandlungsmethode Y." Diese Untugend therapeutischer Entscheidungen scheint seit Einführung moderner Di-agnosesysteme immer mehr Anhänger zu finden. „Gerade so, als würde man die Regale eines Obstgeschäftes mit der Botanik verwechseln, wurde es in den letzten

20 Jahren zunehmend Usus, sämtliche Lehrbücher der klinischen Psychologie, Psychiatrie und Psychotherapie an den Ordnungsstrukturen von DSM und ICD auszurichten" (Fiedler, 2004a, S. 180). Insbesondere die ICD ist als Manual der Morbiditäts- und Mortalitätsverschlüsselungen für die weltweite Epidemiologie entwickelt worden und enthält keinerlei therapeutische Implikationen. Vermutlich führt auch die kassentechnisch begründete Antrags- und Abrechnungspraxis zu dem Irrtum, es handele sich um wissenschaftlich begründete, geradlinige Beziehungen zwischen klassifikatorischer Diagnose und therapeutischem Vorgehen.

Erst die Erklärung von Stalking begründet die Behandlung. Zwei wichtige Grundsätze der Indikationsstellung und des Behandlungsentwurfes werden bei der Suche nach einem klassifikatorischen Ausgangspunkt für therapeutische Konzepte gelegentlich übersehen. Nicht die Diagnose begründet die psychotherapeutischen Maßnahmen, sondern die Analyse und Erklärung eines zu behandelnden Problems (in diesem Fall des Stalkings, das dabei nach unserer Taxonomie syndromal differenziert werden kann). Und mit Blick auf das wenig tugendhafte Verhalten der Protagonisten bestehender Therapieschulen kann hinzugefügt werden: Nicht die Methodik einer Therapieschule begründet das therapeutische Vorgehen, sondern die Bedingungen, die für Entstehung (Ätiologie), Verlauf (Pathogenese) und Veränderung (Pathoplastik) psychischer Störungen und die damit zusammenhängenden weiteren Probleme verantwortlich zeichnen (in diesem Fall für das Stalking).

11.1.2 Stalking erfordert eine interpersonelle Perspektive

Bei genauem Hinsehen gilt es an dieser Stelle erneut ein Problem der bisherigen wissenschaftlichen Aufklärung von Stalking zu kritisieren, auf das bereits in früheren Kapiteln hingewiesen wurde. Die meisten Versuche, die Geheimnisse von Stalking zu lüften, konzentrieren sich fast ausschließlich auf die Täter. Diese Einseitigkeit scheint auch dem stagnierenden Versuch der Entwicklung brauchbarer Behandlungskonzepte zugrunde zu liegen. Wie mit Hilfe der interpersonellen Analyse der Kommunikationsstruktur im Stalking in → Kapitel 8 herausgearbeitet wurde, handelt es sich dabei nicht nur um ein Problem der Täter, sondern um eine offensichtlich prototypische Variation einer *zwischenmenschlichen* Beziehung – und zwar egal, ob sich Opfer und Täter zuvor bereits kannten oder nicht. Einige zentrale Aspekte seien hier nochmals kurz zusammengefasst.

Fehlende sozial bezogene Autonomie. Das obsessive Verfolgen stellt in den meisten Fällen eine sozial inakzeptable, übertriebene Eskalation von Handlungen dar, die im Normalfall darauf abzielen, dass Menschen miteinander bestimmte soziale Beziehungen aufnehmen, weiterentwickeln oder neu zu beleben versuchen. Zum Stalking kommt es, weil es den Stalkern auffällig an wichtigen Kompetenzen zur Gestaltung oder zum sozial akzeptablen Umgang mit einer Trennungssituation mangelt. Einem Menschen, der angesichts einer Beziehungsverweigerung in die Rolle eines Stalkers hinüberwechselt, fehlt es an Möglichkeiten, diese Beziehungsverweigerung emotional, rational und zwischenmenschlich zu bewältigen und zu akzeptieren. Für diesen Kompetenzmangel wurde in → Kapitel 8 das Konstrukt eines Mangels an sozial bezogener Autonomie eingeführt – sei dieser nun chronisch-biographisch, akut-psychotisch oder durch eine andere psychische Störungsdynamik begründet.

Kulturelle Stereotypien und Mythen. Beim Stalking handelt es sich um penetrante Verfolgungen, die zudem nicht allein durch Kompetenzdefizite erklärt werden können. Sie werden erheblich durch kulturelle Stereotypien und Mythen mitgesteuert. Einerseits gehört es zur kulturellen Stereotypie menschlichen Werbungsverhaltens, dass die um Zuneigung und Liebe werbende Person letztendlich erfolgreich sein wird, wenn sie trotz zeitweiliger Misserfolge nur ausdauernd genug mit ihren Werbeaktionen fortfährt. Entsprechend scheint sich stereotyp dominantes bis aggressives Beharren auf der Durchsetzung von Erwartungen in zwischenmenschlichen Beziehungen auszuzahlen. Die kulturellen Mythen des Überwindens einer Beziehungsverweigerung durch endlose Werbungs- bzw. Bedrohungsszenarien jedenfalls finden in Romanen und Filmen weite Verbreitung. Und sie scheinen, wenn man ins Reich der Primaten schaut (und gern auch darüber hinaus), evolutionär vorbereitet.

Trügerische Teilerfolge. Besonders tückisch ist, dass stalkendes Beharren und Verfolgen zwecks Überwindung einer Beziehungsverweigerung in der Realität immer wieder einmal intermittierend verstärkt wird (und sei es nur durch Teilerfolge), wodurch Ausdauer und Penetranz der Verfolger nur zunehmen. Immerhin gehen bis zu 90 Prozent aller verfolgten Frauen mindestens einmal, zumeist mehrmals auf das drängende Ansinnen ihrer Verfolger (teilweise) ein. Sie tun dies zumeist in der trügerischen Hoffnung, damit weitere Verfolgungen unterbinden zu können: Sie versuchen sich (erfolglos) in weiterer sachlicher Klärung, nehmen Anzeigen bei der Polizei zurück oder geben (wenn auch sehr selten, und meist unter großer Angst) sogar dem Verlangen nach erneuter Sexualität nach (→ 8.3.2).

Die Kränkung wesentlicher Bedürfnisse. Bei den meisten Stalkern handelt es sich um Personen ohne feste oder dauerhafte Beziehung. Das Stalking beginnt sich aus einer drohenden oder bestehenden Vereinsamung heraus zu entwickeln. Die meisten Täter befinden sich zu dieser Zeit in einer psychischen Verfassung, die durch Niedergeschlagenheit und Verzweiflung charakterisiert ist. In diese Verfassung können Stalker auch deshalb geraten, weil durch eine Beziehungsverweigerung hoch relevante Ziele und Bedürfnisse verletzt bzw. gekränkt werden – wenn beispielsweise das weitere Lebensglück oder das Selbstwerterleben vom Erreichen oder Fortbestehen einer Beziehung abhängig gemacht wird.

Verheerende Folgen für die Opfer. Stalking ist eine von vielen Möglichkeiten, die (wie andauernde Eifersucht, kontinuierliche Zwistigkeiten oder häusliche Gewalt) auf der dunklen Seite zwischenmenschlicher Beziehungen anzusiedeln sind

– wenngleich auch in einer besonders dunklen Ecke, wenn man die verheerenden Folgen für die Opfer bedenkt. Auch die Perspektive der Opfer spielt deshalb in der Behandlung von Tätern eine bedeutsame Rolle.

11.2 Auswahl und Begründung von Behandlungszielen

Dass nicht von einem „typischen Stalker" gesprochen werden kann, hängt damit zusammen, dass offensichtlich Männer wie Frauen (*seltener:*) bei biologischen (z.B. körperlich begründbaren Psychosen), endogen-funktionalen (affektiven sowie produktiv-psychotischen Psychosen) und (*häufiger:*) bei einer Vielzahl biographischer und reaktiver Konstellationen überwertige Ideen bezüglich einer aufkommenden/sterbenden Beziehung entwickeln können. In Kombination mit einer vorbestehenden/erworbenen Insuffizienz ihrer sozial bezogenen Autonomie resultiert daraus der in diesem Buch besprochene Verhaltenskomplex des überwertig-übernachhaltigen Verfolgens.

Dessen an sich schon komplexe Mechanismen werden weiterhin individuell überformt – da natürlich Personen aus allen sozialen Schichten und Altersgruppen, mit unterschiedlichster Schulbildung und verschiedensten intellektuellen Voraussetzungen zu Verfolgern werden können. Die weitaus größte Gruppe der Stalker ist ethisch-rechtlich auffällig. Dennoch lassen sich auf der Grundlage der wenigen Studien nur bei bis zu 10 Prozent der Stalker eindeutige psychische und Persönlichkeitsstörungen vermuten (→ 3.1.2). Diese Zahl steigt jedoch beträchtlich an, wenn man Stichproben in Behandlungskontexten wie der Psychiatrie oder in der Forensik untersucht. Sollte die Behandlung von Stalkern in einem klinischen Kontext stattfinden, rückt damit automatisch auch die Behandlung der psychischen Störungen in den Vordergrund, die ja zumeist mit ein Grund für eine Überweisung waren. Darauf soll zunächst eingegangen werden.

11.2.1 Das Vorliegen einer psychischen Störung

Wir werden einige Ziele und Kernelemente der Behandlung von Stalkern begründen und beschreiben. Dabei werden wir uns auf die psychologische Behandlung und Rückfallprävention von Stalking-Delikten beschränken. Liegen psychische Störungen vor, was beispielsweise in (forensisch-)psychiatrischen Behandlungskontexten der Fall sein dürfte, sind natürlich primär Maßnahmen zu erwägen, bei denen die psychiatrische und psychotherapeutische Behandlung lege artis im Mittelpunkt zu stehen hat. Eine Beschreibung der Behandlung psychischer Störungen wird hier nicht erfolgen, wir beschränken uns vielmehr auf die Vielzahl biographischer und reaktiver Konstellationen, die aufgelöst werden müssen.

Kombinationsbehandlung. Natürlich lassen sich die Kernelemente der psychologischen Behandlung von Stalking in die Psychotherapie spezifischer psychischer Störungen integrieren. Dies ist insbesondere dann indiziert, wenn von einem Zusammenhang zwischen psychischer Gestörtheit und einer besonderen Beziehungskonstellation vor Stalking-Beginn ausgegangen werden kann. Beispielsweise, wenn eine bestehende/drohende Vereinsamung im Vorfeld einer produktiv-psychotischen oder affektiven Erkrankung besteht und wenn diese in das Wahnthema z.B. einer Erotomanie einfließt. Eine durchaus interessante Hypothese stellt die Vermutung dar, dass dem Stalking eine Zwangsstörung zugrunde liegen könnte. Wir haben diese Perspektive oben erneut kritisiert, denn Zwangsphänomene sind ebenfalls ätiologisch breit aufzufächern; für eine Untergruppe von Tätern dürfte sie dennoch zutreffend sein.

Wenngleich dies bisher noch nicht an einer größeren Anzahl von Stalkern systematisch untersucht wurde, kann weiter davon ausgegangen werden, dass Persönlichkeitsstörungen für obsessives Verfolgen mitverantwortlich zeichnen. In forensischen Studien erfüllen immerhin bis zu drei Viertel aller Stalker die Kriterien einer oder mehrerer Persönlichkeitsstörungen (Mullen et al., 1999). Schließlich bleibt zu beachten, dass 30 bis 40 Prozent der psychiatrisch untersuchten Stalker zum Zeitpunkt ihrer Verfolgungen durch Alkohol- und Drogenprobleme auffällig wurden.

11.2.2 Die Begründung therapeutischer Ziele

Wie einleitend dargestellt, befinden sich Behandlungskonzepte für Stalker erst in der Entwicklung. Wenn im Folgenden erste Kernelemente einer psychologischen Therapie für Stalking-Täter ausgearbeitet und begründet werden, versuchen diese Vorschläge, über die bisherigen Ansätze hinauszugehen. Es handelt sich dabei allerdings um ein Konzept, das bisher noch keiner Wirksamkeitsüberprüfung unterzogen wurde. Seine Wirksamkeitshoffnung bezieht der vorgeschlagene Behandlungsansatz vor allem aus Untersuchungen zur psychologischen Behandlung von Straftätern, insbesondere Sexualstraftätern.

Ziele der Behandlung von Stalkern. In der Folge wichtiger Konzeptinnovationen konnte die Straftäterbehandlung mit unterschiedlicher Klientel deutliche Fortschritte nachweisen, insbesondere eine Verringerung des Rückfallrisikos (vgl. Fiedler, 2004a). Die wichtigsten Ziele dieser Behandlungskonzepte lassen sich auf das Stalking übertragen und folgendermaßen formulieren:
► Empathie für die Folgen von Stalking für die Opfer,
► Verbesserung der zwischenmenschlichen und sozialen Kompetenzen,
► Rückfallprävention.
Unser Vorschlag beinhaltet damit Behandlungselemente, die nicht nur auf Erfolgen in der (Sexual-)Straftäterbehandlung gründen, sondern die sich vor allem deshalb empfehlen, weil sie sich aus ätiologischen Überlegungen ableiten lassen, die zuvor (→ 11.1.2) und bereits in → Kapitel 8 dargestellt wurden. Die Gründe für die Auswahl dieser Ziele sollen im Folgenden kurz erläutert werden.

Empathie für die Opfer. Den meisten Stalkern mangelt es an der Fähigkeit zur zwischenmenschlichen Perspektivübernahme. Es dominiert eine Art autistischer Selbstbezug, in dem engstirnig und egoistisch eigene Ziele verfolgt werden. In diesem Prozess dekonstruieren Stalker ihre unethischen Handlungen, indem sie ihre Aufmerksamkeit auf die Durchsetzung eigener (Verfolgungs-)Ziele ausrichten. Sie blenden damit gleichermaßen jenes Erleben (wie Scham und Schuld) aus, das sie auf unmittelbare negative Folgen für die Opfer bzw. auf mittelbare negative Folgen für sich selbst aufmerksam machen könnte. Bei ständiger Wiederholung und Ausweitung ihrer Aktionen geraten sie zudem in den Zwang, Schuldgefühle durchgängig wegzurationalisieren, was ihnen häufig durch eine projektive Externalisierung mittels Schuldzuweisung an die Opfer gelingt.

Ein Empathiemodul im Behandlungskonzept soll den Tätern die Möglichkeit eröffnen, sich der Schuldhaftigkeit ihrer Verfolgungen gefühlsmäßig und rational klar bewusst zu werden. Um dies zu erreichen, werden die Täter mehrfach angeleitet, sich einerseits mit Folgen von Stalking für die Opfer im Allgemeinen und den konkreten Folgen ihrer persönlichen Verfolgungsaktionen für die Opfer im Besonderen auseinander zu setzen.

Verbesserung zwischenmenschlicher und sozialer Kompetenzen. In diesem Behandlungsmodul geht es zentral um die Vermittlung zwischenmenschlicher Kompetenzen und sozialer Fertigkeiten, die sich unter das Konstrukt der sozial bezogenen Autonomie subsumieren lassen. Die Schwierigkeiten von Stalkern im sozial akzeptablen Umgang mit Beziehungsverweigerung verweisen auf eine Reihe von Zwischenzielen, etwa die Überwindung von Unsicherheiten in Bezug auf Anpassung und Egoismus sowie von Konflikten zwischen Zuneigung und Ablehnung. Ziel dieses Behandlungsmoduls sollte es sein, dass die Stalker lernen, diskrepante Beziehungserwartungen mit Interaktanden zu erkennen und zu klären. Sie müssen sich Fähigkeiten erarbeiten, die es ihnen ermöglichen, zwischen sich (den eigenen Bedürfnissen) und anderen (deren separaten Bedürfnissen) zu unterscheiden.

Liegt dieses Ziel teilweise bereits dem Empathiemodul zugrunde, geht es im Kompetenzmodul zudem darum, die für Beziehungen notwendige Perspektivübernahme auf alle Aspekte zwischenmenschlicher Beziehungen auszudehnen. Stalker müssen einen großen Respekt gegenüber anderen Personen kennen lernen und entwickeln, dies insbesondere, wenn man mit diesen Menschen in enger Beziehung zusammenleben will und/oder wenn als sonstige Bezugspersonen deren Gedanken, Handlungen und Lebensperspektiven kulturell und ethisch zu akzeptieren sind.

Rückfallprävention. Obwohl dies auf den ersten Blick wohl nicht zu erwarten wäre, scheint die Rückfallgefahr bei Stalking-Vergehen beträchtlich. Zwar liegt zu dieser Frage erst eine akzeptable Studie vor (Rosenfeld, 2003), die Ergebnisse lassen es aber zwingend erforderlich erscheinen, in der Behandlung von Stalkern wie bei anderen (Sexual-)Straftätern mit der Rückfallprophylaxe einen besonderen Behandlungsschwerpunkt einzurichten. Eine Nachuntersuchung von insgesamt 146 Stalkern über Beobachtungszeiträume von 2,5 bis 13 Jahren ergab, dass insgesamt 49 Prozent der Stalker nach Bestrafung/Behandlung mit einem oder mehreren Stalking-Vergehen erneut auffällig wurden, wobei 80 Prozent bereits innerhalb Jahresfrist erneut mit Stalking begannen. Als härtesten Prädiktor konnte der Autor das Vorhandensein einer – logischerweise chronischen – Persönlichkeitsstörung identifizieren, was die Notwendigkeit des zuvor eingeführten Kompetenzmoduls nochmals unterstreicht (weitere Befunde: → 3.3.6).

11.3   Kernmodule einer psychologischen Behandlung

Die nachfolgende Darstellung der Module einer psychologischen Therapie von Stalkern orientiert sich an Konzepten, wie sie gegenwärtig in der Behandlung von Sexualstraftätern in Anwendung gebracht werden, deren Übergriffe auch nicht selten im Kontext von Stalking-Aktionen erfolgen (Fiedler, 2004a). Die vorgeschlagenen Therapieaspekte können gleichermaßen erfolgreich in der Einzel- und/oder in der Gruppentherapie durchgeführt werden. Wo möglich, sollten Einzeltherapie und Gruppenbehandlung nebeneinander und/oder phasenweise im Wechsel angeboten werden. Wenn das nicht möglich ist – wie z.B. in der ambulanten Einzelfalltherapie als Teil einer Bewährungsauflage –, kann fast alles auch im Einzelsetting realisiert werden. Dennoch gibt es für beide Interventionsformen spezifische Vorteile, weshalb z.B. in einer forensischen Klinik und andernorts Gruppe und Einzelbehandlung nebeneinander zum Einsatz gebracht werden sollten.

11.3.1 Opfer-Empathie für die Folgen von Stalking

Ein wichtiger Schritt auf dem Weg zu einer Übernahme der Verantwortung für die Taten besteht darin, bei den Stalkern Empathie für die Opfer und für die Folgen ihrer Dauerbelästigungen und Verfolgungen zu entwickeln. Bei einigen Stalkern besteht möglicherweise kein generelles Empathiedefizit – es mag nur die autistisch-überwertigen Lebensbereiche betreffen. Fast alle sind jedoch offenkundig nur beschränkt in der Lage, sich in die Perspektive ihrer konkreten Interaktionspartner hineinzuversetzen. Sie interpretieren das Erleben ihrer Opfer während der Tat zumeist in Übereinstimmung mit ihren eigenen Erwartungen und Zielen, die sie mit dem Stalking verfolgen – z.B. „Ausdruck wechselseitiger Liebesbezeugung", „durch eine Trennung provoziert", und eventuell haben Opfer „deshalb auch nichts anderes verdient". In der Straftäterbehandlung hat sich inzwischen ein Vorgehen als minimal notwendig erwiesen, das die folgenden fünf Elemente enthält (vgl. Marshall et al., 1999; Fiedler, 2004a).

Analyse der eigenen Taten. In einem ersten Schritt müssen die Stalker die Eigenarten und Abläufe ihrer Stalking-Aktionen detailliert beschreiben und in der

Gruppe diskutieren. Diese Besprechung wird auf Seiten der Stalker von Abwehr-reaktionen – Unbehagen, Scham und Schuldgefühle, vielleicht sogar Ekel – be-gleitet sein. Wenn man diese und ähnliche Gefühle vorsichtig zuwartend an-spricht, kann das bereits jetzt eine latente Distanzierung gegenüber dem eigenen Verhalten aktivieren. Diese kann dazu führen, dass die Täter eine persönliche Verantwortung für die Taten nicht nur erwägen, sondern allmählich zu überneh-men beginnen. Eine Brücke auf diesem Weg können psychologische Erklärungen für das Zustandekommen der Taten liefern (die persönlichkeitsübergreifend für alle Täter gelten, was individuelle Schamgefühle entlastet). Als Orientierung für die Psychologisierung kann die interpersonelle Analyse und Erklärung von Stal-king dienen (→ 8).

Analyse der Folgen von Stalking für die Opfer allgemein. In einem zweiten Schritt erhalten die Stalker den Auftrag, sich intensiv lesend mit Berichten, Darstellungen oder Interviews auseinander zu setzen, in denen die Folgen von Stalking detailliert beschrieben werden, einschließlich aller körperlichen, psy-chischen, materiellen und finanziellen Folgeprobleme und deren Behandlungs-notwendigkeiten. Die wichtigsten Aspekte müssen im Verlauf dieses Elements von jedem Stalker schriftlich festgehalten und anschließend in der Gruppe vor-gelesen und diskutiert werden.

Analyse der Folgen von Stalking für das eigene Opfer. Weiter müssen sie – wie-derum schriftlich – darlegen, welche Gemeinsamkeiten und Unterschiede zwi-schen den allgemeinen Stalking-Erfahrungen des vorhergehenden Segments und den Erfahrungen ihrer eigenen Opfer bestehen. Jeder Stalker wird dazu aufgefor-dert, jene zuvor ausgearbeiteten Folgen konkret zu benennen, die auf das Opfer der eigenen Stalking-Aktionen zutreffen könnten, bzw. weitere Elemente hin-zuzufügen, die als spezifische Opferfolgen der eigenen Belästigungen und Bedro-hungen dazukommen. Diese schriftlichen Ausarbeitungen werden anschließend wiederum in der Gruppe vorgelesen und diskutiert.

Schriftliche Ausarbeitung von zwei Briefen. Dieses Element gilt inzwischen als unverzichtbarer Anteil des Empathietrainings. Dazu sollen die Stalker zwei Briefe anfertigen: und zwar einen Brief des Opfers an den Täter und ein (Entschuldi-gungs-)Schreiben des Täters an sein Opfer. Beide Briefe werden dann in der Gruppe laut vorgelesen und von den Gruppenmitgliedern diskutiert. Dieser Übungsteil erfordert in aller Regel die längste Zeit, was entsprechend eingeplant werden sollte.

Therapeutenverhalten
Therapeuten sollten die Regeln eines klientenzentrierten Therapeutenverhal-tens beachten und sich zwingend einer auf „Einsicht" drängenden Konfronta-tion der Straftäter mit negativen Eigenarten und Einstellungen enthalten. Dies gilt beispielsweise für den Umgang mit den Briefen: Therapeuten kritisieren nicht, sondern hinterfragen und unterbreiten kontinuierlich Vorschläge für

▶

eine bessere Formulierung (und dies auch nur, wenn die Straftäter damit einverstanden sind). Ziel ist die sachliche Erarbeitung von Opfer-Empathie und das Vermeiden jedweder Provokation in Richtung emotionaler Betroffenheit, die in der Gefahr steht, ungünstige Reaktionen auszulösen.

Man kann es auch noch anders ausdrücken: Es ist kaum zu erwarten, dass Stalker Empathie und Verständnis für ihre Opfer und für andere Menschen entwickeln, wenn ihnen die Therapeuten nicht ebenfalls durchgängig mit Empathie und Verständnis begegnen. Auch Vertrauen in zwischenmenschliche Beziehungen und Bindungskompetenzen kann sich nur dann entfalten, wenn die Therapiebeziehung seitens der Therapeuten von Vertrauen und einer Bereitschaft zur Bindung mitgetragen wird. Jede Behandlung erfolgt im Hier und Jetzt. Und: „Ohne Sympathie keine Heilung" (Ferenczi, 1985) – das gilt offensichtlich nicht nur für Opfer.

11.3.2 Zwischenmenschliches Beziehungsverhalten

Angesichts eines Mangels an sozial bezogener Autonomie lohnt es sich sehr, vor Beginn dieses Moduls eine sorgsame Analyse bestehender Defizite und bereits vorhandener Kompetenzen vorzunehmen. Das Sozialtraining kann die Stärkung oder Schwächung von Selbstverwirklichungstendenzen in gleicher Weise wie die Stärkung oder Schwächung von Anpassungstendenzen ermöglichen (Aufbau neuer Verhaltensweisen, Abbau störender Interaktionsmuster). Es zielt gleichermaßen auf eine Verbesserung der Selbstkontrolle wie auf eine direkte Beeinflussung des Interaktionsverhaltens. Entsprechend wird sich die Entwicklung und Einübung sozial bezogener Autonomie nicht auf die Behebung bestehender Defizite beschränken. Die Therapeuten unterstützen die Straftäter, Listen mit Aktivitäten und Interessen anzufertigen, die sie künftig mit Menschen ihres Vertrauens realisieren und ausgestalten möchten.

Therapeutische Rollenspiele. Als wesentliches Element des Trainings sozialer Kompetenzen gilt das therapeutische Rollenspiel. Dabei lässt sich das Training sozialer Fertigkeiten sowohl in der Einzelbehandlung wie auch in Gruppen realisieren. In der Einzelbehandlung gibt es zwar einige Einschränkungen, dennoch lassen sich auch dort die wichtigsten Medien nutzen, wie Video- und Tonbandfeedback, spiegelbildliche Rollenübernahme von Klient und Therapeut, auch Übungen mit imaginierten Interaktionspartnern, z.B. auf sog. Leeren Stühlen, oder die Therapeuten arbeiten im Coaching mit direktem Feedback als kontinuierlicher Anregungsinstanz, beispielsweise auch, indem sie die Rollen der Interaktionspartner übernehmen (ausführlich: Fiedler, 2005).

Ziele

Die für jeden einzelnen Patienten entwickelten Themen und Ziele rücken nach und nach in den Mittelpunkt. Die meisten Übungen werden auf das Erlernen einer Balancierung von äußeren Anforderungen und persönlichen Bedürfnissen hinauslaufen. Ziel ist die Förderung, Kompetenz, Wünsche und Interessen anderer zu erkennen und ihre Berechtigung beurteilen zu lernen. Weiter geht es um das Eintreten für berechtigte eigene Wünsche und Interessen sowie um deren Durchsetzung mit den Möglichkeiten konstruktiver Konfliktlösung. Schließlich wird der persönliche Umgang mit Stimmungsschwankungen im zwischenmenschlichen Zusammenleben thematisiert, um Alternativen zu früher kontraproduktiven Lösungen zu erarbeiten.

In den Diskussionen und Feedbackrunden zu Trainingseinheiten werden vielfältige Mythen zur Sprache kommen, die sich mit Harmonie und/oder Aggression, Unterwerfung und/oder Dominanz in Beziehungen verbinden. Bei der Umsetzung dieser Themen und Ziele in Übungen werden Therapeuten durchgängig darauf achten müssen, dass wechselseitige Sympathievermittlung und Sympathiewerbung zur hohen Schule zwischenmenschlicher Beziehungsgestaltung gehört. Die folgenden Schwerpunkte haben sich in der Einübung sozialer Kompetenzen bei Straftätern als sinnvoll und effektiv erwiesen (vgl. Fiedler, 2005).

Soziale Fertigkeiten. Viele Stalker haben auffallende Schwierigkeiten, zwischenmenschliche Kontakte aufzunehmen und zu pflegen. Sie haben es nicht gelernt, wie und wann man Blickkontakt aufrechterhält, wann und wie man anderen Fragen stellt, um längere Zeit im Gespräch zu bleiben. Häufig sind es nur Kleinigkeiten, an denen es mangelt. Diese zu erleben und gezielt um neue Kompetenzen anzureichern, kann bereits nach wenigen Übungen erhebliche positive Wirkungen entfalten.

Selbstsicherheitsübungen. Viele Stalker sind nicht in der Lage, sich auf sozial bezogene Weise gegenüber anderen durchzusetzen. Das Übungsfeld der Vermittlung sozialer Fertigkeiten ermöglicht es, in Rollenspielen die Feinsinnigkeit der Durchsetzung berechtigter Interessen und Wünsche gegenüber anderen kennen zu lernen. Es gilt gleichzeitig, berechtigte und unberechtigte Erwartungen an andere kennen zu lernen, beispielsweise in Übungen, in denen andere einen Beziehungswunsch verweigern. Übungen könnten in diesem Zusammenhang darauf abzielen, die Unterschiede zwischen aggressiven und selbstsicheren, zwischen passiven oder passiv-aggressiven Reaktionsformen herauszuarbeiten. Es sollte systematisch eingeübt werden, wann und gegenüber welchen Personen man wozu und vor allem auf welche Weise über eigene Gefühle und Gedanken spricht oder nicht spricht – und wie man auf eine Beziehungsverweigerung anderer Personen angemessen reagiert.

Ärger- und Wutmanagement. Dieses Therapieelement ist für jene Stalker von Belang, die entweder nicht in der Lage sind, Ärger und Wut in sozial angemessener Form zu artikulieren, und die Gefühle dieser Art unterdrücken und für sich allein verarbeiten, *oder* die ihre Kontrolle über Ärgerimpulse verlieren und dann zu unangemessenen Wutausbrüchen neigen. In Übungen zum Ärgermanagement werden einerseits die auslösenden (inneren und äußeren) Anlässe für aufkommenden Ärger analysiert, um sie hinfort besser wahrnehmen zu können. Anschließend werden Übungen durchgeführt, wie Ärgergefühle in einer prosozialen Weise angesprochen werden und wie zwischenmenschliche Konflikte auf sozial bezogene Weise diskutiert und gelöst werden können. Weiter werden Präventivmaßnahmen erarbeitet, die verhindern, dass sich extreme Ärgergefühle überhaupt erst entwickeln. Da Ärger und Wut häufig durch Ärger und Wut anderer provoziert werden, können schließlich auch noch Übungen sinnvoll werden, in denen die Patienten lernen, aus kritischen Situationen ohne Aggression und Gewaltanwendung herauszukommen und Alternativen für eine effektive Bewältigung einzusetzen.

Bindungsstile und intime Beziehungsmuster. Schließlich werden Schwierigkeiten und Möglichkeiten intimer zwischenmenschlicher Beziehungen zum Thema. Einige Autoren empfehlen, mit der Frage einer Neugestaltung enger und intimer Beziehungen nicht zu lange zu warten. Sie könnte im Training sozialer Fertigkeiten weiter vorn stehen. Konkret geht es um den Aufbau und die Erweiterung intimer Kompetenz, des Führens von Gesprächen mit sehr privaten Themen, z.B. über sexuelle Wünsche und zugehörige Zufriedenheit. Sexuelle Frustration oder auch ein sexualisiertes männliches Streben nach Macht und Überlegenheit bildet bei vielen dem Stalking vorausgehenden Trennungserfahrungen den Hintergrund. Es geht um die Entwicklung von Mut, in intimen Beziehungen mit der Besprechung zwischenmenschlicher Probleme nicht grübelnd zuzuwarten, sondern diese einer partnerbezogenen Klärung zuzuführen.

11.3.3 Rückfallprävention

Die Rückfallprävention nimmt in der gegenwärtig praktizierten Straftäterbehandlung den höchsten Stellenwert ein, und dies scheint angesichts der hohen Rückfallzahlen bei Stalking auch für die Stalker-Behandlung wesentlich zu sein. Als wichtige Leitlinie für alle Rückfallprogramme hat sich Folgendes erwiesen: Alle als schriftlich vorgeschlagenen Ausarbeitungen sind auch als solche vorzunehmen! Das gilt auch für das Empathiemodul. Das schlichte gesprächstherapeutische „Besprechen" von Rückfallbedingungen und möglichen Vermeidungsstrategien ist nicht hinreichend!

Biographieanalyse mit Blick auf die Zukunft
Als Voraussetzung und Einleitung zu diesem Modul sollten die Stalker bereits mit den wichtigsten allgemeinen wie für sie persönlich geltenden Hypothesen zu Entstehung und Verlauf von Stalking vertraut gemacht worden sein. Erstes Ziel ist es nämlich, die aus den Erklärungen anzuleitenden notwendigen Ver-

änderungen im zukünftigen Leben zu reflektieren: z.B. nicht angemessene oder fehlende Bindungserfahrungen und Beziehungskompetenzen, die Hintergründe für Fehlregulationen im emotionalen Erleben und Handeln sowie weitere enthemmende Faktoren. In diesem Sinne ist es notwendig, aus der Biographie heraus in die Zukunft zu projizieren und zu erwartende Einflüsse auf Stresserleben, Stimmung und Befindlichkeit einzubeziehen: Berufsfindungsschwierigkeiten, Alkohol- und Drogenmissbrauch, finanzielle Probleme, soziale Ausgrenzung und Einsamkeit.

Die Suche nach lebensgeschichtlichen und kontextuellen Erklärungsmustern dient dem Ziel, einer kognitiven Dekonstruktion im Stalking-Geschehen durch die Setzung transparenter kognitiver Strukturen entgegenzuwirken. Die Ätiologiehypothesen dienen der Entwicklung subjektiver Theorien und sollen die persönliche (konzeptuelle und kognitive) Sicherheit der Stalker im Umgang mit künftigen Risikobedingungen verbessern.

Auflistung von Rückfallbedingungen. Nach erfolgter Biographieanalyse werden die Straftäter angeleitet, eine Liste mit sechs bis acht allgemeinen Risikobedingungen anzufertigen. Diese Liste sollte kontextuelle Hintergrundfaktoren und/oder persönliche Probleme und/oder emotionale Stimmungsstörungen enthalten. Bei Anfertigung dieser Liste ist die Unterstützung durch eine weitere Person sinnvoll. Diese Person kann der Therapeut sein, die Aufgabe könnte aber auch von einem anderen Mitglied der Behandlungsgruppe übernommen werden. Diese Liste mit Rückfallbedingungen wird im Einzelkontakt oder in der Gruppe durchgesprochen, indem die Therapeuten – mit Blick auf die später anzufertigende Liste mit Rückfallsignalen (vgl. unten) – ihrerseits nochmals verdeutlichen, mit welchen Gedanken, Gefühlen und Handlungen die einzelnen Rückfallbedingungen genau zusammenhängen. Das Ziel ist eindeutig: Für die Stalker gilt, jede künftig einsetzende Neigung zur Verfolgung oder zum Stalking möglichst frühzeitig, aktiv und aus eigener Kraftanstrengung heraus zu unterbrechen.

Planung von Bewältigungsschritten. Mit dem Stalker werden zwei, drei oder vier konkrete alternative Handlungen erarbeitet, mit denen jede aufkommende Neigung zur Belästigung oder Verfolgung anderer Personen unmittelbar unterbrochen werden kann. Dabei kann auf die im Sozialtraining gelernten Strategien zwischenmenschlicher Problemklärung oder Konfliktlösung zurückgegriffen werden. Bei der Planung von Bewältigungsschritten sind zusätzliche Überlegungen vielfältigster Art sinnvoll, wie z.B. die Beachtung kontextueller Faktoren, die noch nicht im Zentrum der Behandlung standen: Arbeitsplatzprobleme, Probleme mit Angehörigen und Verwandten, wegen einer eventuell erfolgten Verurteilung zu erwartende Probleme mit anderen Menschen nach der Entlassung. Die Bewältigungsstrategien sollten möglichst konkret gefasst werden.

Die Anfertigung von zwei Listen mit Rückfallsignalen. Schließlich werden die Stalker gebeten, Verhaltensweisen, Gedanken und Gefühle zu benennen und aufzuschreiben, die darauf hinweisen, dass sie sich gerade wieder in einer psychischen Verfassung befinden, die eine Belästigung, Bedrohung oder Verfolgung anderer Personen auslösen könnte. Auf der Grundlage dieser Aufzeichnung werden dann zwei Listen mit Rückfallsignalen angefertigt, und zwar

▶ eine für den Straftäter selbst und
▶ eine für eine nahe stehende Person (Bewährungshelfer, Freund, Kollege).

Die Liste für den Straftäter selbst soll vor allem typische Gefühle und Gedanken enthalten, die nicht unmittelbar der Beobachtung durch andere zugänglich sind. Sehr wohl sollten sie vom Stalker selbst wahrgenommen werden (z.B. zunehmender Alkoholmissbrauch, Einsamkeitserleben). Die für andere Personen erkennbaren Warnsignale müssen so klar und eindeutig sein, dass sie auch tatsächlich als Risikomerkmale augenfällig werden (z.B. das Nichteinhalten von Verabredungen). Alle Risikomerkmale sollten möglichst frühe Stadien aufkommender Krisen betreffen. Und sie sollten ermöglichen, dass ein beginnendes Stalking noch vor der Entwicklung neuer Probleme aktiv und selbständig – oder wenigstens durch die Vertrauensperson angeregt – unterbrochen werden kann.

Individualisiertes Vorgehen

Alle im Zusammenhang mit der Rückfallprävention angefertigten schriftlichen Produkte (Analysen zum Stalking-Geschehen und seinen Folgen, Rückfallbedingungen, Bewältigungsschritte, Rückfallsignale) werden sich von Straftäter zu Straftäter unterscheiden. Da jedes Stalking ein hoch komplexes Geschehen darstellt, bleibt nur der Hinweis, dass sich die schriftlichen Ausarbeitungen selbst nicht zu komplex ausnehmen sollten. Je übersichtlicher und klarer alles strukturiert ist, umso besser kann es vom Stalker selbst in Nutzanwendung gebracht werden.

Adressaten der Rückfallprävention. Um sicherzustellen, dass sich Straftäter selbst weiterhin intensiv mit den Schriftstücken auseinander setzen, wurde den hier als Referenz zugrunde liegenden Rückfallprogrammen noch folgende unverzichtbare Maßnahme hinzugefügt:

▶ Rückfallpläne und die weiteren Aufzeichnungen werden mehrfach kopiert.
▶ Eine Kopie kommt offiziell in die Akte.
▶ Eine Kopie erhält das aktuelle Behandlungsteam.
▶ Eine Kopie geht an den Bewährungshelfer und/oder an eine vom Straftäter bestimmte Person seines Vertrauens.
▶ Das Original oder eine Kopie verbleibt beim Straftäter.

Schließlich werden die Aufzeichnungen vom Patienten im Verlauf einer länger andauernden Unterbringung regelmäßig mit dem Bezugstherapeuten auf die (noch) gegebene inhaltliche Stimmigkeit hin überarbeitet. Deutlich verbesserte Rückfallpläne gehen dann erneut in den Verteiler.

II.3.4 Hinweise zur Beziehungsgestaltung

Es versteht sich von selbst, dass es sich bei den drei hier vorgestellten Behandlungsmodulen lediglich um ein Minimalprogramm handelt. Auch bedarf es bei seiner konkreten Anwendung immer der individuellen Ausgestaltung und Anpassung an den Einzelfall. Stalking-Delikte sind von Fall zu Fall unterschiedlich, auch wenn sie sich mit Hilfe von Taxonomien zu bestimmten Klassen bedrohlicher oder weniger bedrohlicher Belästigung und Verfolgung zusammenfassen lassen. Die jeweiligen Behandlungsziele und Schwerpunkte innerhalb des Vorgehens sind für jeden Stalker aus einer individuellen Diagnostik und Beurteilung abzuleiten. Konsequenterweise sind immer zusätzliche Module ins Auge zu fassen. Dies ist zwingend geboten, wenn spezifische psychische Störungen, deren Behandlung hier ausgespart wurde, mit dem Stalking in Zusammenhang stehen.

Insofern sind die Behandlungsvorschläge als Impuls für ihre Fortentwicklung und erste Evaluation gedacht. Aufgrund der bisher vorliegenden Erfahrungen mit dem Einsatz ähnlicher Module in der (Sexual-)Straftäterbehandlung sind hier zum Schluss noch einige ergänzende Hinweise angebracht. Diese betreffen die Beziehungsgestaltung zum Patienten. Fortlaufend und insbesondere zu Behandlungsbeginn steht die Notwendigkeit im Vordergrund, die Stalker zur aktiven Teilnahme zu motivieren.

Motivationsaufbau durch Aufklärung. Immer dann, wenn die Therapie vorrangig in Gruppen durchgeführt wird, hat es sich als günstig erwiesen, Ziele und Rahmenbedingungen der Behandlung noch vor Beginn und mit jedem einzelnen Patienten *getrennt* zu besprechen. Nur auf diese Weise kann die Behandlung auf die Probleme und Ziele jedes Straftäters individuell bezogen werden. Die Forschung ist in dieser Hinsicht eindeutig: Immer dann, wenn Patienten im Einzelkontakt (!) der Sinn und Zweck einer Behandlung gut begründet werden kann und wenn die therapeutischen Ziele auf persönliche Notwendigkeiten und Perspektiven hin individuell abgestimmt werden, erweist sich die nachfolgende Therapie als erfolgreicher (Fiedler, 2005). Die Motivation zur Teilnahme steigt; die therapeutischen Angebote werden regelmäßiger wahrgenommen; die Neigung, im Behandlungsverlauf auszusteigen, sinkt beträchtlich; die einzelnen Therapiemaßnahmen führen zu messbar besseren Effekten.

Trennung von Stalking-Delikt und Persönlichkeit

Natürlich werden viele Stalker aufgrund ihrer Erfahrungen mit polizeilichen Vernehmungen, mit Untersuchungen durch Gutachter und mit den Auseinandersetzungen vor Gericht auch einer therapeutischen Arbeit zunächst mit Vorbehalten und Misstrauen gegenüberstehen. Sie werden dazu tendieren, sich bedeckt zu halten, gleichzeitig aber sehr wohl beobachten, welche Vorteile ihnen die therapeutischen Angebote bringen. Es ist sinnvoll, die Rollenverteilung in der Therapie unmittelbar und unmissverständlich anzusprechen. In den meisten Fällen hat das Gericht einen klaren Auftrag formuliert – und zwar primär an die Stalker und erst sekundär an die Psychotherapeuten: Die problematischen und gefährlichen Stalking-Aktionen wurden verurteilt und dürfen sich nicht wiederholen.

Gemeinsam auf einer Seite. So paradox dies auf den ersten Blick auch anmuten mag: Genau im Sinne dieser Zielvorgabe an die Patienten steht der Therapeut *auf der Seite* der Stalker: Gemeinsam wird es dabei um folgende Ziele gehen: gegen fehlerhafte und deviante Handlungen! Und gemeinsam weiter gegen innerpsychische Faktoren und äußere Bedingungen, die für das Hineingeraten in nicht akzeptierbare Belästigungen und Verfolgungen gefunden werden können. Durch eine klare Unterscheidung von Stalking-Delikten und den damit zusammenhängenden innerpsychischen Verfassungen einerseits und der Person des Patienten als autonome Persönlichkeit andererseits stellt sich der Therapeut auf die Seite des Straftäters und arbeitet nicht gegen seine „Person", vielmehr gegen „delinquente Handlungen" (Fiedler, 2004a). Dass sich dabei auch Persönlichkeitsvariablen ändern werden, ist zu erwarten.

Entsprechend wird zu verdeutlichen sein, dass es in der psychologischen Therapie nicht darum gehen wird, den Patienten von seinen Problemen zu heilen. Eher im Gegenteil wird dem Straftäter erklärt, dass das Ziel der Behandlung darin besteht, ihn tatkräftig darin zu unterstützen, dass es künftig nicht erneut zu strafbaren Handlungen kommt. Dazu bietet die Behandlung die Möglichkeit, dysfunktionale Gewohnheiten genauer kennen zu lernen, damit diese (zunächst) mit therapeutischer Unterstützung und (später) selbständig und eigenverantwortlich erfolgreich bewältigt werden. In der Behandlung werden dazu Alternativen vermittelt, wie künftig eigene persönliche Bedürfnisse und Interessen in einer prosozialen und zufrieden stellenden Weise erfüllt werden können. Es ist zu empfehlen, diese für Therapeuten hilfreiche Strategie der Trennung von Person und Delikt auch den übrigen Mitarbeitern des therapeutischen Teams zu vermitteln, um ein wertschätzendes Klima in der therapeutischen Gemeinschaft zu etablieren.

Nicht motivierte Patienten

Schließlich noch eine Anmerkung zum Umgang mit nicht motivierten Patienten, die etwa ihre Mitarbeit von Anbeginn an aktiv/passiv verweigern. Sogar querulatorische Behandlungsverweigerer wird es immer wieder einmal geben, und der Therapeut sollte nicht warten, bis dieses Problem eskaliert. Insbesondere in therapeutischen Gemeinschaften werden unmotivierte, eventuell aktiv störende Teilnehmer eine ungünstige Modellwirkung auf andere entfalten.

Klärungsversuche immer im Einzelkontakt

In solchen Fällen sind ausdrücklich Einzelgespräche zur Klärung der Motivationsprobleme vorzusehen. Im Einzelkontakt (nicht vor der Gruppe oder therapeutischen Gemeinschaft) wird dem jeweiligen Stalker verdeutlicht, dass er es ist, der mit seiner Therapie gegenüber dem Gericht und damit gegenüber

▶

der sozialen Gemeinschaft eine Verpflichtung eingegangen ist: nämlich ernsthaft und aktiv selbst daran zu arbeiten, dass er zukünftig keine erneuten strafbaren Aktionen mehr unternehmen wird. Sollte er auch weiterhin nicht aktiv mitarbeiten, wäre seitens der Therapeuten erstens zu überlegen, ob die Verweigerung nicht doch aus einer massiven Angstabwehr erwächst, oder zweitens – so sie Ausdruck einer prinzipiellen Fehlhaltung der Persönlichkeit ist – ob der Betreffende zunächst von der Behandlung zurückgestellt wird.

Es ist günstig, die Verweigerung als Ausdruck der aktuellen Gestimmtheit zu verstehen und sie als eigenverantwortliche Entscheidung zeitweilig zu akzeptieren. Dies nimmt der Angst und dem Trotz die Spitze und baut eine goldene Brücke für eine spätere Entscheidung für die Therapie. Die aktuell möglichen Konsequenzen aber, die damit verbunden sind (Meldung an das Gericht, Rückverweisung auf eine andere Station/Abteilung, erwartbare Verlängerung der Unterbringung usw.), hat der Patient ebenso eigenverantwortlich zu tragen.

Vermeidung provozierender Interventionen. Klärende Gespräche dieser Art sollten nicht in oder vor der Gruppe erfolgen, um keine quasi öffentlich vorgetragene Reaktanz zu provozieren und andererseits die bedrohliche Atmosphäre eines solchen Gesprächs nicht in die Gruppensituation zu übertragen. Der Gesprächsinhalt wird zwischen den Klienten sowieso ausgetauscht werden. Einzelgespräche dieser Art haben sich in Projekten, in denen diese Praxis der Androhung eines Ausschlusses aus dem Therapieprogramm angewendet wurde, als sehr erfolgreich erwiesen (Fiedler, 2004a).

Außerdem sollte man noch Folgendes bedenken: Eine gering wirkende Motivation und die Verweigerung der Teilnahme an einzelnen Übungen haben sich bisher nicht als Prädiktoren für ungünstige Verläufe bzw. für ein erhöhtes Rückfallrisiko erwiesen (Hanson & Bussière, 1998), ebenso wenig die Beibehaltung kognitiver Rechtfertigungsstrategien während der Behandlung (Thornton, 1997). Unmotivierte wie motivierte Straftäter scheinen von einer Behandlung in gleicher Weise zu profitieren, wenn sie das jeweilige Programm bis zum Schluss absolvieren – egal ob sie in der Behandlung ihr verbalisiertes Schulderleben verbessert hatten oder nicht (Maletzky, 1993). Konsequenz: Unmotivierte Stalker sollten nicht ausgegrenzt werden. Minimalbedingung bleibt, dass sie teilnehmen. Klärende Einzelgespräche könnten sich in jedem Fall als hilfreich erweisen.

Literatur

APA – American Psychiatric Association
(1994). *Diagnostic and statistical manual of
mental disorders – DSM IV* (4th ed.).
Washington, DC: American Psychiatric
Association. [dt.: Saß, H. et al. (1996).
*Diagnostisches und Statistisches Manual
Psychischer Störungen – DSM-IV.*
Göttingen: Hogrefe].

APA – American Psychiatric Association
(2000). *Diagnostic and statistical manual of
mental disorders – DSM-IV-TR* (4th ed.;
Text Revision). Washington, DC: American Psychiatric Association. [dt.: Saß, H.
et al. (2003). *Diagnostisches und Statistisches Manual Psychischer Störungen –
Textrevision – DSM-IV-TR.* Göttingen:
Hogrefe.]

Arbeitskreis OPD (Hrsg.) (1996). *Operationalisierte Psychodynamische Diagnostik.
Grundlagen und Modell.* Bern: Huber.

Badcock, R. (2002). Psychopathology and
treatment of stalking. In J. Boon & L.
Sheridan (Eds.), *Stalking and psychosexual
obsession: Psychological perspectives for
prevention, policing and treatment*
(pp. 125–140). West Sussex, UK: John
Wiley & Sons.

Baumeister, R.F. (1991). *Escaping the self.*
New York: Basic Books.

Baumeister, R.F. & Leary, M.R. (1995). The
need to belong: Desire for interpersonal
attachments as a fundamental human
motivation. *Psychological Bulletin, 117,*
497–529.

Baumeister, R.F., Wotman, S.R. & Stillwell,
A.M. (1993). Unrequitted love: On heartbrake, anger, guilt, scriptlessness, and
humiliation. *Journal of Personality and
Social Psychology, 64,* 377–394.

Baxter, L.A. (1985). Accomplishing relationship disengagement. In S. Duck & D. Perlman (Eds.), *Understanding personal relationships* (pp. 243–265). London: Sage
Publications.

Baxter, L.A. & Wilmot, W.W. (1995). Taboo

topics in close relationships. *Journal of Social and Personal Relationships, 2,* 253–269.

Becker, E. & Hoyer, J. (2004). *Generalisierte
Angststörung.* Reihe Fortschritte der
Psychotherapie. Göttingen: Hogrefe.

Becker, P. (1989). *Der Trierer Persönlichkeitsfragebogen TPF.* Göttingen: Hogrefe.

Becker, P. (1995). *Seelische Gesundheit und
Verhaltenskontrolle.* Göttingen: Hogrefe.

Benjamin, L.S. (2001). *Die Interpersonelle
Diagnose und Behandlung von Persönlichkeitsstörungen.* München: CIP-Medien.

Bettermann, J. & Feenders, M. (Hrsg.)
(2004). *Stalking. Möglichkeiten und Grenzen der Intervention.* Frankfurt/M.: Verlag
für Polizeiwissenschaft.

Blaauw, E., Winkel, F.M., Sheridan, L.,
Malsch, M. & Arensman, E. (2002a). The
psychological consequences of stalking
victimisation. In J. Boon & L. Sheridan
(Eds.), *Stalking and psychosexual obsession:
Psychological perspectives for prevention,
policing and treatment* (pp. 23–33). West
Sussex, UK: John Wiley & Sons.

Blaauw, E., Winkel, F.M., Arensman, E.,
Sheridan, L. & Freeve, A. (2002b). The toll
of stalking: The relationship between
features of stalking and psychopathology
of victims. *Journal of Interpersonal
Violence, 17,* 50–63.

Boles, G.S. (2001). Developing a model
approach to confronting the problem of
stalking: Establishing a threat management
unit. In J.A. Davis (Ed.), *Stalking crimes
and victim protection. Prevention, intervention, threat assessment, and case
management* (pp. 337–350). Boca Raton,
FL: CRC Press LLC.

Boon, J. & Sheridan, L. (Eds.) (2002). *Stalking and psychosexual obsession: Psychological perspectives for prevention, policing
and treatment.* West Sussex, UK: John
Wiley & Sons.

Bratslavsky, E., Baumeister, R.F. & Sommer,
K.L. (1998). To love or be loved in vain:

The trials and tribulations of unrequitted love. In B.H. Spitzberg & W.R. Cupach (Eds.), *The dark side of close relationships* (pp. 307–326). Hillsdale, NJ: Lawrence Erlbaum Associates.

Brewster, M.P. (2000). Stalking by former intimates: Verbal threats and other predictors of physical violence. *Violence and Victims, 15,* 41–54.

Brewster, M.P. (Ed.) (2003). *Stalking: Psychology, risk factors, and law.* Kingston, NJ: Civic Research Institute.

Brown, P. & Levinson, S. (1987). *Politeness: Some universals in language usage.* Cambridge: Cambridge University Press.

Brownmiller, S. (1975). *Against our will: Men, women and rape.* Harmondsworth, Middlesex, England: Penguin.

Budd, T. & Mattinson, J. (2000). *The extent and nature of stalking: Findings from the 1998 British Crime Survey.* Home Office Research Study 210. London: Home Office.

Burgess, A.W. & Baker, T. (2002). Cyberstalking. In J. Boon & L. Sheridan (Eds.), *Stalking and psychosexual obsession: Psychological perspectives for prevention, policing and treatment* (pp. 201–220). West Sussex, UK: John Wiley & Sons.

Carson, C.L. & Cupach, W.R. (2000). Fueling the flames of the green-eyed monster: The role of ruminative thought in reaction to romantic jealousy. *Western Journal of Communication, 64,* 308–329.

Clérambault G.G. de (1925). *Les psychoses passionelles.* [In seinen: *Œuvres Psychiatriques.* Paris, Presses universitaires de France].

Clérambault G.G. de (1927). *L'Erotomanie* (1872–1934). [Wiederabdruck (1993). Paris: Editions Synthélabo, collection les empêcheurs de tourner en rond.]

Clérambault G.G. de (1928), *Les délires passionnels. Erotomanie; revendication, jalousie.* (Présentation de malade). [Wiederabdruck (1987) in: *Œuvres Psychiatriques.* Paris: Frénésie Editions.]

Collins, M.J. & Wilkas, M.B. (2001). Stalking trauma syndrome and the traumatized victim. In J.A. Davis (Ed.), *Stalking crimes and victim protection. Prevention, intervention, threat assessment, and case management* (pp. 317–332). Boca Raton, FL: CRC Press LLC.

Cupach, W.R. & Spitzberg, B.H. (1998). Obsessive relational intrusion and stalking. In B.H. Spitzberg & W.R. Cupach (Eds.), *The dark side of close relationships* (pp. 233–263). Hillsdale, NJ: Lawrence Erlbaum Associates.

Cupach, W.R. & Spitzberg, B.H. (2000). The incidence and perceived severity of obsessive relational intrusion. *Violence and Victims, 15,* 357–372.

Cupach, W.R., Spitzberg, B.H. & Carson, C.L. (2000). Toward a theory of obsessive relational intrusion and stalking. In K. Dindia & S. Duck (Eds.), *Communication and personal relationships* (pp. 131–146). New York: John Wiley & Sons.

Danto, B.L. (2001). Minimizing potential threats and risks to stalking victims: Case management, security issues, and safety planning. In J.A. Davis (Ed.), *Stalking crimes and victim protection. Prevention, intervention, threat assessment, and case management* (pp. 283–297). Boca Raton, FL: CRC Press LLC.

Davis, J.A. (Ed.) (2001a). *Stalking crimes and victim protection. Prevention, intervention, threat assessment, and case management.* Boca Raton, FL: CRC Press LLC.

Davis, J.A. (2001b). Obsession, fantasy, and the false alleged stalking victim. In J.A. Davis (Ed.), *Stalking crimes and victim protection. Prevention, Intervention, threat assessment, and case management* (pp. 375–384). Boca Raton, FL: CRC Press LLC.

Davis, J.A. (2001c). Staying one step ahead of stalkers and stalking crimes: Personnel development, training, and ongoing education. In J.A. Davis (Ed.), *Stalking crimes and victim protection. Prevention, Intervention, threat assessment, and case management* (pp. 489–494). Boca Raton, FL: CRC Press LLC.

Davis, J.A. & Chipman, M.A. (2001). Stalkers and other obsessional types: A review and forensic psychological typology of those who stalk. In J.A. Davis (Ed.), *Stalking crimes and victim protection. Prevention, Intervention, threat assessment, and case management* (pp. 3–18). Boca Raton, FL: CRC Press LLC. [Ursprünglich publiziert: 1997. *Journal of Clinical Forensic Medicine, 4,* 166–172].

Davis, J.A., Steward, L.M. & Siota, R. (1999). Future prediction of dangerousness and violent behavior: Psychological indicators and considerations for conducting an assessment of potential threat. *Canadian Journal of Clinical Medicine, 6,* 44–57.

Davis, J.A., Stewart, L.M. & Siota, R. (2001). Future prediction of dangerousness and violent behavior: Psychological indicators and considerations for conducting an assessment of potential threat. In J.A. Davis (Ed.), *Stalking crimes and victim protection. Prevention, intervention, threat assessment, and case management* (pp. 261–282). Boca Raton, FL: CRC Press LLC.

Deirmenjian, J.M. (1999). Stalking in cyberspace. *Journal of the American Academy of Psychiatry and Law, 27,* 407–413.

Dreßing, H. (2005). Aktueller Forschungsstand zu Stalking. In H. Dreßing & P. Gass (Hrsg.), *Stalking! Verfolgung, Bedrohung, Belästigung* (S. 11–38). Bern: Huber.

Dreßing, H. & Gass, P. (Hrsg.) (2005). *Stalking! Verfolgung, Bedrohung, Belästigung.* Bern: Huber.

Dreßing, H., Kühner, C. & Gass, P. (2005). Prävalenz von Stalking in Deutschland. *Psychiatrische Praxis, 32,* 73–78.

Dunn, J.L. (2002). *Courting disaster. Intimate stalking, culture, and criminal justice.* New York: Aldine de Gruyter.

Dziegielewski, S.F. & Roberts, A.R. (1996). *Crisis intervention and time-limited cognitive treatment.* London: Sage Publications.

Ecker, W. (2001). *Verhaltenstherapie bei Zwängen. Grundlagen und Praxis.* Lengerich: Pabst.

Ehlers, A. (1999). *Posttraumatische Belastungsstörung.* Göttingen: Hogrefe.

England, K.J., Spitzberg, B.H. & Zornmeier, M.M. (1996). Flirtation and conversational competence in cross-sex platonic and romantic relationships. *Communication Reports, 9,* 105–118).

Eronen, M., Hakola, P. & Tiihonen, J. (1996). Mental disorders and homocidal behavior in Finland. *Archives of General Psychiatry, 53,* 497–501.

Esquirol, E. (1839). *Des maladies mentales considérées sous les rapports médical, hygiénique et médico-légal.* Paris: Baillière.

Farnham, F.R., James, D.V. & Cantrell, P. (2000). Association between violence, psychosis, and relationship to victim in stalkers. *Lancet, 355,* 199.

Faust, V. (2004). *Liebeswahn.* Internetforum: Psychiatrie heute. Seelische Störungen erkennen, verstehen, verhindern, behandeln. [www.psychosoziale-gesundheit.net/pdf/liebeswahn.pdf]

Felmlee, D.H. (1998). Fatal attraction. In B.H. Spitzberg & W.R. Cupach (Eds.), *The dark side of close relationships* (pp. 3–31). Hillsdale, NJ: Lawrence Erlbaum Associates.

Ferraro, K.J. (1993). Cops, courts and woman battering. In P.B. Bart & E.G. Moran (Eds.), *Violence against women: The bloody footprint* (pp. 165–177). Newbury Park: Sage.

Ferenczi, S. (1985). *Journal clinique.* Paris: Payot. [dt. (1988). *Ohne Sympathie keine Heilung. Das klinische Tagebuch von 1932.* Frankfurt/M.: Fischer.]

Fiedler, P. (1999). Persönlichkeitsstörung versus Persönlichkeit: Verpaßt die Differentielle Psychologie einen wichtigen Zug? In Hacker, W. & Rinck, M. (Hrsg.), *Zukunft gestalten. Bericht über den 41. Kongreß der Deutschen Gesellschaft für Psychologie* (S. 204–215). Lengerich: Pabst.

Fiedler, P. (2001a). *Persönlichkeitsstörungen* (5. Aufl.). Weinheim: Beltz PVU.

Fiedler, P. (2001b). *Dissoziative Störungen und Konversion. Trauma und Traumabehandlung* (2. Aufl.). Weinheim: Beltz PVU.

Fiedler, P. (2002). *Dissoziative Störungen.* Göttingen: Hogrefe.

Fiedler, P. (2003). *Integrative Psychotherapie bei Persönlichkeitsstörungen* (2. Aufl.). Göttingen: Hogrefe.

Fiedler, P. (2004a). *Sexuelle Orientierung und sexuelle Abweichung*. Weinheim: Beltz PVU.

Fiedler, P. (2004b). Ressourcenorientierte Psychotherapie bei Persönlichkeitsstörungen. *Psychotherapeutenjournal*, 3 (Heft 1), 4–12.

Fiedler, P. (2005). *Verhaltenstherapie in Gruppen. Psychologische Psychotherapie in der Praxis* (2. Aufl.). Weinheim: Beltz PVU.

Fiedler, P. & Sachsse, U. (2005). Traumaexposition: kontrovers? In P. Fiedler & U. Sachsse (Hrsg.), *Traumatherapie kontrovers* (S. 60–64) [Themenheft: Persönlichkeitsstörungen – Theorie und Therapie, 9 (Heft 1)]. Stuttgart: Schattauer.

Finch, E. (2001). *The criminalization of stalking: Constructing the problem and evaluating the solution*. London: Cavendish Publishing Limited.

Fisher, B.S. (2001). Being pursued and pursuing during the college years: Their extent, nature, and impact of stalking on college campuses. In J.A. Davis (Ed.), *Stalking crimes and victim protection. Prevention, intervention, threat assessment, and case management* (pp. 208–238). Boca Raton, FL: CRC Press LLC.

Flanzer, J.P. (1990) Alcohol and family violence: Then and now – who owns the problem. In R.T. Potter-Efron & P. Potter-Efron (Eds.), *Aggression, family violence and chemical dependency* (pp. 61–79). New York: Haworth Press.

Fünfsinn, H. (2005). Bedarf es eines Stalking-Bekämpfungsgesetzes? Vorstellung des hessischen Gesetzentwurfs. In A. Weiß & H. Winterer (Hrsg.), *Stalking und häusliche Gewalt. Interdisziplinäre Aspekte und Interventionsmöglichkeiten* (S. 105–117). Freiburg: Lambertus.

Gardner, C.B. (1995). *Passing by: Gender and public harassment*. Berkeley: University of California Press.

Gass, P. (2005). Wie man ein Stalking-Opfer wird und sich dagegen zur Wehr setzen kann. In H. Dreßing & P. Gass (Hrsg.), *Stalking! Verfolgung, Bedrohung, Belästigung* (S. 65–78). Bern: Huber.

Gelles, R.J. & Straus, M.A. (1988). *Intimate violence*. New York: Simon and Shuster.

Hale, R. (2003). Motives of reward among men who rape. In C. Hensley & R. Tewksbury (Eds.), *Sexual deviance. A reader* (pp. 91–103). London: Lynne Rienner.

Hall, D.M. (1998). The victims of stalking. In J.R. Meloy (Ed.), *The psychology of stalking: Clinical and forensic perspectives* (pp. 113–137). San Diego, CA: Academic Press.

Hanson, R.K. & Bussière, M.T. (1998). Predicting relapse: A meta-analysis of sexual offender recidivism studies. *Journal of Consulting and Clinical Psychology, 66*, 348–362.

Harmon, R.B., Rosner, R. & Owens, H. (1998). Sex and violence in a forensic population of obsessional harassers. *Psychology, Public Policy and Law, 4*, 236–249.

Hautzinger, M. (1998). *Depressionen* (Reihe: Fortschritte der Psychotherapie). Göttingen Hogrefe.

Hautzinger, M. (2005). Depressionen. In M. Linden & M. Hautzinger (Hrsg.), *Verhaltenstherapiemanual* (5. Aufl.; S. 465–471). Heidelberg: Springer.

Hoffmann, J., Voß, H.G.W. & Wondrak, I. (2005). Kann man Stalker therapieren? – Ein Blick auf den normalen Stalker. In H. Dreßing & P. Gass (Hrsg.), *Stalking! Verfolgung, Bedrohung, Belästigung* (S. 127–142). Bern: Huber.

Horowitz, L.M., Strauss, B. & Kordy, H. (1994). *Inventar zur Erfassung interpersoneller Probleme (IIP-D)*. Göttingen: Hogrefe.

Jackman, M.R. (1994). *The velvet glove: Paternalism and conflict in gender, class, and race relations*. Berkeley: University of California Press.

Kamphuis, J.H. & Emmelkamp, P.M.G. (2000). Stalking – a contemporary challenge for forensic and clinical psychiatry. *British Journal of Psychiatry, 176*, 206–209.

Kienlen, K.K. (1998). Developmental and social antecedents of stalking. In J.R. Meloy (Ed.), *The psychology of stalking. Clinical and forensic perspectives* (pp. 51–67). San Diego, CA: Academic Press.

Kienlen, K.K., Birmingham, D.L., Solberg, K.B., O'Regan, J.T. & Meloy, J.R. (1997). A comparative study of psychotic and non-psychotic stalking. *Journal of the American Academy of Psychiatry & Law, 25,* 317–334.

Kiesler, D.J. (1983). The 1982 interpersonal circle: A taxonomy for complementarity in human transactions. *Psychological Review, 90,* 185–214.

Kropp, P.R., Hart, S.D., Lyon, D.R. & LePard, D.P. (2002). Managing stalkers: Coordinating treatment and supervison. In J. Boon & L. Sheridan (Eds.), *Stalking and psychosexual obsession: Psychological perspectives for prevention, policing and treatment* (pp. 63–82). West Sussex, UK: John Wiley & Sons.

Kühner, C. & Weiß, M. (2005). Gesundheitliche Folgen und Möglichkeiten der Therapie für Stalking-Opfer. In H. Dreßing & P. Gass (Hrsg.), *Stalking! Verfolgung, Bedrohung, Belästigung* (S. 79–100). Bern: Huber.

Kühner, C., Dreßing, H. & Gass, P. (2004). Stalking – Häufigkeit und Auswirkungen in der Bevölkerung. *Impulse* (45), 7.

Lapsien, P. (2005). Stalking – Interventionen und Möglichkeiten der Polizei in Bremen. In A. Weiß & H. Winterer (Hrsg.), *Stalking und häusliche Gewalt. Interdisziplinäre Aspekte und Interventionsmöglichkeiten* (S. 80–90). Freiburg: Lambertus.

Leary, M.R. (1990). Responses to social exclusion: Social anxiety, jealousy, loneliness, depression, and low self-esteem. *Journal of Social and Clinical Psychology, 9,* 221–229.

Leonhard, K. (1980). *Aufteilung der endogenen Psychosen.* Berlin: Akademie-Verlag.

LePoire, B.A., Hallett, J.S. & Giles, H. (1998). Codependence: The paradoxical nature of the functional-afflicted relationship. In B.H. Spitzberg & W.R. Cupach (Eds.), *The dark side of close relationships* (pp. 153–176). Hillsdale, NJ: Lawrence Erlbaum Associates.

Levy, A.J. & Brekke, J.S. (1990). Spouse battering and chemical dependency: Dynamics, treatment, and service delivery. In R.T. Potter-Efron & P. Potter-Efron (Eds.), *Aggression, family violence and chemical dependency* (pp. 81–97). New York: Haworth Press.

Leymann, H. (2002). *Psychoterror am Arbeitsplatz und wie man sich dagegen wehren kann.* Reinbek/Hamburg: Wunderlich bei Rowohlt.

Lucks, B.D. (2001). Electronic crime, stalkers, and stalking: Relentless pursuit, harassment, and terror online in Cyberspace. In J.A. Davis (Ed.), *Stalking crimes and victim protection. Prevention, intervention, threat assessment, and case management* (pp. 161–204). Boca Raton, FL: CRC Press.

Maerker, A. (1997). Erscheinungsbild, Erklärungsansätze und Therapieforschung. In A. Maerker (Hrsg.), *Therapie der posttraumatischen Belastungsstörungen* (S. 3–49). Berlin: Springer.

Maerker, A. (2005). Posttraumatische Belastungsstörungen. In M. Linden & M. Hautzinger (Hrsg.), *Verhaltenstherapiemanual* (5. Aufl.; S. 465–471). Heidelberg: Springer.

Mahoney, M.R. (1991). Legal images of battered women: Redefining the issue of separation. *Michigan Law Review, 90,* 1–64.

Maletzky, B.M. (1993). Factors associated with success and failure in the behavioral and cognitive treatment of sexual offenders. *Annals of Sex Research, 6,* 241–258.

Marshall, W.L., Anderson, D. & Fernandez, Y.M. (1999). *Cognitive behavioral treatment of sexual offenders.* Chichester, UK: Wiley.

McCann, J.T. (2001). *Stalking in children and adolescents: The primitive bond.* Washington DC: American Psychological Association.

McFarlane, J.M., Campbell, J.C. & Wilt, S. (1999). Stalking and intimate partner femicide. *Journal of Forensic Sciences, 45,* 195–199.

McIntosh, W.D., Harlow, T.E. & Martin, L.L. (1995). Linkers and nonlinkers: Goal beliefs as a moderator of the effect of everyday hassles on rumination, depression, and physical complaints. *Journal of Applied Social Psychology, 24,* 1231–1244.

Mechanic, M.B., Uhlmansiek, M.H., Weaver, T.L. & Resick, P.A. (2000). The impact of severe stalking experienced by acutely battered women: An examination of violence, psychological symptoms, and strategic responding. *Violence and Victims, 15,* 443–458.

Meloy, J.R. (1998). The psychology of stalking. In J.R. Meloy (Ed.), *The psychology of stalking: Clinical and forensic perspectives* (pp. 2–21). San Diego, CA: Academic Press.

Meloy, J.R. (1999). Stalking: An old behavior, a new crime. *Psychiatric Clinics of North America, 22,* 85–99.

Meloy, J.R. & Gothard, S. (1995). A demographic and clinical comparison of obsessional followers and offenders with mental disorders. *American Journal of Psychiatry, 152,* 258–263.

Meloy, J.R., Davis, B. & Lovette, J. (2001). Risk factors for violence among stalkers. *Journal of Threat Assessment, 1,* 3–16.

Menzies, R., Federoff, J.P., Green, C. & Isaacson, K. (1995). Prediction of dangerous behavior in male erotomania. *British Journal of Psychiatry, 166,* 529–536.

Metts, S., Cupach, W.R. & Imahori, T.T. (1992). Perceptions of sexual compliance-resisting messages in three types of cross-sex relationships. *Western Journal of Communication, 56,* 1–17.

Millar, K.U., Tesser, A. & Millar, M. (1998). The effects of threatening life event on behavior sequences and intrusive thought: A self-disruption explanation. *Cognitive Therapy and Research, 12,* 441–457.

Mohandie, K., Hatcher, C. & Raymond, D. (1998). False victimization syndromes found in stalking. In J.R. Meloy (Ed.), *The psychology of stalking: Clinical and forensic perspectives* (pp. 225–256). San Diego, CA: Academic Press.

Morton, T.L., Alexander, J.F. & Altman, I. (1976). Communication and relationship definition. In G.R. Miller (Ed.), *Explorations in interpersonal communication*

(pp. 105–125). Beverly Hills, CA: Sage Publications.

Mullen, P.E. & Pathé, M. (1994). Stalking and the pathologies of love. *Australian and New Zealand Journal of Psychiatry, 28,* 469–477.

Mullen, P.E., Pathé, M. & Purcell, R. (2000). *Stalkers and their victims.* Cambridge: Cambridge University Press.

Mullen, P.E., Pathé, M., Purcell, R. & Stuart, G.W. (1999). Study of stalkers. *American Journal of Psychiatry, 156,* 1244–1249.

Munroe, R.L. & Gauvin, M. (2001). Why the paraphilias? Domesticating strange sex. *Cross-Cultural Research, 35,* 44–64.

National Institute of Justice (1996). *Domestic violence, stalking, and antistalking legislation: An annual report to the congress under violence against women act.* Washington, DC: U.S. Department of Justice.

Nedopil, N. (1997). Violence of psychotic patients – how much responsibility can be attributed? *International Journal of Law and Psychiatry, 20,* 243–247.

O'Connor, M. & Rosenfeld, B. (2004). Finding and filling empirical gaps. Introduction to the special issue on stalking. *Criminal Justice and Behavior, 31,* 3–8.

Oehmke, R. (2004). Das Stalking-Projekt der Polizei Bremen. In J. Bettermann & M. Feenders (Hrsg.), *Stalking. Möglichkeiten und Grenzen der Intervention* (S. 201–208). Frankfurt/M.: Verlag für Polizeiwissenschaft.

Ogilvie, E. (2000). *Stalking: Legislative, policing and prosecution patterns in Australia.* Canberra: Australian Institute of Criminology.

Palarea, R., Zona, M.A., Lane, J.C. & Langhinrichsen-Rohling, J. (1999). The dangerous nature of intimate relationship stalking: Threats, violence and associated risk factors. *Behavioral Sciences and the Law, 17,* 269–283.

Pathé, M. (2002). *Surviving Stalking.* Cambridge: Cambridge University Press.

Pathé, M. & Mullen, P.E. (1997). The impact of stalkers on their victims. *British Journal of Psychiatry, 156,* 12–17.

Pathé, M. & Mullen, P. (2002). The victim of stalking. In J. Boon & L. Sheridan (Eds.), *Stalking and psychosexual obsession: Psychological perspectives for prevention, policing and treatment* (pp. 1–22). West Sussex, UK: John Wiley & Sons.

Pechstaedt, V.v. (2004). Strafrechtlicher Schutz vor Stalkern und deren Strafverfolgung in Deutschland de lege lata. In J. Bettermann & M. Feenders (Hrsg.), *Stalking: Möglichkeiten und Grenzen der Intervention* (S. 147–168). Frankfurt/M.: Verlag für Polizeiwissenschaft.

Pechstaedt, V.v. (2005). Spezifischer Rechtsschutz gegen Stalking im internationalen Vergleich. In H. Dreßing & P. Gass (Hrsg.), *Stalking! Verfolgung, Bedrohung, Belästigung* (S. 101–126). Bern: Huber.

Pelikan, C. (2002). *Forschungsbericht Psychoterror. Ausmaß, Formen, Auswirkungen auf die Opfer und die gesetzlichen Grundlagen.* Wien: Magistrat 57 – Frauenförderung und Koordinierung von Frauenangelegenheiten (ISBN 3-902125-35-7).

Pelikan, C. (2003). Psychoterror – Ein internationales Phänomen und seine gesetzliche Regelung. In Magistrat 57 – Frauenförderung und Koordinierung von Frauenangelegenheiten (Hrsg.), *Du entkommst mir nicht ... Psychoterror – Formen, Auswirkungen und gesetzliche Möglichkeiten* (S. 25–34). Wien: Magistrat 57 (ISBN 3-902125-33-0).

Pilath, M. (2004). Stalkingforum: Forum für Opfer und Angehörige – Infos und Hilfe zur Selbsthilfe. In J. Bettermann & M. Feenders (Hrsg.), *Stalking. Möglichkeiten und Grenzen der Intervention* (S. 219–232). Frankfurt/M.: Verlag für Polizeiwissenschaft.

Purcell, R., Pathé, M. & Mullen, P.E. (2000). *The incidence and nature of stalking victimisation.* Paper, presented at the Stalking Criminal Justice Responses Conference 2000. Sydney: Australian Institute of Criminology.

Purcell, R., Pathé, M. & Mullen, P.E. (2000). The prevalence and nature of stalking in the Australian community. *Australian and New Zealand Journal of Psychiatry, 36,* 114–120.

Purcell, R., Pathé, M. & Mullen, P. (2001). A study of women who stalk. *American Journal of Psychiatry, 158,* 2056–2060.

Retzinger, S.M. (1991). *Violent emotions: Shame and rage in marital quarrels.* Newbury Park, CA: Sage Publications.

Rock, K.S. (1998). Investigating the positive and negative sides of personal relationships: Through a lens darkly. In B.H. Spitzberg & W.R. Cupach (Eds.), *The dark side of close relationships* (pp. 369–393). Hillsdale, NJ: Lawrence Erlbaum Associates.

Rosenfeld, B. (2003). Recidivism in stalking and obsessional harassment. *Law and Human Behavior, 127,* 251–265.

Rosenfeld, B. (2004). Violence risk factors in stalking and obsessional harassment. A review and preliminary meta-analysis. *Criminal Justice and Behavior, 31,* 9–36.

Rosenfeld, B. & Harmon, R. (2002). Factors associated with violence in stalking and obsessional harassment cases. *Criminal Justice and Behavior, 29,* 671–691.

Ross, E.S. (1995). E-mail stalking: Is adequate legal protection available? *Journal of Computer & Info. L. 13,* 405–432.

Royakkers, L. (2000). The Dutch approach to stalking laws. *California Criminal Law Review, 3* (October 2000). [www.boalt.org/cclr/v3/v3royakkersnf.htm].

Royen, G. (2005). Möglichkeiten und Grenzen der strafgerichtlichen Intervention in Fällen des „Stalkings". In A. Weiß & H. Winterer (Hrsg.), *Stalking und häusliche Gewalt. Interdisziplinäre Aspekte und Interventionsmöglichkeiten* (S. 169–174). Freiburg: Lambertus.

Salter, J. (1997). *Burning the days.* New York: Random House.

Sanday, P.R. (1981). The socio-cultural context of rape: A cross-cultural study. *The Journal of Social Issues, 37,* 5–27.

Scheithauer, H., Hayer, T. & Petermann, F. (2003). *Bullying unter Schülern. Erscheinungsformen, Risikobedingungen und Interventionskonzepte.* Göttingen: Hogrefe.

Schwartz-Watts, D. & Morgan, D. (1998). Violent versus non-violent stalkers. *Journal of the American Academy of Psychiatry and Law, 26,* 241–245.

Seifert, D., Franke, B., Heinemann, A., Püschel, K. & Mudrak, W. (2004). Modellprojekt zur Implementierung eines Kompetenzzentrums für Gewaltopfer in Hamburg. In J. Bettermann & M. Feenders (Hrsg.), *Stalking. Möglichkeiten und Grenzen der Intervention* (S. 235–250). Frankfurt/M.: Verlag für Polizeiwissenschaft.

Sheridan, L. & Boon, J. (2002). Stalker typologies: Implications for law enforcement. In J. Boon & L. Sheridan (Eds.), *Stalking and psychosexual obsession: Psychological perspectives for prevention, policing and treatment* (pp. 63–82). West Sussex, UK: John Wiley & Sons.

Sheridan, L. & Davies, G.M. (2001). Violence and the prior victim-stalker relationship. *Criminal Behavior and Mental Health, 11,* 102–116.

Sheridan, L., Blaauw, E. & Davies, G.M. (2003). Stalking: Knowns and unknowns. *Trauma Violence & Abuse, 4,* 148–162.

Sheridan, L., Davies, G.M. & Boon, J.C.W. (2001). The course and nature of stalking: A victim perspective. *The Howard Journal of Criminal Justice, 40,* 215–234.

Sillars, A.L. (1998). (Mis)Understanding. In B.H. Spitzberg & W.R. Cupach (Eds.), *The dark side of close relationships* (pp. 73–102). Hillsdale, NJ: Lawrence Erlbaum Associates.

Sipior, J.C. & Ward, B.T. (1999). The dark side of employee email. *Association for Computing Machinery, 42,* 88–95.

Skodoll, A.E. (Ed.) (1998). *Psychopathology and violent crime.* Washington, DC: American Psychiatric Press.

Skoler, G. (1998). The archetypes and psychodynamics of stalking. In J.R. Meloy (Ed.), *The psychology of stalking. Clinical and forensic perspectives* (pp. 85–112). San Diego, CA: Academic Press.

Spitzberg, B.H. (1998). Sexual coercion in courtship relations. In B.H. Spitzberg & W.R. Cupach (Eds.), *The dark side of close relationships* (pp. 179–232). Hillsdale, NJ: Lawrence Erlbaum Associates.

Spitzberg, B.H. & Cadiz, M. (2002). The media construction of stalking stereotypes. *Journal of Criminal Justice and Popular Culture, 9,* 128–149.

Spitzberg, B.H. & Cupach, W.R. (Eds.) (1998). *The dark side of close relationships.* Hillsdale, NJ: Lawrence Erlbaum Associates.

Spitzberg, B.H. & Cupach, W.R. (2001). Paradoxes of pursuit: Toward a relational model of stalking-related phenomena. In J.A. Davis (Ed.), *Stalking crimes and victim protection. Prevention, intervention, threat assessment, and case management* (pp. 97–136). Boca Raton, FL: CRC Press LLC.

Spitzberg, B.H. & Cupach, W.R. (2003). What made pursuit? Obsessional relational intrusion and stalking related phenomena. *Aggression and Violent Behavior, 8,* 345–375.

Stanko, E.A. (1993). Ordinary fear: Women, violence and personal safety. In P. Bart & E.G. Moran (Eds.), *Violence against women: The bloody footprints* (pp. 155–164). Newbury Park: Sage.

Sullivan, H.S. (1953). *The interpersonal theory of psychiatry.* New York: Norton [dt. (1980). *Die interpersonelle Theorie der Psychiatrie.* Frankfurt/M.: Fischer].

Tedeschi, J.T. & Felson, R.B. (1994). *Violence, aggression, and coercive actions.* Washington, DC: American Psychological Association.

Tellefsen, L.J. & Johnson, M.B. (2000). False victimization in stalking: Clinical and legal aspects. *New York State Psychologist Association Notebook, 12* (1), 20–25.

Tholen, E.E. (2004). Coaching für die Opfer – Die Entstehung einer moderierten Selbsthilfegruppe. In J. Bettermann & M. Feenders (Hrsg.), *Stalking. Möglichkeiten und Grenzen der Intervention* (S. 209–218). Frankfurt/M.: Verlag für Polizeiwissenschaft.

Thornton, D. (1997). *Is relapse prevention really necessary?* Paper, Conference of the Association for the Treatment of Sexual

Abusers. Arlington, VA (zitiert in Marshall et al., 1999).

Tjaden, P. & Thoennes, N. (1998). *Stalking in America: Findings from the National Violence Against Women Survey.* Washington, DC: National Institute of Justice and Centers for Disease Control and Prevention.

Ugolini, J.A. & Kelly, K. (2001). Case management strategies regarding stalkers and their victims: A practical approach from private industry perspective. In J.A. Davis (Ed.), *Stalking crimes and victim protection. Prevention, intervention, threat assessment, and case management* (pp. 301–316). Boca Raton, FL: CRC Press LLC.

Voß, H.G.W. (2004). Zur Psychologie des Stalkings. In J. Bettermann & M. Feenders (Hrsg.), *Stalking. Möglichkeiten und Grenzen der Intervention* (S. 37–49). Frankfurt/M.: Verlag für Polizeiwissenschaft.

Voß, H.G.W. & Hoffmann, J. (2003). Stalking aus Sicht der Opfer und Täter. In Magistrat 57 – Frauenförderung und Koordinierung von Frauenangelegenheiten (Hrsg.), *Du entkommst mir nicht … Psychoterror – Formen, Auswirkungen und gesetzliche Möglichkeiten* (S. 17–24). Wien: Magistrat 57 (ISBN 3-902125-33-0).

Voßkuhle, E. (2005). Reaktionsmöglichkeiten der Zivilgerichte auf Stalking nach dem Gewaltschutzgesetz. In A. Weiß & H. Winterer (Hrsg.), *Stalking und häusliche Gewalt. Interdisziplinäre Aspekte und Interventionsmöglichkeiten* (S. 118–132). Freiburg: Lambertus.

Walby, S. & Allen, J. (2004). *Domestic violence, sexual assault and stalking: Findings from the British Crime Survey.* Home Office Research Study 276. London: Home Office.

Ward, T., Hudson, S.M. & Keenan, T. (1998). A self-regulation model of the sexual offence process. *Sexual Abuse: A Journal of Research and Treatment, 10,* 141–157.

Watzlawick, P., Beavin, J.H. & Jackson, D.D. (1969). *Menschliche Kommunikation. Formen, Störungen, Paradoxien.* Bern: Huber.

Wegner, D.M. & Zanakos, S. (1994). Chronic thought suppression. *Journal of Personality, 62,* 615–640.

Weiß, A. & Winterer, H. (Hrsg.) (2005). *Stalking und häusliche Gewalt. Interdisziplinäre Aspekte und Interventionsmöglichkeiten.* Freiburg: Lambertus.

Wells, K. & Maxey, W. (2001). Educating those who stalk the stalker: A training perspective. In J.A. Davis (Ed.), *Stalking crimes and victim protection. Prevention, intervention, threat assessment, and case management* (pp. 495–525). Boca Raton, FL: CRC Press LLC.

Westrup, D. (1998). Applying functional analysis to stalking behavior. In J.R. Meloy (Ed.), *The psychology of stalking. Clinical and forensic perspectives* (pp. 275–294). San Diego, CA: Academic Press.

Westrup, D., Fremouw, W.J., Thompson, N.R. & Lewis, S.F. (1999). The psychological impact of stalking on female undergraduates. *Journal of Forensic Sciences, 44,* 554–557.

White, S.G. & Cawood, J.S. (1998). Threat management of stalking cases. In J.R. Meloy (Ed.), *The psychology of stalking. Clinical and forensic perspectives* (pp. 298–315). San Diego, CA: Academic Press.

WHO – Weltgesundheitsorganisation (1991/ 1993). *Internationale Klassifikation psychischer Störungen. ICD-10 Kapitel V (F). Klinisch-diagnostische Leitlinien* (1./2. Aufl.). Bern: Huber.

WHO – Weltgesundheitsorganisation (1994). *Internationale Klassifikation psychischer Störungen. ICD-10 Kapitel V (F). Forschungskriterien* (Hrsg.: H. Dilling, W. Mombour, M.H. Schmidt & E. Schulte-Markwort). Bern: Huber.

Winterer, H. (2005). Stalking und häusliche Gewalt. In A. Weiß & H. Winterer (Hrsg.), *Stalking und häusliche Gewalt. Interdisziplinäre Aspekte und Interventionsmöglichkeiten* (S. 149–168). Freiburg: Lambertus.

Wondrak, I. & Hoffmann, J. (2005). Psychische Belastungen von Stalking-Opfern: Therapie und Beratung. In A. Weiß & H. Winterer (Hrsg.), *Stalking und häusliche Gewalt. Interdisziplinäre Aspekte und Interventionsmöglichkeiten* (S. 39–48). Freiburg: Lambertus.

Wright, J.A., Burgess, A.G., Burgess, A.W., Laszlo, A.T., McCrary, G.O. & Douglas. J.E. (1996). A typology of interpersonal stalking. *Journal of Interpersonal Violence, 11,* 487–502.

Zona, M.A., Sharma, K. & Lane, J.C (1993). A comparative study of erotomanic and obsessional subjects in a forensic sample. *Journal of Forensic Science, 38,* 894–903.

Zona, M.A., Palarea, R.E. & Lane, J.C. (1998). Psychiatric diagnosis and the offender-victim typology of stalking. In J.R. Meloy (Ed.), *The psychology of stalking. Clinical and forensic perspectives* (pp. 70–87). San Diego, CA: Academic Press.

Personenverzeichnis

Sachverzeichnis

Sexualität im Spannungsfeld von Normalität und Abweichung

Peter Fiedler
Sexuelle Orientierung und sexuelle Abweichung
Heterosexualität, Homosexualität,
Transgenderismus und
Paraphilien, sexueller Missbrauch,
sexuelle Gewalt
Gebunden. XX, 544 S.
ISBN 3-621-27517-7

Auch in unserer „aufgeklärten" Gesellschaft herrscht beim Thema Sexualität ein gewisses Unbehagen und großes Unwissen – besonders bei Fragen der sexuellen Abweichung und der sexuellen Übergriffe. Peter Fiedler bietet einen sachlichen und fundierten Überblick über ein vielschichtiges Themenfeld (incl. Prävention und Behandlung sexueller Delinquenz).

Sexueller Missbrauch von Kindern und sexuelle Gewalt gegen Frauen sind seit Jahren öffentliche Dauerthemen. Dabei gerät auch die Wissenschaft unter Druck, sich mit den Ursachen dieser Straftaten sowie mit den Möglichkeiten der Behandlung von Tätern auseinander zu setzen. Allerdings sind die Ursachen sexueller Delinquenz nicht in den sexuellen Orientierungen oder Präferenzen der Menschen zu suchen (etwa in den sog. Perversionen). Eine wichtigere Rolle spielen Erziehung und Umgebung sowie mediale und subkulturelle Einflüsse. Diese Erkenntnisse können bei der (integrativen) Behandlung von Sexualstraftätern genutzt werden.
Das Buch informiert über Unterschiede zwischen

* sexueller Orientierung und der Vielgestaltigkeit sexueller Interessen des Menschen und
* sexueller Delinquenz als Straftaten gegen die sexuelle Selbstbestimmung.

Es versteht sich als Mischung aus Lehrbuch und Stellungnahme.

Verlagsgruppe Beltz • Postfach 100154 • 69441 Weinheim • www.beltz.de

Verhaltenstherapie in Gruppen

Peter Fiedler
Verhaltenstherapie in Gruppen
Psychologische Psychotherapie
in der Praxis
2. vollst. überarb. Aufl., 2005.
X, 342 Seiten. Gebunden.
ISBN 3-621-27580-0

Verhaltenstherapie in und mit Gruppen: konkret und ausführlich beschrieben. Ein Praxisbuch mit zuverlässigen Informationen und präzisen Handlungsanweisungen. Für pragmatisch orientierte Therapeuten und für alle, die sich in Praxis und Theorie mit klinischer sowie präventiver Gruppenarbeit beschäftigen.

Wer sich heute einer Therapie unterzieht, hat meist keine Lust auf jahrelange Seelenerforschung und kraftzehrende Analysen. Er oder sie möchte bestimmte Störungen und Probleme loswerden. Mehr nicht. Und immer mehr Therapeuten wollen patienten- und zielorientierte Behandlungskonzepte anbieten. Einen solchen pragmatischen Ansatz vertritt die Verhaltenstherapie.
Peter Fiedler stellt in seinem Praxisbuch eine Vielzahl verhaltenstherapeutischer Gruppenkonzepte konkret und ausführlich vor. Er zeigt, welche Störungen in der Gruppe zu bewältigen sind – und welche nicht.
Neu in der vollständig überarbeiteten 2. Auflage: aktualisiert und noch stärker auf Praxisanwendung hin geschrieben.

Verlagsgruppe Beltz • Postfach 100154 • 69441 Weinheim • www.beltz.de

Umfassend – verständlich – kritisch: *das* Lehrbuch zum Thema „Persönlichkeitsstörungen"

Übersichtlich informiert dieses bewährte Lehrbuch über die vielfältigen Formen von Persönlichkeitsstörungen.

Die ausführliche Vorstellung von 14 verschiedenen Persönlichkeitsstörungen bildet das Kernstück dieses Buches. Diese Kapitel informieren über die jeweilige Konzeptentwicklung, stellen die diagnostischen Kriterien von DSM-IV und ICD-10 gegenüber, machen genaue Angaben zur Differentialdiagnostik und bieten verschiedene Erklärungsansätze. Dabei vermeidet der Autor Vereinfachungen und übermäßige Schematisierungen.
Ein modernes Layout mit klarer Gliederung sorgt dafür, dass sich der Leser im Buch problemlos zurechtfindet. Mit gutem Grund werden die „Persönlichkeitsstörungen" nicht nur von Psychotherapeuten, sondern auch von Betroffenen, Angehörigen und anderen Laien konsultiert.

Peter Fiedler
Persönlichkeitsstörungen
5., völlig neu bearbeitete Auflage
2001.
635 Seiten. Gebunden.
ISBN 3-621-27493-6

Verlagsgruppe Beltz • Postfach 100154 • 69441 Weinheim • www.beltz.de

Das Fachbuch über die psychischen Folgen traumatischer Erfahrungen

Dissoziation und Konversion, wesentliche Merkmale der innerpsychischen Verarbeitung und Bewältigung von traumatischen Erfahrungen, sind in den letzten Jahren zu einem zentralen Thema in der psychotherapeutischen Praxis geworden.

Im Mittelpunkt dieses Buches stehen Fragen der Diagnostik und psychotherapeutischen Behandlung von Menschen, die gewalttätigen oder sexuellen Übergriffen, Katastrophen oder schweren Unfällen ausgesetzt waren.
Die Neuauflage berücksichtigt verstärkt auch neurobiologische und neuropsychologische Erkenntnisse.
Außerdem wurde viel Wert auf Verständlichkeit und klare Gestaltung gelegt.
Trotz der Komplexität gelingt es dem Autor, mit vielen Fallbeispielen den Inhalt klar und eindringlich zu vermitteln.

Peter Fiedler
Dissoziative Störungen und Konversion
Trauma und Traumabehandlung
2., überarbeitete und erweiterte Auflage 2001.
465 Seiten. Gebunden.
ISBN 3-621-27494-4

Verlagsgruppe Beltz • Postfach 100154 • 69441 Weinheim • www.beltz.de

Psychologie für Polizeibeamte in der Neuauflage – ein modernes Lehrbuch

Psychologisches Wissen ist im Polizeialltag mehr als nur hilfreich – es ist neben juristischen Kenntnissen schlicht eine berufliche Notwendigkeit. Praxisnah und anschaulich schildert der Autor die wesentlichen Grundlagen der Psychologie anhand von polizeilichen Alltagsproblemen.

Warum Psychologie für Polizeibeamte? Welchen Nutzen soll die Psychologie für Polizeibeamte haben?
Diese Fragen bilden den Hintergrund, vor dem der Autor das für den Polizeialltag notwendige psychologische Basiswissen anhand zahlreicher Fallbeispiele verständlich und umfassend schildert. Immer wieder nimmt Krauthan Bezug zu polizeirelevanten Situationen und zeigt anschaulich und praxisnah, wie psychologisches Wissen bei Vernehmungen, bei der Stressbewältigung oder dem Umgang mit aggressiven, ängstlichen oder alkoholisierten Personen hilfreich sein kann.
Die Neuauflage besticht durch Aktualität und einen stringenten Aufbau mit guter didaktischer Darstellung. Unterstützend kommen ein Glossar psychologischer Fachbegriffe und weitere Literaturempfehlungen hinzu. Kurz – ein modernes, umfassendes Lehrbuch für die Polizei-Fachausbildung.

Günter Krauthan
Psychologisches Grundwissen für die Polizei
Broschiert. X, 262 S.
ISBN 3-621-27556-8

Verlagsgruppe Beltz • Postfach 100154 • 69441 Weinheim • www.beltz.de

Praxishandbuch mit Checklisten und Arbeitsmaterialien

Harlich H. Stavemann (Hrsg.)
KVT-Praxis
Strategien und Leitfäden für die
Kognitive Verhaltenstherapie
Mit CD-ROM
2005
Gebunden. XX, 595 S.
ISBN 3-621-27546-0

Was ist zu berücksichtigen, wenn Patienten im therapeutischen Prozess sich selbst oder andere gefährden, eine Straftat gestehen oder einen Anfall erleiden? Das KVT-Praxishandbuch gibt für den Normalfall wie für besondere Settings und Klienten pragmatische Therapiestrategien und Anwendungsbeispiele.

Stavemann gliedert nicht nach Symptomen, sondern nach Einsatz- und Arbeitsbereichen der KVT. Im ersten Teil schildert er den typischen Ablauf der ambulanten kognitiven Verhaltenstherapie in acht Phasen. Die Kapitel folgen einem einheitlichen Aufbau, beschreiben therapeutisches Vorgehen und Strategien, Einsatz von Leitfäden und Arbeitsmaterialien und gehen auf phasentypische Probleme und Widerstände ein (z.B. Wenn ich das wüsste, wäre ich nicht hier. – Übungen brauche ich nicht, die Einsicht reicht mir). Anschließend erläutern Experten Modifikationen dieses typischen Vorgehens für besondere therapeutische Settings oder Patienten, etwa KVT in Psychiatrie, Sucht- oder Psychosomatischer Klinik, in Beratungsstelle und Strafvollzug. Wieder folgen die Kapitel einem einheitlichen Aufbau und gehen auf die jeweiligen Besonderheiten, das therapeutische Vorgehen und die typischen Probleme ein.

Verlagsgruppe Beltz • Postfach 100154 • 69441 Weinheim • www.beltz.de

Hilfe zur Selbsthilfe – was tun, wenn Gefühle den Alltag beherrschen?

Harlich H. Stavemann
Im Gefühlsdschungel
Emotionale Krisen verstehen und
bewältigen
2001. 323 Seiten. Gebunden.
ISBN 3-621-27497-9

Wie beeinflussen typische Denkmuster unsere Gefühle? Was tun, wenn die Gefühle den Alltag beherrschen? Harlich H. Stavemann weist Wege aus dem Gefühlsdschungel!
Für Laien verständlich geschrieben, erklärt Stavemann, wie man sich mit krank machenden Denkmustern und damit einhergehenden Gefühlen den gesamten Alltag "versaut", . . . und wie man dies ändern kann.

Die Leser erfahren, wie emotionale Krisen entstehen und wodurch sie aufrechterhalten werden. Sie erleben anhand zahlreicher Fallbeispiele, wie unser Denken unsere Gefühle und unser Verhalten bestimmt. Sie erkennen, zu welchen typischen Denkmustern sie selbst neigen und wie sie besser damit umgehen können. Konkrete Übungsaufgaben und Tipps erleichtern die Übertragung gewonnener Einsichten auf eigene Probleme und helfen, Veränderungsziele zu planen und zu erreichen.

Verlagsgruppe Beltz • Postfach 100154 • 69441 Weinheim • www.beltz.de

Sozialangst:
neben Depression und Alkoholismus
häufigste Störung – oft unerkannt

Soziale Phobien sind sehr verbreitet. Sie stellen die häufigste Angststörung und (neben Depression und Alkoholabhängigkeit) die dritthäufigste psychische Störung dar. In der Praxis werden sie allerdings noch selten erkannt und hinsichtlich der oft gravierenden Beeinträchtigungen unterschätzt.

Sie erleben sich als in ihrem Schneckenhaus eingeschlossen, gehen nur zögerlich nach draußen, haben Angst vor ungefährlichen Situationen und vermeiden sie. Ihr Bewegungsradius ist begrenzt. Obwohl in den letzten Jahren wirksame Methoden der Psychotherapie entwickelt wurden, finden nur wenige Betroffene gezielte Hilfe.

Darum wird im vorliegenden Behandlungsmanual viel Gewicht auf die Diagnostik gelegt: Woran erkennt man, dass Sozialangst vorliegt? Ist sie mit depressiver Verstimmung gepaart?

Das Manual bietet ein Basiskonzept kognitiver Verhaltenstherapie, das individuell angepasst werden kann. Konkret und praxisnah werden die aufeinander aufbauenden Behandlungsschritte beschrieben und mit Hilfe von Fallbeispielen illustriert. Zusätzlich erleichtern Arbeitsmaterialien und eine klare Struktur des Trainings die praktische Umsetzung.

U. Stangier • Th. Heidenreich • M. Peitz
Soziale Phobien
Ein kognitiv-verhaltenstherapeutisches
Behandlungsmanual
Materialien für die klinische Praxis
2003. Gebunden. X, 202 S.
ISBN 3-621-27541-X

Verlagsgruppe Beltz • Postfach 100154 • 69441 Weinheim • www.beltz.de